해빗 스태킹

쌓일수록 강해지는 습관 쌓기의 힘

일러두기

● 각주는 모두 옮긴이 및 편집자가 붙였으며, 저자의 주석은 본문의 괄호 안에 두었습니다.
● 본문에 언급되는 웹사이트들은 모두 영문으로 제공됩니다.

HABIT

해빗 스태킹

쌀일수록 강해지는 습관 쌓기의 힘

스티브 스콧 지음 | 강예진 옮김

STACKING

다산 4.0

차례

1부

습관은
바꾸는 것이
아니라
쌓는 것이다

1장

지금, 당신에게는
습관 쌓기가 필요하다

작은 습관에는 힘이 있다

매일 아침 반복하는 작은 습관이 지속적으로 삶에 긍정적인 영향을 미친다면 인생이 어떻게 바뀔지 상상해보자. 건강한 아침 식사를 하고, 사랑하는 사람과 만족스러운 대화를 나눈 후, 중요한 업무에 온전히 집중하며 하루를 시작한다면. 그리고 인생의 목적을 달성하기 위해 남은 하루 동안 여러 가지 습관을 꾸준히 지켜나간다면……. 그렇게 우리는 성취감을 바탕으로 원하는 바를 이루며 사회생활을 더욱 나은 방향으로 이끌 수 있다.

이 모든 일은 중요한 목표를 위해 작은 습관에 집중할 때 가능해진다. 작은 습관을 지키는 데 많은 노력을 들일 필요는 없다. 사실 5분 정도만 투자하면 되는 것이 대부분이다. 이러한 '5분 습관'을 자주 반복하면 굉장한 누적 효과가 나타난다. 예를 들어 아침마다 꾸준히 몸에 좋은 주스를 마시고, 소중한 사람에게 사랑의 메시지를 전하며, 업무에서 세 가지 우선순위를 정해나가면 건강과 인간관계, 업무 생산성이 몰라보게 달라짐을 느낄 수 있을 것이다.

당신의 하루가 이처럼 작은 습관으로 채워지면 삶이 어떻게 바뀔지 생각해보자. 아주 큰 노력을 들이지 않아도 하루하루 일상이 나아지지 않을까. 확실히 그렇게 될 것이다.

인간관계를 변화시키는 5분 습관

사람들은 작은 습관의 힘을 잘 알지 못한다. 단순하고 사소한 일은 인생을 변화시킬 수 없다고 생각할 수도 있다. 당신도 그렇게 생각한다면 5분 정도 걸리는 간단한 실습을 해보자.

지금 곁에 있는 가장 사랑하는 사람을 떠올려보아라. 남편이나 아내일 수도 있고, 사랑하는 연인이나 부모, 자녀, 친한 친구일 수도 있다. 당신에게 매우 소중한 존재인 그 사람에게 마음을 표현한 지가 꽤 오래됐을 것이다. 바로 지금 (아니면 오늘 중에) 사랑한다고 말해보자. 어떻게 전할지는 당신에게 달려 있다. 전화로 얘기할 수도 있고, 직접 얼굴을 보고 얘기하거나 짧은 쪽지를 남길 수도 있다. 혹시 상대방에게 직접 얘기하기가 쑥스럽다면 문자 메시지를 보내도 된다. 어쨌든 그 사람이 당신에게 어떤 의미인지 짧게 얘기해보는 것이다.

그럼 여기서 잠시 책 읽기를 멈추고 당신에게 특별한 그 사람에게 사랑의 메시지를 전해보자!

...

자, 이제 책으로 돌아와 생각해보자. 사랑하는 사람에게 감정을 표현해보니 기분이 어떤가? 조금 쑥스러워도 얼마나 행복할지 짐작이 된다. 이처럼 간단한 실험에 시간이 얼마나 걸렸을까? 아마 몇 분 정도? 대화가 이어져서 조금 더 길어졌을 수도 있겠지만.

이러한 행동을 매일 지키는 습관으로 만들면 인생은 어떻게 바뀔까? 매일 당신은 곁에 있는 소중한 사람 모두에게 따뜻한 애정이 넘치는 메시지를 전할 수 있을 것이다.

마음만 표현한다면 어떤 방법을 쓰든 상관없다. 전화를 걸 수도 있고, 손편지를 쓰거나, 간단히 포스트잇으로 전할 수도 있다. 소중한 사람이 멀리 떨어져 있다면 문자 메시지나 이메일을 보내도 좋다. 중요한 건 그 일을 실행에 옮기는 것이다. 이와 같은 행동이 인간관계에 미칠 긍정적인 영향을 생각해보라. 당신이 아끼는 그 사람은 사랑의 메시지를 들으며 하루를 시작할 것이다. 당신도 소중한 사람의 하루에 생기를 불어넣었다고 생각하며 하루를 시작할 수 있다. 이 모든 일은 일상에 작은 습관 몇 개만 더하면 가능해진다.

성공은 찰나의 사건이 아니다

하룻밤 사이에 성공한 사람의 이야기를 들어봤을 것이다. 어떤 가수가 데뷔 앨범으로 '더블 플래티넘[1]' 기록을 세웠다거나, 스타트업 CEO가 수십억 달러에 기업을 매각했다는 이야기, 또는 평범한 조[Joe]가 수백만 달러 상당의 로또에 당첨됐다는 소식처럼 사람들은 평범한 사람이 큰 노력을 기울이지 않았는데도 놀라운 성과를 냈을 때 열광한다.

하지만 안타깝게도 하룻밤 사이에 성공한 사례는 현실에서 찾아보기 어렵다. 부자가 된 수천 명의 사람 중에서 겨우 한 명이기에 두드러져 보일 뿐이다.

이러한 현상은 성공을 찰나의 사건으로 믿는 오류에서 발생한다. 별다른 노력 없이도 유명인이 되었다거나, 눈에 띄지 않던 사람의 특별한 재능을 지켜봐온 이가 한순간에 그를 부유하게 만들어주었다고 믿는 것이다.

성공한 사람들은 모두 성공은 단지 하나의 과정이라고 이야기한다.

---

1   미국에서 200만 장 이상 팔린 음반을 이르는 말.

매일 똑같은 일을 끊임없이 반복하며 시간을 투자한 노력의 결실인 것이다. 매일매일 반복하라. 그 과정에서 성공하는 사람도 있고, 실패하는 사람도 있다. 그러나 여러 해를 거치며 끊임없이 지속하면 결국 성과를 이루게 된다. 이것이 바로 성공의 바른 모습이다. 성공은 행운이 아니며 갑자기 찾아오는 사건도 아니다. 그저 매일같이 많은 노력을 기울인 결과일 뿐이다.

토머스 제퍼슨Thomas Jefferson이 했던 유명한 말을 떠올려보자.

"저는 행운을 강력하게 믿는 사람입니다.
열심히 일할수록 더 많은 행운이 따라오거든요."

인생이라는 경기에서 성공해본 사람들은 작은 습관의 힘이 얼마나 큰지 잘 알고 있다. 이들은 두 가지 중요한 원칙을 실천했기 때문에 목적을 이룰 수 있었다.

- 목표 달성을 위해 가장 중요한 활동이나 습관 파악하기
- '매일' 반복해서 실행하기

다시 말해서 당신의 목표를 이루는 데 중요한 일을 파악하고 그 일을 계속해나가면, 성공하지 못한 이유를 대며 변명하느라 시간을 허비하는 이들보다 어느 순간 앞서 있을 것이다.

제프 올슨Jeff Olson은 저서 『미묘한 차이The Slight Edge』에서 이렇게 말했다.

"사실을 말하자면, 당신이 무엇을 하는지가 중요하다. 당신이 '오늘' 무엇을 하는지, 당신이 '매일' 무엇을 하는지가 중요하다. 성공한 사람들은 …(중략)… 전혀 변화가 생길 것 같지 않은 일을 반복하고 또 반복하며 누적 효과가 나타날 때까지 실천한다."

삶에 작은 습관을 들이면 올슨이 얘기한 성공을 부르는 누적 효과를 경험할 수 있다.

아무리 강조해도 부족한 작은 습관의 중요성

사소한 일이 삶의 구석구석에 긍정적이거나 부정적인 영향을 미친다. 위의 메시지 사례를 다시 생각해보자. 계속해서 소중한 사람들에게 따뜻한 메시지를 보내면 당신을 둘러싼 인간관계는 확연히 좋아질 것이다.

예를 들어 '남편이나 아내에게' 매일 하루도 빠짐없이 사랑의 메시지를 보내면 어떤 일이 일어날까. 부부관계가 급속도로 좋아질 것이라 '확신한다.' 반대의 경우를 생각해보자. 매일 상대방을 무시하거나, 비웃고, 하찮게 여긴다면? 그런 일은 두어 번 정도만 일어나도 심각한 문제가 생길 수 있다. 그런데 이러한 생활이 매일 반복된다면 이혼으로 향하는 지름길이 될 것이다.

얼마 전 이 생각을 뒷받침하는 글을 발견했다. 그 글의 저자는 '작은 일에 신경 쓰는 것'이 중요한 이유에 대해 소중한 사람들에게 애정과 관심을 쏟고, 응원하고 지켜보면서 감정적 유대관계를 형성하기 위해서라고 설명했다. 그리고 그들에게는 당신이 그들을 사랑하고 아낀다는 것을 보여주는 '작은 표현'이 필요하다.

흥미로운 것은 작은 습관을 지키는 일이 놀라울 정도로 간편하다는 사실이다. 대개 몇 분 정도만 들이면 되는 일인데도, 당장 9시에 잡혀 있는 회의만큼 중요하게 여기지 않아 차일피일 미루게 된다. 설상가상으로 작은 습관은 흐지부지 잊어버리는 사람도 많다. 작은 습관을 실행할 수 있는 시간을 반드시 확보해두어라. 많은 시간이 드는 일이 아니므로 일정표에 넣을 필요는 없다고 느낄 수도 있다. 그런 경우, 안타깝게도 습관을 지키지 않은 채 하루를 마감하게 될 가능성이 크다. 이것이 바로 내가 말하는 "당연히 기억하리라"의 역설이다.

"당연히 기억하리라"의 역설

어떤 일을 반드시 하겠다고 자신과 약속한 지 '몇 시간 만에' 시간이 부족하다는 사실을 깨닫게 된 경우가 얼마나 많았던가. 이는 간단한 볼일이나 단순한 업무, 혹은 몇 분 정도면 되는 습관(비타민 먹기, 치실 사용 등)이었을 수도 있다. 지키기 쉬운 습관이라고 생각하면 굳이 알림을 설정하지 않는다. '그 일은 너무 간단해서 잊을 리가 없어.' 그러나 한번 생각해보자. 이렇게 간단한 일을 꾸준히 지킨 적이 몇 번이나 있는가? 거의 없을 것이다.

이것이 바로 작은 습관의 역설이다. 지키기는 아주 쉽지만, 당장 그 일을 하지 않는다고 문제가 생기지는 않기 때문에 쉽게 잊어버리게 된다. 작은 습관을 지키는 일에 많은 노력이 들지는 않지만, 그 일을 실행에 옮기기 위한 시간을 온전히 확보해야 한다.

구체적으로 얘기하면, 각각의 습관마다 알림을 설정한다면 당신은 수많은 알람과 포스트잇 메모에 휘둘려 아무것도 할 수 없을 것이다. 그래서 나는 『해빗 스태킹』을 통해 작은 습관끼리 묶는 '습관 쌓기'를 제안한다.

습관, 쌓기?

모두가 경험해봤겠지만, 새로운 습관을 형성하기는 '쉽지 않다.' 당신에게는 이미 해야 할 일이 아주 많고, 해야 할 일의 목록은 점점 늘어날 뿐이다. 그래서 하루 일정에 새로운 일을 추가하는 게 거의 불가능해 보이겠지만, 사실 당신은 언제든 새로운 습관 하나를 충분히 익힐 수 있다. 심지어 일상에 부담을 주지 않고서도 바쁜 일과 안에 여러 가지 습관을 더할 수 있다. 그러기 위해서는 아래의 다섯 가지 규칙만 따르면 된다.

1. 중요한 작은 습관을 찾는다. (소중한 사람에게 사랑의 메시지 보내기 등)

2. 여러 습관을 함께 묶어 일정표에 적어둔다.
3. 하루 중에 이 습관을 지킬 시간을 정한다.
4. 잊어버리지 않도록 알림 기능을 활용한다.
5. 습관을 아주 쉽게 시작할 수 있게 만든다.

간단히 말해서 '습관 쌓기'의 목표는 여러 중요한 습관을 차곡차곡 쌓아 올려 모두 지키는 것이다.

습관. 쌓기.

간단해 보이지 않는가? 습관 쌓기는 수많은 일을 새롭게 시작해야 한다는 스트레스를 줄여준다. 실행하기 쉽고 효과적인 습관 몇 가지로 시작해서 그 위에 다른 습관을 쌓아 올리면 결국 '잊지 않고 매일 지키는' 중요한 일과로 자리 잡을 것이다. 이렇게 쌓아 올린 습관 목록은 아침에 일어난 후, 일을 시작하기 전, 잠들기 전에 따르는 중요한 일과가 된다. 이것이 바로 내가 이 책 『해빗 스태킹』에서 당신에게 알려주고 싶은 내용이다.

『해빗 스태킹』에 관하여

이 책의 목적은 당신이 삶에 중요한 작은 습관을 찾아서 어렵지 않게 일과로 형성하도록 돕는 것이다. 이를 위해 책을 12개의 장으로 구성했다.

1장은 지금 읽고 있는 장으로 습관 쌓기의 개념과 작은 습관이 중요한 이유를 설명한다.

2장에서는 목표에 관해 이야기한다. 목표가 중요한 이유, 인생에서 얻고자 하는 것에 맞추어 목표를 세우는 법, 3가지 습관 형식과 목표의 관계를 구체적으로 살펴본다.

3장은 습관 쌓기의 밑바탕이 되는 심리학의 원리를 살펴보고, 이를 활용해 인생을 바꾸는 작은 습관을 모두 기억하는 법을 소개한다.

4장에서는 습관 쌓기를 시작하는 방법, 즉 습관 목록을 만드는 9가지 법칙과 첫 일과를 형성하는 13단계 과정을 전한다.

5장은 127가지 습관을 설명하는 7개의 장 중에서 첫 번째 장이다. 커리어 목표를 살펴보는 것으로 시작해서, 업무 생산성을 높이고 매출을 늘리며 직장에서 더욱 좋은 성과를 낼 수 있게 하는 습관을 실천하는 법을 알아본다.

6장에서는 자산 관리를 위한 습관을 살펴보며, 은퇴 대비 저축, 신용 등급 높이기, 신용카드 빚 줄이기, 장기 투자 등의 주제를 다룬다.

7장에서는 신체의 균형을 유지하고, 건강한 음식을 먹으며, 자신과 가족의 안전을 지키는 구체적인 방법 등 건강을 지키는 중요한 습관에 관해 이야기한다.

8장은 당장은 중요해 보이지 않아도 삶의 질을 높이는 데 필수적인 여가생활의 습관을 다룬다.

9장은 여러 가지 '물건'으로 둘러싸인 산만한 환경을 안정적으로 만드는 체계적인 정돈 습관을 소개한다.

10장은 인생의 소중한 사람들과 더 나은 소통을 할 수 있도록 인간관계의 목표를 다루고, 새로운 사람들과 대화하는 방법을 알려준다.

11장은 영성을 위한 습관을 다루며, 명상이나 기도, 요가, 봉사, 긍정적 확언 등의 주제를 폭넓게 다룬다.

12장에서는 당장 일상에 대입할 수 있는 9가지 습관 목록의 사례를 보여주고, 습관을 형성하는 과정에서 겪는 6가지 어려움을 극복하는 방법을 제시하면서 책을 마무리할 것이다.

바로 5장으로 넘겨서 '습관 쌓기의 실제'부터 살펴보고 싶을 수도 있겠지만, 나는 당신이 이 책을 순서대로 읽기를 권한다. 각 장은 이전에 알려준 내용을 토대로 설명을 이어가기 때문에 당신이 127가지 습관을 하나하나 설명하는 장에 이를 때쯤이면 자신의 삶에 유용한 습관을 정확하게 골라낼 수 있을 것이다.

"저는 스티브 스콧입니다."

시작하기 전에 먼저 나를 소개하면서 습관 쌓기의 개념이 어떻게 시작됐는지 짧게 설명하려고 한다. 나는 스티브 스콧이며, 〈좋은 습관 만들기Develop Good Habits〉라는 블로그를 운영하고 있다. 습관과 관련한 책을 여러 권 출간했고, 내가 쓴 책은 모두 HabitBooks.com에서 구매할 수 있다.[2] 나의 목적은 강의 대신 글을 통해, '지속적으로' 길러온 습관이 어떻게 우리를 더 나은 삶으로 이끄는지 보여주고 바쁜 하루 중에도 활용할 수 있는 간단한 방법을 소개하는 것이다.

습관 쌓기의 개념을 처음 발견한 건 순전히 우연한 사건 덕분이었다. 최악의 상황에서 좌절하며 문제를 해결하려던 중 영감을 받았다. 좀 더 자세히 설명해보겠다.

2012년, 내가 멋진 여자(현재 아내)를 만난 지 1년쯤 되었을 때의 일이다. 우리는 좋은 관계를 유지하고 있었지만, 서로 2시간 정도 떨어진 곳에 살았기 때문에 어려움도 있었다. 그녀는 학교 선생님이었고, 나는 사업을 위해 별도의 공간이 필요했던 터라 우리는 주말이나 휴일에만 만날 수 있었다. 장거리 연애를 해본 사람이라면 오랫동안 멀리 떨어져 있는 연인에게 쉽게 갈등이 생긴다는 사실을 알 것이다. 사랑하는 사람과 함께 있고 싶지만, 그럴 수 없기 때문에 벌어지는 이러한 갈등은 의견 충돌과 오해를 불러일으키고 결국 서로 다투게 만든다. 마침내 우리는 부부의 연을 맺거나 헤어져야 하는 갈림길에 섰다.

---

2   그중 국내에는 『아침 글쓰기의 힘』(공저, 생각정원, 2017)이 출간되었다.

내가 아니라 당신이 문제야

우리는 자리에 앉아 솔직하게 대화를 나누기로 했다. 나는 그녀를 사랑했고 진심으로 이 관계를 끝내고 싶지 않았다. 그러나 우리는 서로에게 각자의 역할을 충분히 만족시키지 못하고 있다는 사실도 잘 알고 있었다. 대화를 나누던 도중, 미래에 아내가 될 그녀가 아주 의미심장한 이야기를 했다.

"스티브, 떨어져 있는 시간이 문제가 아니야. 당신은 내가 곁에 없으면 내 생각을 하지 않는 것 같은 느낌이 들어서 그래."

아야! 진짜 고통이 느껴질 정도였다. 그런 이야기를 들으니 마음이 너무 아팠다. 하지만 그 순간 내 머릿속 전구가 켜지면서 일을 하는 동안에는 그녀를 위한 노력을 거의 기울이지 않았다는 사실을 깨달았다. 물론 가끔 전화를 걸기도 했지만 대화를 나누지 않는 날이 더 많았다. 그녀는 또다시 의미 있는 말을 이어갔다.

"내가 당신에게 원하는 건 간단한 문자 메시지나 전화 통화 정도야. 길지 않아도 돼. 그냥 당신이 나를 사랑하고, 내 생각을 하고 있다는 걸 알려주면 되는 거야."

그녀의 말이 계기가 되어, 나는 이것이야말로 다른 사람의 삶에 막대한 영향을 미칠 수 있는 아주 작은 행동이라는 사실을 깨달았다. 여자 친구의 말을 귀 기울여 듣고난 후, 앞으로 그녀에게 매일 빠짐없이 따뜻한 문자 메시지를 보내고 목소리를 들어야겠다고 다짐했다.

얼마나 간단한가? 연인과의 관계를 개선하기 위해 내가 한 일이라고는 다 합쳐봐야 하루에 15분 정도면 충분한 두 가지 습관을 지키는 것이었다.

1. 아침에 일어나자마자 사랑의 문자 메시지를 보낸다.
2. 저녁에 10분 정도 통화할 시간을 낸다.

이 방법은 (당신이 나처럼 괴짜라면) 간단한 수학 공식으로 만들 수 있을 정도로 쉬운 해결책이다.

> 하루에 사랑의 문자 메시지 1통 + 전화 1통
> = 행복한 여자(남자) 친구

그러나 이론상으로는 쉬워 보이지만 나는 곧, 아침에 일어나자마자 '문자 메시지 보내기'를 머릿속에 떠올리는 게 가장 어렵다는 사실을 깨달았다. 1분도 채 걸리지 않는 일이었지만 매일 아침에 일어나면 '중요한' 일로 가득한 할 일 목록을 살피느라 정작 문자 메시지는 자꾸 잊어버리고 말았다. 그러다 마침내 나는 해결책을 찾았다. 휴대폰에 일어난 지 30분이 되면 알람이 울리도록 설정한 것이다. 그리고 알람에 맞춰 그녀에게 멋진 메시지를 보냈다. 정말 낭만적이지 않은가?

몇 주 후, 갑자기 이런 생각이 들었다. 긍정적인 효과를 가져오는 작은 습관을 매일 아침 꾸준히 지키고 있는데, 이 일과에 몇 가지만 더 추가하면 어떨까? 그래서 나는 하루 중 30분을 할애해서 작지만 중요한 습관을 여러 개 실천해보기로 결심했다. 영양소가 듬뿍 담긴 셰이크를 먹고, 인생 목표를 검토하고, 사업에 필요한 시장 조사를 한 후, 우선순위 업무 세 가지를 적었다. 각각의 일은 5분도 걸리지 않지만, 내 인생에서 중요한 목표와 관련이 있기 때문에 내 삶을 조금씩 더 좋은 방향으로 이끌었다. 2014년부터 블로그에서 습관 쌓기라는 개념을 설명하기 시작했고, 이 개념을 각자의 일상에 적용하는 법을 알리기 위해 책까지 출간하게 되었다.

내 삶과 쭉 함께하는 습관 쌓기

지금 내 삶은 습관 쌓기를 처음 시작했을 때와 '매우 달라졌다.' 그때의 여자 친구는 이제 아내가 되었고, 예전에 살던 낡은 아파트에서 2시간쯤 떨어진 지역에 살고 있다. 우리에게는 아주 사랑스러운 11개월짜리 아들이 있고, 오전 시간에는 내가 집에서 아들을 돌본다. 우리는 이를 '아빠 어린이집'이라고 부른다.

'아직까지 달라지지 않은 것'은 습관 쌓기를 계속 고수하고 있다는 사실이다. 물론 구체적인 항목은 바뀌었지만, 나는 여전히 중요한 목표를 이루기 위한 작은 습관 일과로 하루를 시작한다. 4장에서 이러한 일과에 대해 좀 더 자세히 다룰 예정이다.

애플리케이션과 활용 자료 안내

＼

이 책에 애플리케이션(이하 앱)이나 웹사이트 등 여러 자료를 얻을 수 있는 곳의 정보를 가득 담았다. 이러한 정보들이 책에서 설명하는 개념을 실제로 적용하는 데 도움이 되기 때문이다.

습관을 형성하기 위해 디지털 기기를 활용하는 것이 어렵지 않은 사람이라면 내가 알려주는 정보를 검토해보기 바란다. 그러나 만약 앱에 관심이 없다면 그 부분은 넘어가도 좋다. 이 책은 '원하는 대로 선택할 수 있게' 구성되어 있으므로 마음에 드는 부분은 취하고 그렇지 않은 부분은 넘겨도 된다.

마지막으로 이 책에 나오는 모든 자료는 〈습관 쌓기 웹사이트www.DevelopGoodHabits.com, 영문 제공〉에 나와 있으므로 따로 기록할 필요는 없다.

습관 쌓기 시작하기

＼

습관 쌓기는 내 인생을 바꿔놓았다. 이제 나는 작지만 중요한 습관을 언제 지킬지 고민하지 않는다. 가장 적절한 때를 찾아 이미 실행하고 있는 습관 위에 하나 더 얹을 뿐이다. 이렇게 하면 온종일 짜증나도록 알람이 울리지 않아도 중요한 목표를 향해 나아갈 수 있다.

당신의 인생을 바꿀 작은 습관을 기를 준비가 됐다면, 이제 습관 쌓기의 힘을 알려줄 다음 장으로 넘어가자. 먼저 왜 목표를 설정하는 일이 중요한지, 그리고 어떻게 당신에게 적합한 습관을 찾을지에 대해 설명할 것이다.

2장

습관에는 저마다의
목표가 필요하다

인생을 완성하는 7가지 목표 영역

　습관 목록을 만드는 가장 좋은 방법은 인생의 목표를 위한 습관을 하나로 묶는 것이다. 개인적으로 의미가 담기지 않은 습관을 아무렇게나 추가하면 도움이 될 리 없다. 각각의 습관이 자신의 목표와 일치해야 한다. 이 원칙을 따르면 습관 일과를 꾸준히 지키기가 훨씬 쉬워진다.

　사람들에게는 저마다 다른 목표가 있으므로 중요한 습관이 무엇인지에는 정답이 없다. 그러나 내 경험으로 미루어보아 대부분의 일은 다음의 7지 영역 안에 속한다.

1. 커리어 목표

업무 생산성을 높이고, 매출을 늘리거나, 기업의 중요한 지표를 차근차근 밟아나가는 데에 초점을 둔다. 업무와 관련해서 특정한 기술을 기르거나 일하는 방식을 재정비하는 등 커리어와 관련된 목표는 나머지 6가지 목표에 직접적인 영향을 미치므로 중요하다.

2. 재정 목표

이는 나이가 들수록 더욱 중요해진다. 은퇴 이후를 대비해 저축하거나 신용 등급을 높이는 일, 카드빚을 줄이기 위한 노력이나 장기적으로 재산을 마련하기 위한 투자 등이 이에 포함된다.

3. 건강 목표

신체를 건강하고 균형 있게 유지하며 적절한 음식을 먹도록 돕는다. 이 목표에는 체중 감량이나 식습관 개선, 골고루 먹기, 활동량 늘리기 등 여러 하위 목표가 포함된다.

4. 여가생활 목표

자신에게 의미 있는 활동들을 떠올려보자. 우리는 삶을 둘러싼 수많은 일에 지쳐, 지금 당장은 중요해 보이지 않는 일들을 '버킷 리스트'로 만들어 미루고만 있다. 그러나 삶의 질을 향상시키기 위한 가장 좋은 방법은 즐거운 일을 실행하기 위한 목표를 세우는 것이다. 이러한 활동에는 휴가를 계획하거나 가족과 함께 시간을 보내는 일, 혹은 수제 맥주 만들기나 사냥, 요리, 그림 그리기 같은 취미에 집중하는 일 등이 있다.

5. 정리정돈 목표

여러 자질구레한 일에 정신을 뺏기지 않도록 주변을 안정적으로 정돈하는 데 도움을 준다. 주변 환경을 자주 청소하는 가장 기본적인 습관뿐만 아니라 더 이상 필요하지 않은 물건을 없애는 법 등 다양한 방법을 알려준다.

6. 인간관계 목표

당신에게 소중한 사람들, 즉 가족이나 친구와 관계를 향상시키는 방법을 다룬다. 사교성을 기르거나, 평생을 함께할 동반자를 찾기 위해, 또는 주변 사람들에게 더욱 좋은 사람이 되기 위해 목표를 세울 수 있다.

7. 영성 목표

이 목표는 각자에게 다른 의미로 다가올 것이다. 명상이나 기도, 요가, 봉사 활동뿐만 아니라 긍정 확언을 소리 내어 말하기 등 다양한 활동이 있다. 기본적으로 종교를 떠나 당신에게 마음의 평화를 가져오는 활동이라면 무엇이든 이에 해당한다.

이처럼 우리는 인생의 목표를 여러 가지로 나눌 수 있다. 그러므로 스스로에게 질문을 해가면서 당신에게 진정으로 중요한 것이 무엇인지를 파악해야 한다. 이는 다음 장에서 살펴보자.

자신에게 묻는 목표 질문 12가지

목표를 세울 때는 우선 당신이 삶에서 얻고자 하는 것을 파악해보자. 원하는 일을 실현하기 위한 하루의 시간은 한정되어 있기 때문에, 최소의 노력으로 최대 효과를 가져오는 일에 집중하는 것이 좋다.

아래는 각자에게 유용한 습관이 무엇인지 알아보기 위한 간단한 테스트이다. 다음 12가지 질문에 답하고 나면 당신의 일상에 자리 잡을 작은 습관을 정확히 파악할 수 있을 것이다.

1. "중요한 습관을 지키는 데에 도움이 되는 작은 습관이 있는가?" (저녁에 헬스장을 갈 수 있도록 아침에 미리 운동복을 준비하기 등)

2. "평상시에 중요한 일을 끝내지 못해 매일 저녁 좌절하는가?" (다음 날 해야 할 일 중 가장 중요한 일을 정하고, 일정표에 입력해두자.)

3. "내게 영감을 주거나 나를 행복하게 만드는 간단한 활동은 무엇인가?" (예: 매일 아침, 하루를 힘차게 보낼 수 있도록 도와주는 짧은 동영상 보기)

4. "지금 당장 나에게 가장 중요한 다섯 가지 목표는 무엇인가?" (이 목표

들을 이루기 위해서 매일 할 수 있는 일에는 어떤 것이 있을까?)

5. "내가 즐기는 활동은 무엇인가?" (달리기나 뜨개질, 여행, 독서 등 취미 활동을 생각해보라.)

6. "내 재정 습관에서 개선해야 할 부분은 어떤 것인가?" (대출이 있다면 이를 상환하는 일을 가장 우선하라. 은행에 저축해둔 돈이 있다면 투자 포트폴리오를 수립하는 데 도움이 되는 습관을 세우자.)

7. "인간관계의 질을 향상시킬 수 있을까?" (부모님이나 아이들, 소중한 사람들, 가까운 친구들과의 관계를 생각해보라. 이들과의 관계를 보다 친밀하게 만들기 위해 매일 실천할 수 있는 일이 있는가?)

8. "어떤 일을 하면 기분이 좋아지는가?" (즐거움을 가져다주는 일이 있다면 매일 혹은 매주 그 일에 대한 활동 시간을 배정하자.)

9. "어떻게 영성이 가득한 일상을 보낼 수 있을까?" (기도에 관한 책 읽기나 요가 연습, 긍정 확언 낭독 등)

10. "늘 새롭게 배우고 싶었던 기술이 있는가?" (수제 맥주 만들기나 악기 연주, 새로운 언어 배우기 등 재미있는 일이라면 무엇이든 가능하다.)

11. "지역 사회에 도움이 되거나 의미가 있는 일 중에 내가 어떤 일을 할 수 있을까?" (우리 모두에게는 신념이 있다. 그러므로 각자가 중요하게 생각하는 활동에 매일 시간을 할애한다면 다른 사람을 지속적으로 돕는 일은 어렵지 않다.)

12. "업무 성과를 올리고 더 높은 자리로 승진하려면 무엇을 해야 할까?" (회사에 꼭 필요한 기술을 배우거나 능력을 쌓는 일 등을 예로 들 수 있다.)

지금까지 살펴본 질문은 목표와 관련된 습관을 찾는 데 도움을 얻기 위한 질문 중 일부에 불과하다. 하지만 이 간단한 과정을 통해 당신에게 진정으로 중요한 문제를 파악하고, 당신의 삶을 지탱해줄 일과를 계획할 수 있다.

　　다시 말하면 '당신'이 원하는 것을 파악해야 한다는 의미다. 더 나은 인간관계를 원하거나 아니면 업무 생산성을 향상시키고 싶은가? 즐거움을 찾거나 스트레스를 줄이고 싶은가?

　　이 책을 읽고 있는 수천 명의 대답은 저마다 크게 다를 것이다. 이것이 바로 한 사람의 습관이 다른 사람들의 습관과 다르게 나타나는 이유다.

　　문제는 자신에게 어떤 습관이 중요한지를 모두가 알고 있지는 않다는 점이다. 그래서 이 책의 2부(5~11장)에서 127가지 작은 습관을 소개한다. 그러나 구체적인 습관을 살펴보기 전에 습관의 유형을 먼저 정리하고 어떻게 이를 습관 목록에 반영할 수 있을지 이야기해보려고 한다.

핵심 습관, 보조 습관 그리고 코끼리 습관?

모든 습관이 다 똑같지는 않다. 이를 닦거나 출근 전 남편이나 아내에게 입맞춤하는 일처럼 단순한 습관도 있지만, 몸에 좋지 않은 음식을 피하거나 매일 운동하기처럼 지속적인 의지가 필요한 습관도 있다. 그리고 삶에 긍정적인 (혹은 부정적인) 누적 효과를 가져오는 작은 습관도 있다.

사람들이 자주 하는 실수는 습관을 형성하기 위해 노력하거나 필요한 방법을 찾아보려고 하지 않는 것이다. '매일 3분 동안 하루 목표 정리하기'처럼 쉬운 습관도 있지만, '30분 동안 운동하기'처럼 고정적으로 유지하기 매우 어려운 습관도 있다.

그래서 자신이 계획하고 있는 습관을 여러 유형으로 구별하는 일이 필요하다. 특히 습관 쌓기와 관련해, 일과에 적용할 습관을 다음의 세 가지 유형으로 나눠볼 수 있다.

- 핵심 습관
- 보조 습관
- 코끼리 습관

이 책에 포함된 습관 대부분은 보조 습관이지만, 자신의 상황에 맞게 적절한 습관을 고르려면 각 유형의 차이점을 이해해야 한다.

핵심 습관

핵심 습관은 찰스 두히그Charles Duhigg가 저서 『습관의 힘The Power of Habit: Why We Do What We Do in Life and Business』(갤리온, 2012)에서 설명했던 주요 개념이다. 간단히 말해서, 핵심 습관은 삶의 여러 분야에 걸쳐 긍정적인 영향을 미칠 수 있다. 당신이 의도하지 않았더라도 말이다.

사람들이 핵심 습관의 예시로 많이 드는 것이 매일 30분씩 운동하기다. 몸무게를 조금 줄이고 싶어서 조깅을 시작했다고 해보자. 살이 조금씩 빠지면서 무의식적으로 지방이나 당이 많은 음식을 피하게 되고, 그 결과 몸무게가 놀라울 만큼 줄어든다. 그러면 자신감이 높아져 인간관계나 커리어에도 긍정적인 변화를 가져온다. (상사에게 진급시켜달라고 말할 정도가 될 수 있다.)

얼핏 보기에는 매일 30분씩 운동을 했을 뿐이지만, 이 습관 하나가 일상에 반영되면서 긍정적인 결과가 줄지어 나타날 것이다. 다른 영역의 삶에 긍정적인 낙수 효과를 미치는 한 가지 변화, 이것이 바로 핵심 습관에서 가장 중요한 특징이다.

핵심 습관의 개념을 운동을 예로 들어 설명한 이유는 내게는 운동이 가장 중요한 핵심 습관이기 때문이다. 두히그 역시 책에서 운동을 예로 들었다.

> "대체로 운동을 시작하면 건강한 음식을 챙겨 먹게 되고, 업무 성과도 점점 좋아진다. 흡연하는 경우가 적으며, 직장 동료나 가족에게 더 높은 인내심을 발휘한다. 신용카드 사용을 줄일 뿐만 아니라 스트레스도 줄어든다고 말한다. …(중략)… 운동은 커다란 변화를 불러일으키는 핵심 습관이다."

훌륭한 핵심 습관에는 명상이나 지출 관리, 하루 일정 계획하기, 가족과 함께 정해진 시간에 식사하기 등이 있는데, 이를 살펴보면 잠깐이면 충분한 습관도 있고, 한 시간 이상 소요되는 습관도 있다.

문제는 여기에 있다. 시간은 한정적이기 때문에 이미 바쁜 일상에 30분 단위의 새로운 활동을 계속해서 추가하는 일은 불가능하다. 그러므로 가장 중요한 습관을 먼저 고르고, 다른 일보다 그 습관을 '우선해서' 지키도록 해야 한다.

예를 들어, 나는 매일 5가지 핵심 습관에만 집중한다.

1. 습관 일과 지키기

앞으로 이 책에서 다룰 보조 습관과 코끼리 습관을 꾸준히 지킬 수 있게 해주는 방법이다. 중요도는 높지만, 알람을 설정해두지 않으면 잊어버리기 쉬운 작은 습관이 이에 해당한다. (일기 쓰기, 목표 점검하기, 매일 아침 물 1리터 마시기 등)

2. 30분 이상 글쓰기

내 온라인 사업의 토대가 되는 일로써, 소득이나 성취감, 휴식시간에 영향을 미친다. 하루 동안 글을 더 많이 쓸수록 일과를 '잘 관리하고 있다'는 생각이 든다.

3. 업무 3가지 끝내기

이것도 사업과 관련된 핵심 습관이다. 나는 글을 쓴 후, 투두이스트Todoist 앱에서 현재 진행 중인 프로젝트를 살펴본다. 이 습관의 목적은 단순하다. 다음 단계에 해야 할 업무를 파악하고 실행에 옮기는 것이다.

이러한 업무는 몇 분 만에 끝나기도 하고 몇 시간이 걸리기도 한다. 여기서 중요한 점은 시의성이 있는 프로젝트를 꾸준히 조금씩 해나가는 것이다.

4. 30분 이상 운동하기

내 삶의 '모든' 영역에 긍정적인 영향을 미친다. 운동을 꾸준히 하는 것만으로도 좀 더 행복해지고, 마음이 편안해지며, 업무 효율을 높일 수 있다. 물론 운동 습관을 들이려면 매일 꾸준한 노력이 필요하다. 그러나 그만큼 운동은 앞서 설명했던 7개 영역의 목표를 모두 이룰 수 있게 도와주는 역할을 한다.

5. 비소설 2쪽 이상 읽기

사업과 창의력에 좋은 영향을 미친다. 책을 많이 읽을수록 업무에 활용할 수 있는 재미있는 아이디어가 더 많이 떠오른다. 무엇보다 노력을 들인 만큼 결과도 좋게 나오는 습관이다.

위의 5가지 습관 모두 내 삶의 전 영역에 걸쳐 도움이 되기 때문에 핵심 습관이라고 할 수 있다. 매일 이 5가지 습관을 지키는 데 서너 시간 정도가 걸린다. 생각보다 시간이 많이 필요하다고 느껴질 수도 있겠지만, 나는 이 시간 동안 대다수의 사람이 8시간 동안 하는 업무보다 더 많은 일을 한다고 생각한다.

당신도 삶에 핵심 습관을 만들고 싶다면 2부에서 설명할 습관부터 하나씩 실행해보기를 바란다. 더 빠른 방법을 원한다면 앞서 말한 습관 쌓기 웹사이트에서 소개하는 핵심 습관 목록을 살펴보는 것도 좋다.

보조 습관

모든 습관에 우선순위를 둘 수는 없다. 사실 너무 많은 일에 시달리지 않으려면 핵심 습관 몇 가지에 집중할 수밖에 없을 것이다. 그러므로 '보조 습관'을 형성하는 것이 중요하다. 이름에서 나타나듯 보조 습관은 핵심 습관을 지킬 수 있도록 돕는 역할을 한다.

핵심 습관과 보조 습관의 개념이 혼동되지 않도록 서로 어떻게 다른지 간단히 짚어보겠다. 앞에서 운동이 내 핵심 습관으로 자리 잡게 된 이유를 설명했다. 여기서 운동은 독립적인 활동이 아니라는 사실을 기억해야 한다. 실제로 나는 매일 빠뜨리지 않고 운동을 하기 위해서 7가지 작은 보조 습관이 필요하다.

- 운동을 어디에서 할지 (야외 또는 체육관) 결정하기 위해 날씨 예보를 확인한다.
- 매일 아침 두 가지 질문을 떠올리며 일정을 계획한다.
  - "오늘은 몇 시에 조깅할까?"
  - "어떤 운동복을 갖고 갈까?"
- 출발하기 전 아침에 미리 운동복을 챙겨 둔다. (오후에 스타벅스에 가기로 한 경우)

- 달리기 전에 수분을 충분히 섭취하기 위해 물 2리터를 마신다.
- 아침마다 몸무게를 잰다. (마라톤 연습 기간일 경우)
- 러너스 로그Runner's Log 앱에 매번 달린 거리를 기록한다.
- 핏비트Fitbit(웨어러블 스마트밴드)를 차고 매일 걸음 수를 측정한다.

여기서 살펴볼 수 있듯이 매일 운동 습관 하나를 위해 여러 작은 습관을 지키고 선택하는 과정이 필요하다. 각각은 1~2분 정도밖에 걸리지 않지만, 사람들이 운동하지 않을 때 흔히 하는 변명거리를 미리 없애주기 때문에 다른 습관만큼 중요하다. ("운동복을 안 갖고 왔어." 혹은 "오늘 조깅하려고 했는데 오후에 번개까지 치는 태풍이 올 줄 몰랐어." 등)

7가지 습관을 기억력에만 의존하려고 했다면 적어도 일주일에 한 번은 중요한 습관을 잊어버릴 수도 있다. 그러나 7가지가 모두 '운동 습관 목록'에 속해 있으므로 습관 하나도 틈새로 빠져나가지 않게 할 수 있다.

보조 습관의 힘을 과소평가하지 마라. 몇 분 정도면 할 수 있는 간단한 일이지만 핵심 습관을 꽉 붙잡아주는 접착제 역할을 한다.

코끼리 습관

누구나 다음과 같은 이야기를 들어본 적이 있을 것이다.

"코끼리를 어떻게 다 먹을까?
한 번에 한 입씩 먹으면 된다."

여기서 핵심은 아무리 크고 복잡한 목표라도 작은 덩어리로 나누어 조금씩 해나가면 된다는 사실이다. 안타깝게도 많은 사람이 이 원리를 자신의 삶에 적용하지 못한다. 아주 큰 프로젝트를 해야 할 때, 도저히 끝낼 수 없다는 생각이 들면 차일피일 미루거나 그 일을 피하려고만 한다. 하지만 조금씩 나눠서 하는 코끼리 습관을 활용하면 아무리 큰 프로젝트라도 여유롭게 해나갈 수 있다.

코끼리 습관은 하기 싫은 일을 해야 할 때 느끼는 자연스러운 저항감을 극복하는 방법이다. 반드시 해야 하는 일로 인식하고는 있지만, 프로젝트를 일단 시작하면 끝낼 때까지 며칠은 걸릴 것이라는 생각에 충치 치료만큼이나 '즐겁게' 느껴져 시작 자체를 꺼리게 되는 것이다.

앞서 인용한 코끼리 먹는 법처럼 코끼리 습관은 프로젝트를 조금씩 나눠서 할 수 있도록 돕는다. 코끼리 습관의 목적은, 단순하지만 시간이 걸리는 프로젝트를 매일 5~15분 정도면 할 수 있는 작은 덩어리로 나누는 것이다. 해야 할 일 목록 중에서 규모가 큰 과제의 대부분은 이 습관을 활용할 수 있다.

- 집 정리하기
- 이삿짐 싸기
- 서류 준비하기 (연말 정산 이전 등)
- 시험공부 하기

- 시간이 오래 걸리는 과제 하기
- 잘 읽히지 않는 어려운 책 읽기

나는 하기 싫은 일을 해야 할 때면 늘 코끼리 습관을 활용한다. 프로젝트를 마음 한구석에 괴로운 생각으로 남겨두지 않고, 작은 분량으로 나누어 매일 5~10분씩 진행하면서 무력감을 극복한다. (보통 기존의 습관 목록에 덧붙여 실행한다.) 코끼리 습관은 뒤에서 다룰 '미니 습관' 개념과 비슷한 방식이다. 5분이면 끝나는 일이라고 생각하면 일을 시작하기가 훨씬 쉬워진다. 그리고 대개는 일단 일을 시작하면 원래 계획했던 것보다 더 많이 하게 된다.

여기까지 이 책에서 다룰 습관의 세 가지 유형을 간략하게 설명했으니, 이제 작지만 중요한 습관을 함께 묶으면 어떤 일이 일어나는지 살펴보자. 먼저 사람들이 작은 습관을 실천할 때 겪는 두 가지 어려움을 소개하고, 습관 쌓기가 이를 극복할 수 있는 완벽한 해결책이 되는 이유를 설명할 것이다.

3장

매번 '습관 쌓기'에 실패하는 이유

"내가 이걸 왜 해야 하지?"

이 장에서는 습관 쌓기의 심리학을 살펴보면서, 사람들이 습관을 형성할 때 겪는 두 가지 주요 문제와 어떻게 습관 쌓기를 통해 이를 완벽하게 극복할 수 있을지 알아볼 것이다.

누구에게나 이러한 경험이 있을 것이다. 삶에 새로운 변화를 줄 때라고 결심하고 인생에 도움이 될 만한 중요한 목표를 신중히 고른 후 이에 도움이 되는 구체적인 습관을 쌓으려고 노력한다. 며칠 동안은 습관을 완벽하게 지키지만 살다 보면 빠트리는 날이 생기기 마련이다. 하루 이틀, 건너뛰는 경우가 계속 반복되면, 결국 당신은 이번 습관은 틀렸다며 좌절하고 노력 자체를 그만두게 된다.

솔직히 말하면 습관을 형성하는 일은 쉽지 않다. 많은 전문가들이 삶에 변화를 주고 매일 그 변화를 실천하기만 하면 되는 간단한 일이라고 말하지만, 이는 습관을 형성하는 방법의 단면일 뿐이며 변화를 삶의 일부로 만드는 일은 완전히 다른 문제다.

우리는 모두 숨 가쁘게 바쁜 일상을 살고 있으므로 어떤 일을 지속적으로 이어가기가 쉽지 않다. 게다가 이미 바쁜 일정에 새로운 일을 구겨 넣는 일은 더욱 힘들다. 실제로 당신은 자신에게 이러한 질문을 해봤을 것이다. "예전에 이미 시도했다가 실패한 경험이 있는데, 어떻게 새로운 습관을 지킬 수 있을까?"

답은 '동기부여'에 있다. 좀 더 구체적으로 설명하면, 당신이 계획한 일을 실행할 때 동기부여에 얼마나 의지하는지에 달려 있다.

동기부여에 대한 오해

먼저 솔직하게 얘기하면, '동기부여만으로는 습관을 형성할 수 없다.'

물론 즐거운 음악을 듣거나 동기부여에 도움이 되는 문장을 읽으며 힘을 얻을 수는 있다. 그러나 이러한 힘은 일시적인 감정이기 때문에 이미 지쳐서 중대한 목표를 달성하는 데 관심을 잃었다면 동기부여만으로 극복하기 어렵다. 그 이유를 살펴보자.

『의지력의 재발견^{Willpower}』(에코리브르, 2012)이라는 책에서 저자 로이 F. 바우마이스터^{Roy F. Baumeister}와 존 티어니^{John Tierney}는 자아 고갈^{ego depletion}이라는 개념을 설명했다. 이는 사람들이 '자기 생각이나 감정, 행동을 통제하는 능력이 줄어든 상태'를 말한다. 다시 말하면 의지력은 근육 같은 것이기에 하루 종일 계속해서 사용하면 힘이 약해진다.

바우마이스터를 비롯한 연구진은 다양한 상황에서 자아 고갈을 실험했다. 그중 하나로 '무 실험'이 있다. 사람들을 세 개의 그룹으로 나누고, 첫 번째 그룹과 두 번째 그룹만 한 방에 모은 후 초콜릿 조각과 따뜻한 쿠키, 무를 제공했다.

- 첫 번째 그룹은 원하는 음식을 자유롭게 먹을 수 있다.
- 두 번째 그룹은 무만 먹을 수 있다.
- 세 번째 그룹에는 음식을 제공하지 않았다.

그 이후 그룹별로 각기 다른 방에서 어려운 문제를 풀게 했다. 앞서 의지력을 사용하지 않았던 그룹(즉 원하는 음식을 자유롭게 먹을 수 있던 그룹과 어떤 음식도 받지 않은 그룹)은 문제를 푸는 데 평균 20분 정도의 노력을 기울였다. 이전에 달콤한 간식을 먹고 싶은 마음을 참으며 의지력을 사용해야 했던 그룹은 평균 8분 동안 문제를 풀기 위해 노력했다.

이 실험은 무엇을 의미할까? 간단하다. 대부분의 사람은 유혹을 견뎌낼 수 있으나, 노력을 기울이고 난 후에는 '약해진' 상태가 되어 의지력을 사용하기가 더욱 어려워지는 것이다. 사람들은 동기부여만으로는 최상의 성과를 얻을 수 없다. 그보다는 스스로 선택한 일을 완수한 경험이 많고 적음에 따라 새로운 일을 성공적으로 해내는 정도가 달라지는 것이다. 이러한 사실을 바탕으로, 습관을 성공적으로 형성하기 위해 궁극적으로 필요한 두 가지 교훈을 얻을 수 있다.

- 의지력의 총량은 한정되어 있으므로 사용할수록 고갈된다.
- 어떠한 일이든 의지력은 모두 같은 곳에서 나온다.

의지력의 정도는 (그리고 이에 따라 동기부여도 역시) 시간이 지날수록 줄어든다는 사실을 알아두어야 한다. 그러므로 삶에 오래도록 지속될 의미 있는 변화를 위한 습관이라면, 가능한 한 하루 중 가장 이른 시간에 실행해야 한다.

『왜 나는 항상 결심만 할까?The Willpower Instinct』(알키, 2012)의 저자 켈리 맥고니걸Kelly McGonigal은 최우선순위의 일을 하기에 가장 적합한 때는 아침 첫 시간이라는 사실을 발견했다. 이때가 의지력이 가장 높은 시간이기 때문이다. 그 이후로는 시간이 갈수록 점점 어려운 일에 몰두할 힘이 줄어든다. 그래서 사람들은 습관을 형성할 때 또 다른 문제를 겪는다. 다음 장에서 살펴보자.

"작은 습관은 자꾸 잊어버려요."

지금까지 작은 습관이 중요한 이유를 설명했다. 그렇다면 사람들은 '왜' 작은 습관을 지속적으로 유지하는 데 어려움을 느끼는 걸까? 게으르거나 동기부여가 되지 않아서, 혹은 시간이 없기 때문은 아니라고 생각한다. 그보다는 '인지 부하Cognitive Load'와 관련이 있다.

자세히 살펴보자. 인간의 단기 기억 용량에는 한계가 있다. 사람들은 보통 일곱 덩어리의 정보만 기억할 수 있다고 한다. 사용 중인 단기 기억을 뜻하는 '작업 기억'은 용량이 작기 때문에, 일을 끝내려면 대부분 장기 기억과 기존 습관에 의지할 수밖에 없다.

예를 들어 운전하는 법을 배운 직후에는 운전에 필요한 동작이나 상황에 따른 선택을 할 때 의식적으로 순서를 떠올리게 된다. 차선을 바꾸거나 평행 주차를 할 때, 방향지시등을 켤 때, 수동 기어 차량을 운전할 때 등 여러 상황에서 이처럼 행동한다. 각각의 행동은 단기 기억을 지속적으로 강화하는 과정을 거친다.

마침내 이러한 순서가 학습된 행동으로 자리 잡으면 운전에 필요한 각 단계를 생각할 필요 없이 그냥 자연스럽게 운전하게 된다. 이때에는 마음에 여유가 생기면서 스포티파이Spotify [3] 로 좋아하는 노래를 틀고 흥얼흥얼 따라 부르는 등 다른 일에도 신경 쓸 수 있다.

이번에는 인지 부하를 나타내는 다른 사례를 살펴보자. 사람들은 자산을 제대로 관리하기 위해서는 지출 내역을 기록해야 한다는 것을 잘 알고 있다. 사실 지출 내역을 기록하는 일은 어렵지 않다. 몇 초면 할 수 있는 일이다. 그러나 이 일이 일과의 일부로 녹아들지 않았기 때문에 쉽게 잊어버리는 것이다. 이럴 때는 습관을 기억하게 해줄 '행동 유발 도구trigger'를 사용해보자.

지출 내역을 기록하는 습관을 (아마도) 일상에 자리 잡은 작은 습관인 양치질과 비교해보자. 사람들은 양치질을 잊어버리면 끔찍하게 나쁜 결과가 생긴다는 사실을 잘 알고 있다. 매일같이 이를 닦는 습관을 지키지 않으면 치은염이나 치주염, 충치가 발생할 수 있다. 보통 사람이라면 이러한 위험을 알기 때문에 적어도 하루에 두 번, 아침과 저녁에

---

3 음악 스트리밍 서비스.

는 이를 닦아야 한다는 사실을 기억한다.

　그렇다면 눈처럼 하얗게 이를 닦는 일을 당신은 어떻게 기억하는 걸까? 가장 큰 이유는 이 작은 습관이 아침에 일어나서 밤에 잠자리에 들 때까지의 일과 중 하나로 '뿌리를 내리고 있기' 때문일 것이다. 이를 닦는 일은 이제 자동으로 반복되기 때문에 인지 부하를 일으키지 않는다. 그럼 이런 질문이 떠오른다. 이를 닦는 일은 기억하기 쉬운데, 왜 못지 않게 중요한 지출 내역을 기록하는 일은 기억하기 어려운 걸까?

　내가 생각하기에는 지출 내역을 기록하는 일이 당신의 일과에 뿌리를 내리지 않았기 때문이다. 그래서 습관 쌓기를 하루의 일과로 만드는 일이 중요한 것이다. 그럼, 이제 다음 이야기로 넘어가보자.

정답은 '습관 근육'!

습관 일과의 핵심은 다음과 같다. 목표나 원하는 결과에 도움이 될 만한 작은 습관을 찾고, 이를 합리적인 순서에 맞춰 차례대로 하나의 일과로 만든다. 그리고 짜여진 일과를 삶에 '고정시키는' 검증된 심리학 전략을 활용해서 탄탄한 습관 근육을 쌓아나가도록 한다.

습관 쌓기는 여러 가지 이유로 유용하지만, 특히 다음과 같은 세 가지 장점이 있다.

1. 작은 습관이 전부 기록되어 있으며, 이미 하루의 일부로 자리 잡아 일일이 기억할 필요가 없다. 그래서 매일 해결해야 하는 다른 일에 신경을 쏟을 수 있을 만큼 마음의 여유가 생긴다.

2. 사소한 습관은 머리를 많이 쓰지 않아도 실천할 수 있으므로 부담이 없다. 하나의 행동이 다음 행동을 떠올리게 하는 순서로 정리한 체크리스트만 있으면 된다.

3. 상황에 따라 특정 행동을 더하거나 뺄 수 있다. 오늘 해야 할 일의 목록이 1킬로미터가 될 정도로 바쁜 날 아침에는 꼭 필요하지 않은 습관을 생략하자. 중요한 것은 습관 목록에서 적어도 하나는 꼭 지키는 일이다. 지속성이 가장 중요하다!

습관 쌓기는 작지만 중요한 일을 언제 해야 할지 고민하지 않게 해줌으로써 당신의 삶을 변화시킬 수 있다. 일과에 작은 습관을 추가하고, 매일 꾸준히 지켜나가기만 하면 된다. 긍정적인 습관을 매일 똑같이 반복하면 장기적인 목표에도 놀라운 영향을 미친다. 대런 하디Darren Hardy는 그의 저서 『누적 효과The Compound Effect』에서 이러한 사실을 간단한 공식으로 설명한다.

작지만 현명한 선택 + 지속성 + 시간
= 근본적 변화

이 개념을 설명하기 위해 삶의 여러 영역에 도움이 되는 5가지 간단한 행동의 사례를 들어보겠다.

작은 습관의 5가지 사례

＼

1. 책을 쓰고 싶은가?

만약 당신에게 글을 쓸 시간이 20분밖에 없어서 하루에 300단어 정도만 겨우 쓸 수 있다고 해보자. 대부분의 사람은 '글을 쓸 시간이 없다'는 핑계를 대며 시작도 해보기 전에 포기할 것이다.

그러나 매일 20분씩만 꾸준히 투자하면 한 달에 9천 단어, 1년이면 10만 8천 단어를 쓰는 셈이다. 이 정도면 보통 분량의 소설 한 권을 쓰고 다듬기까지 충분한 시간이다. 남는 시간이 몇 분밖에 되지 않아도 전혀 문제가 없다.

2. 몸무게를 줄이고 싶은가?

먹는 음식을 모두 적어서 음식 섭취 기록을 관리하자. 기록을 남김으로써 '점검 능력'이 생긴다. 입으로 들어가는 모든 음식을 기록해야 한다는 사실을 인지하면 가끔 먹던 단 음식이나 정크푸드를 피하게 된다. 이러한 과정이 오랫동안 반복되면 특별히 다이어트를 하지 않아도 점차 몸무게가 줄어들 것이다.

3. 직장에서 성공하고 싶은가?

이를 위해 필수적인 작은 습관은, 아침에 업무를 시작하면서 두세 가지 우선순위를 정해서 포스트잇에 적어두는 것이다. 이 습관은 커리어에 가장 큰 영향을 미칠 것이다. 이때 적어둔 업무를 중심으로 하루를 시작하면 다른 동료들이 출근 후 30분간 이메일에 답을 하고 페이스북을 확인하는 동안 더욱 '집중해서' 업무를 수행할 수 있다.

4. 판매량을 늘리고 싶은가?

먼저 잠재적 고객 목록을 중요한 순서대로 정리한다. 그리고 상대적으로 더 관심을 쏟아야 하는 '우선순위 고객'에게 먼저 연락을 취하고, 점차 중요도가 낮거나 당신의 연락을 받지 않는 사람들이 있는 순서대로 내려가면 된다.

5. 데이트를 더 많이 하고 싶은가?

당신이 만나는 인간관계의 폭을 넓히면 가능하다. 매일 새로운 사람에게 말을 거는 작은 습관이 도움이 된다. 새로운 사람은 동료일 수도 있고 수업을 같이 듣는 사람이나 전혀 모르는 사람일 수도 있다. 물론 후회되거나 민망한 상황이 생길 수도 있다. 하지만 이러한 연습이 낯선 사람에게 말을 거는 일은 어렵지 않다는 자신감을 만들어준다.

위에서 살펴본 5가지 사소한 습관은 매일 조금씩 시간을 들여 목표를 이루는 사례의 일부일 뿐이다. 이와 같은 방법을 삶의 여러 영역에 반복해서 활용하면 인생이 어떻게 바뀔지 상상해보라. 분명히 굉장히 큰 전환점을 맞이하게 될 것이다.

여기까지 습관 쌓기를 개념 중심으로 설명했다. 구체적으로 일과를 어떻게 구성해야 하는지 알려주기 위해 나의 현재 일과를 예로 들 것이다. 그다음에 당신의 첫 번째 습관 목록을 만드는 법칙을 자세히 살펴보자.

4장

상상이 현실이 되게 하는
습관 쌓기 실전 팁

매일 아침 11가지 작은 습관

앞서 언급했듯이, 습관 목록은 개인마다 다르게 나타난다. 사람들은 서로 다른 목표를 갖고 있기 때문에 다른 사람의 습관을 그대로 따라 하는 건 그리 좋은 생각은 아니다. 그러므로 습관 쌓기의 활용 사례를 살펴보고 각 습관을 뒷받침하는 논리가 어떤 것인지 파악하고 나에게 맞게 가감해야 한다. 이번 장에서는 나의 습관 일과를 소개하겠다.

일단 내가 매일 아침에 지키는 11가지 작은 습관을 살펴보자. 각 습관이 나에게 중요한 이유와 소요시간, 어떤 '목표 영역'에 속하는지 짧게 설명을 달아놓았다.

습관 1		몸무게를 잰다
소요 시간	1분	
성취 목표	건강	

아침에 일어나자마자 화장실에 가서 몸무게를 잰다. 이 습관은 장기 목표를 위한 보조 습관으로, 50개 주에서 열리는 마라톤에 50회 참가하려는 계획을 위한 것이다. (지금까지 18개 마라톤에 참가했으니 32개가 남았다!) 매년 두세 개의 경기에 참가하는데, 그러기 위해서는 몸무게를 목표치인 75~77kg에 가깝게 유지하도록 주의해야 한다.

매일 몸무게를 재는 일은 간식을 좋아하는 나에게 스스로 점검하는 능력을 길러준다. 매일 아침에 체중계에 올라설 생각을 하면 과자나 쿠키를 지나치게 많이 먹지 않도록 자제하고, 과음으로 치닫는 '마지막으로 한 잔만 데'를 외치지 않게 된다.

습관 2		레몬수를 1리터 병에 채운다
소요 시간	1분	
성취 목표	건강	

몸무게를 재고 난 후, 아래층에 있는 부엌으로 내려가 살얼음이 낄 정도로 차가운 레몬수 1리터를 물병에 붓는다. 물에 레몬을 넣는 이유는? 레몬이 수분을 채워주고 비타민 C가 풍부하며 몸무게를 줄이는 데 도움이 되기 때문이다. 그렇다면 왜 물 1리터일까? 하루에 마시는 물의 양을 파악할 수 있기 때문이다. 하루 동안 1리터 병에 담긴 물을 두 번 마시면 일반적으로 사람에게 필요한 수분의 양만큼 섭취한 것이다.

습관 3		찻물을 올린다
소요 시간	1분	
성취 목표	인간관계	

아내는 아침에 마시는 차 한 잔을 좋아한다. 내가 전기포트에 물을 올린 후, 다음 습관을 마칠 때쯤이면 찻물이 준비된다. 아내가 아래층으로 내려오면 김이 모락 모락 나는 차 한 잔이 준비돼 있다.

* 기억할 것: 인간관계를 다지는 데에는 사소한 일이 중요할 때가 있다.

습관 4		설거지를 한다
소요 시간	5분	
성취 목표	정리정돈	

나는 말콤 글래드웰Malcolm Gladwell이 저서 『티핑 포인트The Tipping Point』(21 세기북스, 2016)에서 언급한 '깨진 유리창 이론broken windows theory'을 굳건히 믿는다. 이는 사회과학자 제임스 윌슨James Wilson과 조지 켈링George Kelling이 1982년에 발표한 이론이다.

이 이론의 핵심은 한 동네에 생긴 외관상의 작은 손상이 사회의 부정적인 문제로 이어질 수 있다는 것이다. 예를 들어 깨진 유리창이나 길거리에 버려진 쓰레기 등으로 황폐해진 도시의 정경은 범죄나 반사회적 행동을 증가시키는 요인이 될 수 있다.

재미있는 사실은 깨진 유리창 이론을 우리 삶에도 적용할 수 있다는 점이다. 겉 보기에는 작은 변화일 뿐이지만 일상에서 오는 스트레스나 과도한 업무로 지치는 느낌을 방지할 수 있다. 이는 집과 사무실에도 적용된다. 온갖 잡동사니에 둘러싸여 있으면 업무에 임하는 태도나 기분에 나쁜 영향을 미친다.

그러므로 '설거지'는 인생을 바꾸는 습관은 아니지만 잠시 사색하고 휴식하는 데 도움이 되는 작은 습관이다. 나는 설거지를 하면서 오늘 하루 동안 끝내야 하는 중요한 업무가 무엇인지 되새기는 시간을 갖는다.

습관 5		분기별 목표를 살펴본다
소요 시간	2분	
성취 목표	영역별 모든 목표	

오늘 할 일의 방향이 앞으로 몇 개월의 계획과 일치하는지 확인할 수 있는 가장 빠른 방법은 매일 전체 목표를 살펴보는 일이다. 이 습관은 우리가 목표를 향해 계속 나아갈 수 있도록 상기시키며 집중을 막는 '방해 요소'를 피할 수 있게 도와준다.

습관 6		투두이스트 앱에서
소요 시간	3분	우선순위 업무 세 가지를 정한다
성취 목표	커리어	

계획한 일이 너무 많으면 스트레스를 받기 쉽다. 그래서 나는 매일 가장 중요한 업무 세 가지를 정하고서 하루를 시작한다. 이는 비즈니스에 가장 큰 영향을 미치기 때문에 가장 먼저 끝내도록 계획한다. 우선순위 업무를 정해서 투두이스트 앱에 추가하고 알림을 설정한다.

습관 7		일기를 쓴다
소요 시간	5분	
성취 목표	커리어와 영성	

일기를 쓰면 성공에 놀랄 만한 영향을 미친다. 자기 생각이나 두려움, 현재 겪고 있는 어려움을 적으면서 무엇이 진정으로 중요한지 확실하게 알게 된다. 매일 효과적인 의사결정을 할 수 있도록 돕는 것이 바로 이 '마음 챙김' 습관이다. 나는 이를 위한 도구로 프리덤 저널Freedom Journal 앱을 활용한다.

일기 쓰기는 선택사항이지만 일기를 쓰면 100일 동안 중요한 목표에 집중해 나아갈 수 있으므로 시도해보기를 권장한다. 올바른 방향으로 이끌 뿐만 아니라 커리어 목표를 달성하기 위한 핵심 단계를 차례로 이룰 수 있도록 돕는다.

습관 8	
소요 시간	2분
성취 목표	재정

퍼스널 캐피털 계좌를 살펴본다

일기를 쓴 후 여덟 번째 습관으로 넘어오며 '컴퓨터 시간'을 시작한다. 컴퓨터를 켜고 늘 가장 먼저 확인하는 것은 퍼스널 캐피털^{Personal Capital}* 계좌이다.

퍼스널 캐피털은 내가 투자한 내용을 모두 모아 보여주는 온라인 서비스로, 자금이 얼마나 늘었는지 정확한 '순 자산 수치'를 보여준다. 나는 매일 계좌를 살피는데, 그 이유는 현재 재정 상황을 가감 없이 확인함으로써 매일 소비나 투자 등 작은 결정을 내리는 데 참고할 수 있기 때문이다.

* 국내에는 금융결제원이 운영하는 '어카운트 인포(www.payinfo.or.kr)'에서 계좌통합관리 서비스를 제공하고 있다.

습관 9	
소요 시간	5분
성취 목표	여가생활과 재정

투자를 위해 부동산 하나를 분석한다

부동산 투자는 향후 5년 이내에 통달하고 싶은 분야다. 최근에 알게 된 사실은 당장 구매할 계획이 없더라도 거래 정보를 정기적으로 분석해야 한다는 것이다. 매일 부동산 정보를 분석하다 보면 좋은 부동산이 나타나서 빠르게 결정을 내려야 하는 상황에 대비할 수 있다.

이 습관은 간단하다. 즐겨 찾는 부동산 사이트를 정해놓고 매일 들어가서 투자할 매물을 찾는다. 그리고 각 거래에서 확인할 수 있는 매매 가격과 임대료, 재산세, 보험금 등의 수치를 살펴본다. 대부분 '냅킨에 적을 수 있을 정도의' 간략한 계산으로도 이 매물은 적절하지 않다는 결론이 나온다. 이렇게 반복하다 보면 몇 주에 한 번 정도는 투자 가치가 있어 보이는 숨겨진 보석을 만날 수 있다.

습관 10		
소요 시간	5분 이상	**책 홍보·마케팅을 관리한다**
성취 목표	커리어	

이 습관에 제일 시간이 많이 걸린다. 이 단계에서 아침 습관 일과를 '근무 모드'
로 전환한다. 내 책을 홍보하는 데 활용하는 웹사이트 3개, 북버브 애즈BookBub
Ads, 아마존 마케팅 서비스Amazon Marketing Services, 아마존 어소시에이츠
Amazon Associates에 접속한다. 전날 실행한 마케팅 결과를 확인하고 비용 대비
효과ROI를 높이기 위해 조금씩 방향을 수정하면서 성과를 개선하려는 목적을
갖는다.

기술적인 부분을 제외하고 간단히 설명하면, 엑셀 표에 숫자를 입력하고 마케팅
비용과 마케팅으로 얻은 효과를 비교해본다. 비용 대비 효과가 크면(즉 수익이 나
는 마케팅이라면) 지출 비용을 늘린다. 그러나 비용 대비 효과가 적은 경우에는 광
고의 방향을 조정하거나 중단한다.

이 습관은 마케팅이 얼마나 많은 새로운 독자에게 전달되는지 살펴보면서 저자
로서의 내 사업 규모를 측정하는 데 도움이 되기 때문에 아주 중요하다. 이 책에
서 설명하는 다른 전략과 마찬가지로 아주 작은 노력만으로 커리어와 인생에 큰
영향을 미친다.

습관 11		
소요 시간	5분	**스무디를 만든다**
성취 목표	건강	

아침에 만들어 마시는 건강 주스의 효능에 대해 많이 들어봤겠지만, 사실 주스를
만들어 마시기는 기억하기 쉽지 않은 습관이다. 그래서 나는 일을 본격적으로 시
작하기 전에 항상 믹서에 영양소가 풍부한 온갖 재료를 넣고, 일하면서 마실 맛
있는 스무디를 만든다.

가끔은 다른 재료를 사용하기도 하지만 주로 단백질과 과일, 채소, 칼륨, 항산화
제를 넣는다. 스무디에 들어가는 재료 선택은 그날 기분에 따라 혹은 그날 집에
있는 재료에 따라 달라진다.

핵심 습관으로 일과를 마친다

앞에서 삶의 여러 영역에 걸쳐 좋은 영향을 미치는 '핵심 습관'의 중요성에 관해 이야기했다. 여기서 다시 이 이야기를 꺼내는 이유는 습관 일과의 마지막은 늘 핵심 습관인 '글쓰기'에 집중하는 것이기 때문이다. 글쓰기는 정신을 맑게 해주고(영성), 수입원이 되며(커리어), 스트레스를 줄여준다(건강). 그래서 나는 글쓰기로 하루를 시작하기도 좋아한다. 습관 일과를 지키는 동안 얻은 에너지를 바탕으로 가장 중요한 업무를 효율적으로 시작할 수 있기 때문이다. 글쓰기는 내가 하루를 열고 제일 처음에 시작하는 업무다. 당신은 다른 일을 첫 업무로 정할 수도 있다. 무슨 일을 하든 당신에게 달려 있지만, 습관 일과를 끝내고 나면 '마음의 추진력'이 생겨 다음에 이어지는 활동에 긍정적인 파급 효과를 낳는다는 핵심만 기억하면 된다.

지금까지 내 일과를 소개했다. 이제 방향을 바꿔서 당신에 관해 이야기해보자. 이제 당신의 첫 번째 습관 목록을 만들기 위한 간단한 법칙을 얘기하겠다.

습관 목록을 채우는 9가지 법칙

그래서 습관 일과를 형성하려면 어떻게 해야 하는지 아직은 막막하게 느껴질 것이다. 여러 습관을 마구잡이로 줄지어 묶어놓은 것으로 생각할 수도 있지만 실제로는 전혀 다르다.

습관 목록을 만들 때는 몇 가지 중요한 요소를 고려해야 한다. 각 습관을 고른 이유는 무엇이며, 어떤 순서로 배열해야 하는가? 각 습관에 시간이 얼마나 소요되는가?

이 과정을 쉽게 따라 할 수 있도록 아래에 9가지 습관 쌓기 법칙을 정리했다.

1. 기존 습관에 습관 목록을 덧붙인다

습관 목록을 가장 쉽게 기억하는 방법은 기존 습관 앞이나 뒤에 이어서 실행하는 것이다. 여기서 기존 습관은 식사나 양치질, 휴대폰 확인 등 매일 빼놓지 않는 행동이어야 한다. 기존 습관에 얹어서 이른바 '조건반사 계획'을 만들어야 하므로 이 점이 중요하다.

조건반사 계획(또는 이행 계획)은 목표를 향해 나아가도록 도울 뿐만 아니라 하루라도 그냥 넘어가지 않게 방지해준다. 핵심은 이미 자리 잡은 습관을 찾아서 그 습관 이전이나 이후에 구체적인 활동을 계획하는 것이다.

예를 들어 조건반사 계획은 다음과 같이 만들 수 있다.

- "아침에 맨 처음 거실에 들어서는 순간부터 습관 일과를 시작할 것이다."
- "저녁에 이 닦기 직전에 치실을 사용할 것이다."
- "운전할 때, 좌회전하기 전 '마지막으로 한번 확인하는 일'을 지킬 것이다." (이 습관이 몇 개월 전에 내 생명을 구했다.)
- "외출복을 입은 후에 체육관에 가져갈 가방을 쌀 것이다."
- "저녁 먹기 직전에 샐러드를 먹을 것이다."

여기서 살펴보면 각각의 조건반사 계획은 기존 습관에 덧붙여 있다. 그러므로 조건반사 계획을 세워놓으면, 그다음에는 결과를 확인할 수 있는 알람을 설정하기만 하면 된다.

2. 습관 하나당 (되도록) 5분 이내에 끝낸다

5분 법칙을 돌에 새긴 것처럼 절대로 지켜야 하는 것이 아니라 기준으로 활용하라는 사실을 먼저 알려둔다. 그러므로 중요하다고 여기는 어떤 습관이 5분 이상 소요되더라도 습관 목록에 추가할 수 있다.

이 사실만 기억하라. 자기계발을 위한 시간은 한정되어 있으며, 대부분의 사람은 하루 평균 30분 정도를 투자한다. 즉 평균 3분 정도 걸리는 습관 10가지를 지킬 수 있는 시간이다. 그러므로 각 습관이 10분씩 걸린다면 작은 습관 여러 개를 지키기는 어려워진다.

5분은 생각보다 많은 것을 할 수 있는 기본 시간 단위이며, 다른 습관에 덧붙일 수 있을 정도로 짧으므로 기준으로 삼기에 좋다. 5분은 하루의 0.35%이다. 즉 하루의 1%의 3분의 1 정도의 시간만으로도 장기적인 변화와 좋은 결과를 가져올 습관을 만들 수 있다.

그러므로 5분보다 조금 더 걸리는 습관을 일과에 추가해도 전혀 문제가 되지 않는다. 특히나 당신에게 중요한 습관이라면 당연히 습관 일과의 일부로 만들어야 한다.

3. 습관 일과 전체는 30분 이내로 한정한다

'30분 법칙'은 다른 일정을 방해하지 않고도 여러 습관을 실행하기에 적절하다. 만약 너무 바쁘다면 20분이나 15분, 10분, 심지어 5분 정도만 습관 지키기에 할애해도 괜찮다. 다시 한번 얘기하지만 기억해야 할 가장 중요한 사실은 지속성이다. 여러 '작은 일'이 30분이라는 시간

안에 들어갈 수 있다는 사실에 놀랐을 것이다. 5장에서는 아무리 바쁜 일정에도 적용할 수 있는 중요한 습관을 소개할 것이다.

4. 하루, 일주일, 한 달 단위로 습관 목록을 만든다

중요하지만 매일 지킬 필요는 없는 습관도 있다. 그럴 때는 일주일 혹은 달마다 주기적으로 실행해보자. 예를 들어 신용카드 사용내역이나 화재경보기, 타이어 압력을 점검하는 일은 가끔 '확인'만 해주면 된다.

원칙은 간단하다. 매일 실행할 습관 목록을 만들고, 중요하지만 긴급하지 않은 활동을 일주일이나 한 달에 한 번 실행하는 습관도 함께 계획하는 것이다.

주간 점검은 일요일 저녁에, 새롭게 시작하는 일주일을 준비하는 방법으로 활용할 수 있고, 월간 점검은 매월 첫 번째 토요일에 계획할 수 있다. 하지만 점검 일정을 언제 계획하는지는 사실 중요하지 않다. 핵심은 일정표에 습관 목록을 넣어두고 잘 지키는 것이다.

5. 각각의 습관은 지정한 시간 내에 완료할 수 있어야 한다

습관마다 시작하는 시간과 끝나는 시간을 정해야 한다. 오랜 시간이 필요한 일(운동, 글쓰기, 업무와 관련된 것)은 작은 습관으로 적절하지 않다. 이러한 습관은 시간을 더 투자할 수 있는 다른 시간대에 계획하는 편이 낫다.

예를 들어 5분 운동은 습관 목록에 구겨 넣어봤자 몸을 단련하고 근력을 강화하는 데 큰 도움이 되지 않는다. 대신 체육관에 가져갈 가방을 싸거나 전날 운동량을 기록하는 습관을 들이도록 하자. 각 습관은 더 큰 핵심 습관을 보조하면서, 명확한 시작 지점과 종료 지점이 있어야 한다.

이 법칙에 한 가지 중요한 예외가 있다. 현재 하기 싫어서 미루고 있는 프로젝트가 있다면, 매일 지키는 습관 목록에 '코끼리 습관'을 추가하는 것은 가능하다. 이 프로젝트를 5~10분 분량으로 조금씩 해나가면, 반드시 해야 하지만 즐겁지 않은 일도 어느새 끝이 보일 것이다.

6. 실행하기 쉬운 습관을 고른다

각각의 작은 습관은 머리를 많이 쓸 필요가 없고 실행하기 쉬워야 한다. 그래야 빨리 끝내고 바로 다음 습관으로 넘어갈 수 있기 때문이다. 한 가지 습관에 여러 단계를 밟아야 한다면 이 습관 역시 다른 시간대에 계획하는 것이 좋다.

기억하라. 각각의 습관은 1단계, 혹은 많아야 2단계 내로 끝낼 수 있어야 한다. 잠자리를 정돈하거나 스무디 만들기, 전날 지출 내역 정리하기 등이 대표적이다.

7. 습관의 동선이 자연스럽게 이어지도록 계획한다

습관 일과 전체가 기름칠한 기계처럼 유연하게 흘러가야 한다. 이

방에서 저 방으로 옮겨 다니며 시간을 낭비하고 싶지 않다면 중요한 부분이다. 예를 들어 침실에서의 습관이 2개, 부엌이 3개, 사무실이 2개라면, 이쪽과 저쪽을 정신없이 오가야 하는 실수를 하지 않도록, 평소의 일상과 자연스럽게 연결될 수 있도록 계획하라.

앞에서 소개한 나의 11가지 습관도 대부분이 화장실에서 부엌, 식사 공간, 마지막으로 사무실까지 내 동선을 따라 자연스럽게 시간과 노력을 낭비하지 않도록 계획했다.

8. 습관을 관리하기 위한 체크리스트를 활용한다

습관은 즉각적으로 만들어지지 않기 때문에 '스스로' 중요하다고 생각하는 것을 모은 습관 목록이 필요하다. 그러므로 계속 확인하며 조정할 수 있도록 단계별 체크리스트에 입력해두자.

체크리스트 역시 매일 실행하는 습관과 동일한 순서로 구성해야 한다. 물론 언제든 새로운 습관을 추가하거나 도움이 되지 않는 습관을 삭제해도 무방하다. 이 일과를 자리 잡게 하기 위해서는 자동적인 반응으로 만드는 방법 뿐이다. 습관을 여러 번 반복하고 나면 왜 이 행동을 해야 하는지 의식하지 않은 상태라도 움직이게 된다. 자동 조종 장치에 따라 행동하게 되는 것이다. 체크리스트를 어디에 적을지는 당신의 선택에 달려 있다.

- 일기장이나 공책

- 투두이스트 앱
- 에버노트Evernote 앱

사실상 선택지는 무한하다. 체크리스트를 저장할 수 있는 도구는 수백 가지이므로 그중 가장 편하고 마음에 드는 것을 하나 골라서 꾸준히 사용하라!

우리는 체크리스트의 힘을 과소평가하는 경향이 있다. 그러나 이는 계획을 정리할 수 있게 도와줄 뿐만 아니라 심지어 생명을 구하기도 한다. 더욱 자세히 알고 싶다면 간단한 체크리스트가 항공기나 의학계에서 생명을 구한 사례를 언급한 아툴 가완디Atul Gawande의 『체크! 체크리스트The Checklist Manifesto』(21세기북스, 2010)를 읽어보자.

9. 우선순위와 관련된 습관을 포함한다

습관을 쌓으면 우리는 각자의 중요한 목표를 실행에 옮길 수 있게 된다. 이때, 다른 사람들이 당신에게 성취하기를 바라는 목표가 아니라 자신이 성취하고 싶은 목표여야 한다. 단지 '해야 한다'는 이유만으로 습관을 선택해서는 안 된다. 각 습관은 당신이 원하는 결과를 명확하게 가져다주는 것이어야 한다.

습관을 찾는 가장 쉬운 방법은 아래 7가지 영역의 각 목표와 연관 짓는 것이다.

1. 커리어
2. 재정
3. 건강
4. 여가생활
5. 정리정돈
6. 인간관계
7. 영성

선택은 당신에게 달려 있다. 당신이 갖고 싶은 습관을 고르는, 즉 '내맘대로 구성하는' 의사결정이다. (다시 알려두지만, 그래도 마땅한 습관이 떠오르지 않는다면 이 책의 2부에 나와 있는 127가지 습관을 살펴보라.) 목록에 포함할 습관을 고를 때는 아래 원칙을 기준으로 삼는다.

이 습관을 실행해야 하는 '이유'를 생각한다.

습관으로 얻을 수 있는 것이 명확하지 않으면 일과에 반영하지 않는다. 자, 이제 습관 목록을 만드는 방법을 알았으니 습관 쌓기 과정의 구체적인 부분, 습관 일과를 만드는 13단계의 과정으로 넘어가겠다.

절대 '중도 포기'가 없는 습관 쌓기 13단계

습관 목록을 지속적으로 유지하는 비결은 이를 여러 습관의 연결이 아니라 하나의 활동으로 인식하는 것이다. 간단한 일처럼 보이지만 꾸준한 습관 근육을 기르려면 다음과 같은 요소가 필요하다.

- 언제 실천할 것인가?
- 행동 유발 도구에 어떤 것이 있을까?
- 습관을 실천하려면 계획을 어떻게 세워야 하는가?

여기서 요점은 무엇일까?

습관 목록을 구성하는 각각의 요소를 하나의 습관으로 생각하면 각기 알림을 설정해야 하고 결과를 확인하느라 금세 피곤해질 것이다. 그러나 습관 목록 전체를 하나의 습관으로 묶어 인식하면 기억하기도 쉬워질 뿐만 아니라 지속적으로 실행하기도 편리하다. 처음에는 어렵게 느껴질 수도 있지만 일단 첫발을 떼고 여러 번 반복하면 금방 일상에 녹아들 것이다. 이때의 성공 비결은, 사소한 일로 시작해서 습관 일과를 위한 '기억 근육'을 만들어놓은 후, 어느 정도 일정하게 유지가 되면 그때 새로운 습관을 더 추가하는 것이다.

이제 검증된 평생 습관 쌓기 13가지 단계를 살펴볼 차례다. 이는 아주 명확한 과정으로 나타나기에 각 단계를 꼼꼼히 따르고 실행하면 지속적인 변화를 만드는 일이 매우 간단하다는 사실을 알 수 있다.

1단계: 5분 단위로 시작한다

새로운 습관을 꾸준히 지키기 위한 가장 간단한 방법은 스티븐 기즈Stephen Guise가 쓴 『습관의 재발견Mini Habits』(비즈니스북스, 2014)에 나온 중요한 교훈처럼 '머리를 쓰지 않고 쉽게' 실행할 수 있도록 만드는 것이다.

예를 들어, 매일 글을 쓰고 싶다면 하루에 한 문단씩만 쓰자는 목표를 정한다. 물론 그보다 더 많이 쓸 수도 있지만 한 문단 이상을 쓰면 그날의 습관은 실행한 셈이다. 핵심은 무력감을 극복할 수 있을 정도로 간단한 목표를 세우는 것이다. 그러고 나서 일단 시작하면 원래 계획했던 것보다 더 많은 일을 하게 된다.

당신의 습관 목록에 작은 습관을 적용해보기를 권한다. 가장 중요한 요소는 지속성이다. 그러므로 5분 정도 걸리는 습관 한두 개로 시작하고 이 일과가 몸에 배면 다른 습관을 더 추가해보자.

이 정도 시간으로는 아무것도 성취하지 못할 것 같은가? 앞서 4장에서 설명한 나의 11가지 습관 목록을 다시 살펴보면 습관 4개를 실행하는 데 총 5분 정도밖에 걸리지 않았다. 그렇게 짧은 시간으로도 충분한 효과를 얻을 수 있다. 5장에서부터는 1~2분 정도면 할 수 있는 습관을 다양하게 소개하는데, 5분이라는 시간이 넉넉하지 않게 여겨지겠지만, 그 짧은 시간 동안 얼마나 많은 활동을 할 수 있는지 깨닫게 될 것이다.

2단계: 작은 성과에 집중한다

많은 노력이 들지 않는 습관 위주로 일과를 구성한다. 이러한 습관은 기억하기도, 실행하기도 쉬워서 '마음의 추진력'이라는 작은 성과를 가져다준다. 여기에는 비타민 먹기나 몸무게 재기, 1리터 물병 채우기, 목표 검토하기처럼 부담이 적은 습관들이 포함된다. 다시 말해, 매우 간단한 일이라는 점이 핵심이다. 바쁘거나 스트레스를 받은 날에도 건너뛰지 않고 지킬 수 있는, '머리 굴릴 필요 없는' 소소한 습관으로 시작하는 것이 좋다.

이 단계를 마무리하려면 2장에 나온 7개의 목표 영역을 살펴보아라. 2분 이내로 끝낼 수 있는 간단한 습관을 찾은 후에, 앞뒤로 목록을 쌓아나간다. 몸에 밸 때까지 1~2주 정도를 이 습관에만 집중한다. 완전히 몸에 익은 후에는 이 일과에 새로운 습관을 더해도 좋다.

3단계: 시간과 장소를 정한다

각 습관은 공간이나 시간, 혹은 두 가지 모두와 관련된 행동 유발 도구와 연결해야 한다. 습관 목록을 실행하기 위해 보조 장치를 활용하는 사례를 살펴보자.

AM 7:00 집

아침에 일어나서 먼저 습관 일과를 끝내고 나면 에너지가 가득찬 상태로 하루를 시작할 수 있다. 인생에 긍정적인 영향을 미치는 여러 가지 습관을 실행하면 이어지는 중요 업무에도 긍정적인 기운이 이어질 것이다.

작은 습관으로는 명상이나 목표 검토, 확언 낭독, 비소설 읽기, 건강 스무디 마시기를 들 수 있다.

AM 9:00 사무실

사무실에 도착하면 다른 사람들처럼 이메일이나 소셜 미디어를 확인하기보다, 중요 업무에 집중할 수 있는 환경을 만들어 오전 시간을 효율적으로 활용해보자.

작은 습관으로는 오늘의 우선순위 업무 세 가지 정하기나 중요한 프로젝트의 '다음 단계' 업무 정하기, 방해 요소 제거하기, 가장 힘든 일 먼저 하기 등이 있다.

AM 12:30 사무실

하루의 중간 지점인 점심시간은 습관 목록을 실행하기에 좋은 때이다. 오전 업무로 소진된 기운을 회복하기 위해서는 (습관을 실행하기 전이나 후에) 자리에서 간단하게 점심을 먹고, 남은 하루를 준비하기 위한 습관을 이행하는 것이 도움이 된다.

이때 할 수 있는 작은 습관으로는 명상이나 가벼운 산책, 7분 정도의 운동, 습관 점검 파트너와의 통화, 사무실에서의 맨손 체조 등이 있다.

PM 3:00 사무실

일을 마치기 직전도 습관 목록을 실행할 수 있는 시간대다. 다음 날 아침(혹은 월요일 아침), 사무실에 들어와 업무를 시작할 때 성공을 향해 달려갈 기운이 솟아나게 하기 때문이다. 바쁜 하루를 보내고 난 후, 마지막 일과까지 마치고 나면 이제 해야 할 일을 모두 끝냈다는 생각에 후련해질 것이다.

작은 습관으로는 일기 쓰기, 다음 날 해야 할 업무 정하기, 각 업무의 소요 시간 확인하기 등이 있다.

PM 8 : 00 집

집에 돌아온 이후부터 잠자리에 들기 전까지도 습관 목록을 추가할 수 있다. 중요하지만 당장 주의를 기울이지 않아도 될 정도의, 급하지 않은 작고 개인적인 프로젝트를 위한 시간이다.

작은 습관으로는 배우고 있는 기술을 연습하거나, 일주일치 식단 계획하기, 지출 내역 확인하기, 집의 한 부분 정리정돈하기 등이 있다.

⊕ 체육관 (혹은 운동하는 장소 어디든)

운동 일과에도 습관 목록을 계획하면 짧은 시간 동안 꼭 필요한 운동을 빠트리지 않을 수 있다.

운동은 습관 목록으로 넣기에는 적절하지 않지만, 운동을 꾸준히 하도록 돕는 보조 습관은 목록에 넣을 수 있다. 스트레칭이나 건강 스무디 마시기, 몸무게 재기, 운동 기록 남기기, 좋아하는 음악이나 팟캐스트로 가득 채운 재생 목록 만들기 등이 있다.

4단계: 습관 목록을 행동 유발 도구와 연결한다

'행동 유발 도구'라는 단어는 사람들에게 각각 다른 의미를 지니겠지만, 나는 이를 습관을 지킬 수 있도록 알림 역할을 하는 감각(시각, 청각, 후각, 촉각, 미각) 신호라고 생각한다. 알림 없이는 여러 가지 일을 모두 기억하기 어려우므로 계획을 실행에 옮기도록 상기시켜주는 행동 유발 도구가 중요한 것이다. 예를 들어 많은 사람이 제시간에 일어나기 위해 알람 시계나 휴대폰을 사용하는 것처럼 말이다.

행동 유발 도구에는 기본적으로 두 가지 유형이 있다. 첫 번째는 외부 행동 유발 도구다. 휴대폰 알람, 냉장고에 붙인 포스트잇 메모 등이 대표적이며 다음 행동을 유발하는 파블로프의 반응 원리를 기반으로 작동한다. 두 번째 유형은 내부 행동 유발 도구로, 형성된 습관과 관련한 느낌이나 생각, 감정을 말한다. 이는 가려운 곳을 긁는 것과 같은 원리인데, 예를 들어 소셜 미디어를 확인하고 싶은 충동이 들었을 때 바로 앱을 켜서 확인하는 행동은 내부 행동 유발 도구의 직접적인 결과이다.

이 두 가지 행동 유발 도구 유형의 차이점을 이해하는 것이 중요하다. 습관 목록을 쌓는 데 유용할 뿐만 아니라 개인의 성장을 방해하는 나쁜 습관을 극복하는 데도 도움이 되기 때문이다. 자세히 설명해보겠다.

행동 유발 도구 부정적인 사례

잘 알다시피 페이스북이나 트위터, 인스타그램, 핀터레스트처럼 많은 소셜 미디어가 존재한다. 좋든 싫든 이제는 쉽게 찾아볼 수 있는, 현대 문화의 일부가 됐다. 그런데 소셜 미디어는 어쩌다 이렇게 유명해진 걸까? 각 매체의 창업자는 인간 마음의 작동원리를 이해하고, 사용자가 계속해서 찾게 되도록 '끌어당기는' 시스템을 만들었다.

소셜 미디어를 사용해본 적이 있다면 어떤 동작에도 알림이 울린다는 것을 알고 있을 것이다. 누군가가 의견을 달거나, '좋아요'를 누르거나, 공유하거나, 트윗을 보내거나, 당신이 올린 포스팅을 자신의 핀보드에 저장하면 당신은 알림을 받는다. 이러한 알림은 시각적이거나 청각적인 신호, 혹은 모두를 사용한다. 알림 표시가 뜨면 당신은 파블로프의 개처럼 반응한다.

이런 유형의 외부 행동 유발 도구는 사람들이 관심을 보이는 글을 올린 것에 대한 '보상'으로 작용하기 때문에 중독적이다. '어떤 중독 단계에 이르면' 당신은 방금 올린 글에 대한 다른 사람들의 반응을 살펴보기 위해 어느새 소셜 미디어에 로그인하고 있을 것이다. 알림 기능을 반복해서 사용하면 찰스 두히그가 『습관의 힘』에서 얘기한 3가지 단계의 습관의 고리가 형성된다.

1. 신호: 소셜 미디어를 사용하라는 시각적이거나 청각적인 알림
2. 일과: 소셜 미디어를 확인하는 행동 패턴 (예: 앱을 열거나 웹사이트를 클릭하는 행동)

3. 보상: 소셜 미디어를 사용함으로써 얻는 심리적 위안 (예: 누군가가 '좋아요'를 누르거나 당신의 글을 공유할 때)

이러한 행동 유발 도구는 하루에도 여러 번 소셜 미디어에 로그인하고 싶은 충동을 일으키기 때문에 악영향을 미친다. 심지어 심심할 때는 행동 유발 도구인 알림을 받지 않아도 무의식적으로 소셜 미디어를 확인하려는 욕구를 느끼게 될 것이며 이는 내부 행동 유발 도구의 전형적 사례다. 소셜 미디어에 반복해서 노출되면 영구적인 습관이 형성된다. 심심하거나 지루할 때 즐겨 찾는 소셜 미디어를 확인해야 도파민[4]이 돌기 시작한다. 그리고 몇 분 정도만 둘러보려던 게 이내 30분, 그 이상이 되어 시간을 낭비하는 경우를 흔히 볼 수 있다.

기술을 기반으로 하는 기업들은 충동적인 내부 행동 유발 도구를 형성하기 위해 늘 외부 행동 유발 도구를 활용한다. 그들은 이러한 방식으로 충성 고객층을 형성한다. 사용자가 외부 요인에 반복해서 노출될 경우에 전체 사용량이 증가한다는 사실을 알고 있기 때문이다. 지루한 날 탈출구가 되어주는 제품의 경우에는 특히 그렇다. 사용자는 의욕이 없을 때마다 그 앱에 접속하게 될 것이다. 긍정적인 효과를 내는 민트[Mint][5] 같은 예산 관리 앱은 좋은 습관을 형성하지만, 트리비아 크랙[Trivia Crack] 같이 중독성 있는 비디오 게임은 나쁜 습관을 형성한다.

---

4   신경 자극 물질의 하나로 운동, 인지, 동기부여에 영향을 준다.

5   www.mint.com

더욱 자세한 내용을 알고 싶다면 니르 이얄Nir Eyal의 『훅Hooked』(리더스북, 2014)을 읽어보기 바란다. 이 책은 어떻게 기술이 중독적인 행동을 유발하는지, 자신의 삶에 나타난 패턴을 알아보기 위해서 (그리고 가능하다면 그러한 행동을 없애기 위해서) 무엇을 할 수 있는지 자세하게 설명한다.

소셜 미디어를 향한 내 작은 불평을 너그럽게 받아준다면, 행동 유발 도구를 이해함으로써 소중한 교훈을 얻을 수 있다. 사실 이 원리는 당신의 삶에 긍정적인 습관을 형성하는 데 활용할 수도 있다. 이제 그 부분에 관해 이야기해보자.

행동 유발 도구 긍정적인 사례

내가 추천하는 방법은 각각의 습관 일과에 행동 유발 도구를 만드는 것이다. 우선 치실은 화장실 선반 위 눈에 잘 띄는 곳, 즉 칫솔 옆에 둔다. 이 습관은 이를 닦기 전이나 후에 치실질을 해야 한다는 시각적 알림으로 작용한다.

이처럼 습관으로 연결되는 행동 유발 도구를 형성하고 싶다면 다음의 4가지를 기억하자.

1. **기존 습관을 활용한다**
   알림 역할을 하는 기존 습관을 잊지 않고 100% 실행하는 것이어야 하기에 샤워나 양치질, 휴대폰 확인, 냉장고 근처에 가기, 책상 앞에 앉기 등 매일 자동적으로 따르는 행동으로 택한다.

2. **하루 중 특정한 시간대가 될 수도 있다**

   아침에 일어났을 때나 점심시간, 일을 마치고 문을 나설 때 등 하루 중 특정한 시간대가 알림 기능을 할 수 있다. 다시 한번 얘기하지만, 어떤 것이든 자동적인 행동이 될 수 있어야 한다.

3. **실행하기 쉬워야 한다**

   아무리 매일 하는 일이라도 실행하기 어려운 습관이라면 행동 유발 도구로써의 효과는 줄어든다. 예를 들어 매일 운동을 하더라도 운동을 행동 유발 도구로 삼으면 지키지 않는 날이 생기기 쉬우므로 비효율적이다.

4. **새로운 습관이어서는 안 된다**

   평생 습관을 만드는 데에는 21일에서 66일이 걸리며 실행하기 어려운 습관일 경우에는 더 오래 걸리기도 한다. 따라서 새로운 습관은 지속적으로 실행하게 될지 확신할 수 없기 때문에 행동 유발 도구로 정해서는 안 된다.

지금까지 행동 유발 도구를 고르는 몇 가지 원칙을 살펴봤다. 행동 유발 도구를 더욱 쉽게 찾을 수 있도록, 아래에 나열된 당신이 이미 매일 하는 일 중 하나를 골라보아라.

- 아침 / 점심 / 저녁식사
- 이 닦기
- 출근 전 차에 타기
- 퇴근 후 집까지 걷기
- 사무실 출퇴근
- 아침에 컴퓨터 켜기
- 휴대폰에 알람 맞추기

- 컴퓨터나 냉장고, TV 등 눈에 띄는 위치에 메모지 붙이기

지금까지 살펴본 것처럼 습관에 알림 기능을 하는 행동 유발 도구에는 다양한 유형이 있다. 실제로 가장 쉬운 방법은 행동 유발 도구를 일과의 첫 번째 습관과 연결하는 것이다. 이 단계의 목적은 계획한 습관을 실천에 옮기게 하는 행동 유발 도구를 만드는 것으로, 그다음부터는 체크리스트를 활용해 나머지 습관을 지켜나가면 된다. 이제 다음 단계를 살펴보자.

5단계: 합리적인 체크리스트를 만든다

체크리스트는 습관 목록에서 가장 중요한 부분이며, 습관을 실행하는 순서와 소요 시간, 실행 장소를 함께 적는다. 이렇게 사소한 정보까지 적어야 할까 싶을 수도 있겠지만 이렇게 해두면 무의식적으로 습관을 실행할 수 있다. 앞서 체크리스트에 관해 설명했기 때문에 같은 내용을 반복하지는 않겠다. 요약해서 얘기하면, 각각의 작은 습관이 끊김 없이 다음 습관으로 넘어가도록 효율적으로 연결하자.

6단계 : 점검하는 방법을 마련한다

뉴턴의 운동 제1 법칙인 관성의 법칙에 대해 들어봤을 것이다. 이는 "외부에서 힘이 작용하지 않으면 정지한 물체는 계속 정지해 있고 움직이는 물체는 계속해서 같은 속도와 방향으로 움직인다."는 뜻이다. 다시 말하면 아침에 일어나서 게으름을 피우는 성향의 사람이라면 습관을 바로 실행에 옮기도록 '밀어주는' 힘이 필요하다. 보통 사람들이 습관을 형성하는 데 실패하는 이유는 그다지 즐겁지 않은 새로운 일을 하는 것보다 가만히 휴식을 취하는 게 편하기 때문이다.

습관 형성에 관해 알게 된 사실 중 가장 큰 교훈은 주요 목표를 달성하기 위해서는 '점검하는 수단'이 필요하다는 것이다. 스스로 굳게 다짐을 하는 것만으로는 충분하지 않다. 큰 목표를 이루기 위해서는 굳건한 실행 계획과 어려움이 닥쳤을 때 서로 도움을 줄 수 있는 네트워크가 필요하다. 이는 회사 생활에서뿐만 아니라 개인의 성장을 위해서도 마찬가지다. 당신의 성공을 기원해주는 사람(혹은 해이해졌을 때 억지로라도 할 수 있게 밀어주는 사람)이 있으면 포기할 가능성이 작아진다.

자가 점검을 위해서는 소셜 미디어에 진행 상황을 올리거나 새로 생긴 습관 일과를 다른 사람에게 말하는 일, 비마인더Beeminder 같은 앱을 사용해서 목표를 향해 노력하지 않을 때 자기 자신에게 '벌을 주는' 등 다양한 방법이 있다.

내 경험상 유용한 방법 중 첫 번째는 새로운 습관을 유지하고 꾸준히 실행하도록 도와주는 훌륭한 도구, 코치 미$^{Coach.me}$ 앱이다. 잘하건 못하건 언제나 날 따라다니는, 주머니 속 코치의 역할을 한다. 습관을 추가하고 실행할 때마다 매일 확인하면서 자가 점검을 할 수 있다. 꼭 명심하자. 사람들에게 당신의 진척 상황을 알려야 한다는 생각만으로도 충분히 습관 일과를 꾸준히 지키는 동기가 될 수 있다.

두 번째는 당신의 성과나 어려움, 미래 계획 등을 공유할 수 있는 습관 점검 파트너를 찾는 것이다. 의지가 약해져 흔들릴 때 당신을 이끌어주거나, 어려움을 겪고 있을 때 고민을 털어놓고 조언을 구할 사람이 있으면 도움이 된다.

7단계: 작지만 즐거운 보상을 마련한다

습관 일과를 모두 마쳤다면 그만한 보상을 받아야 한다. 자기 자신에게 보상을 주면 습관 일과를 실행하는 데 커다란 동기부여가 될 수 있다. 좋아하는 TV 프로그램을 보거나, 맛있는 간식을 먹는 일, 잠시 아무 생각 없이 편안하게 쉬는 것 등 다양한 보상이 있을 수 있다. 당신이 즐겨 하는 일이라면 무엇이든 활용할 수 있다. 단, 습관의 긍정적인 효과를 상쇄하는 보상은 피하도록 주의하라. 몸무게를 줄이기 위한 작은 습관을 방금 마치고서, 그에 대한 보상으로 400칼로리의 컵케이크를 먹는 것은 습관의 목적에 어긋난다.

보상으로 활용할만한 예시를 더 살펴보고 싶다면 내 블로그에서 '자기 자신에게 주는 보상 155가지 155 ways to reward yourself'를 참고하라.

8단계: 반복하는 데 집중한다

습관을 형성하는 초기 몇 주 동안은 반복이 핵심이다. 한두 가지 습관은 하지 않고 넘어가더라도 습관 일과는 꾸준히 지켜야 한다. 무엇보다 지속성이 중요하다. 같은 일을 반복하면 우리에게는 기억 근육이 생기기 때문에 습관도 이를 닦는 일처럼 하루의 일부로 자리 잡을 것이다.

가끔 습관을 지키지 못한다고 세상은 끝나지 않는다. 그런 일은 항상 일어나기 마련이다. 그러나 이틀 연속으로 지키지 못하는 경우는 '절대' 없도록 하라. 이렇게 되면 실패로 향하는 내리막길이 생겨 점점 습관을 지키지 못하는 경우가 많아질 것이고 결국 포기하게 된다. 이와 관련해서 다음에 이어지는 조언을 참고하자.

9단계: 반복의 끈을 놓지 않는다

습관과 관련해서 지금까지 들어본 이야기 중 가장 재미있었던 것은 코미디언 제리 사인펠드Jerry Seinfeld의 이야기다. 그는 동료 코미디언에게 매일 새로운 소재를 만들어낼 시간을 따로 빼놓으라고 조언했다. 이 조언의 핵심은 그럴 기분이 들지 않아도 하루도 거르지 말라는 것이었다. (어디서 많이 들어본 이야기 같지 않은가?)

매년 초 사인펠트는 벽에 새로운 달력을 걸어둔다. 매일 새로운 코미디 소재를 쓰고 나서 달력의 해당 날짜에 빨간색으로 크게 'X자'를 표시한다. 매일 많은 분량을 쓸 필요는 없다. 중요한 건 빠짐없이 날마다 쓰는 것이다. 그는 반복되는 끈을 놓지 않는 데 집중한다. 달력에 X자 표시를 해나가면 매일 계획했던 일을 실행하는 데 도움이 된다. 빨간 X자 표시가 끊임없이 이어지는 모습을 볼수록 미루고 싶은 마음을 극복하고 습관을 실행하는 힘이 길러진다.

반복의 끈을 유지하는 것은 변명거리를 차단하기 위해서다. 종종 습관을 미루고 싶은 마음에 기발한 핑계거리가 생각나곤 한다. 가끔은 피곤하고, 바쁘고, 지치고, 아프며, 숙취가 심하고, 우울하다. 이러한 것들은 습관 일과를 지키지 않는 정당한 이유처럼 보인다. 그러나 이렇게 하루씩 건너뛰는 일이 잦아지면, 툭하면 핑계를 대며 습관을 지키지 않게 될 것이다.

간단히 요약하면, 무슨 일이 생기더라도 매일 반복할 수 있는 목표를 세우자. 그래서 '오늘은 쉬자'며 스스로를 설득하는 일이 없게 하라. 두세 가지 정도 작은 목표를 덧붙이는 것도 습관을 지키는 데 도움이 된다. 쉬는 날에도 지킬 수 있는 목표를 세우는 것이 가장 중요하다.

10단계: 계획에 차질이 생길 수 있음을 예상한다

지속적으로 꾸준히 지켜오던 습관에도 가끔은 차질이 생기거나 어려움이 닥친다. 오랫동안 지켜온 습관이 있다면 분명히 예상 밖의 일을 경험한 적이 있을 것이다.

나는 1990년부터 조깅을 해왔다. 계산해보면 27년간 장거리 조깅을 해온 셈이다. 30년 가까이 운동 습관을 유지하는 동안 다양한 문제가 발생했다. 지루함을 느낀 적도 있었고, 부상을 입기도 했으며, 성홍열이나 심낭염 같은 희한한 병에 걸리기도 했다. 심지어 개에게 공격을 받거나 목숨을 위협받을 정도의 교통사고나 보행사고를 당한 적도 있다. 생각해보면 이렇게 다양한 사건사고가 항상 똑같은 습관을 반복하던 인생을 흥미롭게 만들었다. 그리고 사고를 겪으면서 차질이 생기더라도 습관을 꾸준히 유지하고 회복하는 일이 얼마나 중요한지를 깨달았다.

사실 차질이 나면 도움이 된다고도 말할 수 있다. 나심 니콜라스 Nassim Nicholas가 저서 『안티프래질Antifragile』(와이즈베리, 2013)에서 말한 것처럼, 사람들은 이러한 경험을 통해 회복력을 익히고 무질서와 불확실성에서 살아남을 수 있는 '안티프래질[6]' 상태로 발전한다.

---

6 불확실성과 충격으로 성장하게 된다는 개념으로 '깨지기 쉬운'이라는 뜻의 'fragile'과 '반대'라는 뜻의 'anti'의 합성어.

핵심은 이 일과를 지키면서 어려움을 예상해야 한다는 사실이다. 어려움이 닥치면 두 가지 중 하나를 선택하게 된다. 포기하거나 혹은 극복할 방법을 찾거나. 나는 당신이 이러한 장애물을 만났을 때, 극복할 방법을 찾기를 바란다. 어려움이 닥쳐도 극복해나갈 자신이 있다면 장애물이 눈앞에 나타날 때마다 이 책의 12장을 다시 읽어보자.

11단계: 습관 목록의 빈도를 계획한다

앞서 설명한 것처럼 매일 지키지 않아도 되는 습관도 있다.

1. 하루
2. 일주일
3. 한 달

처음에는 하루 단위의 작은 습관으로 시작하고 점점 이 방법에 익숙해지면 단위 시간마다 실행할 습관을 만든다. 이때 습관 목록에는 신용카드 사용내역 확인하기나 안전 점검 받기, 주말 일정 계획하기처럼 중요하지만 잊기 쉬운 '확인하는 습관'을 더하면 좋다. 계획된 일과의 다른 습관과 함께 묶으면 아직 하지 않은 일이 있는지 확인해야 하는 부담 없이도 확실하게 마무리할 수 있다.

12단계 : 습관 목록을 늘린다

습관 쌓기의 첫 번째 단계를 다시 떠올려보자. "5분 단위의 습관으로 시작하라." 만약 습관 쌓기에 적정 시간을 투자하지 못한다면 습관을 지키며 얻는 효과가 크지 않을 것이다. 그래서 적어도 6가지의 작은 습관을 기를 수 있는 30분 정도의 습관 일과를 추천한다.

이를 위해서는 습관 목록을 점진적으로 늘려가야 한다. 첫 번째 주에는 5분 이내에 실행할 수 있는 목록을 만들고 두 번째 주에는 10분, 세 번째 주에는 15분까지 늘린다. 이러한 방식을 반복하며 대여섯 개의 작은 습관을 30분 동안 실행할 수 있게 될 때까지 늘려나간다. 그러나 습관 목록을 늘린다고 해서 무턱대고 작은 습관을 계속 추가해서는 안 된다. 습관을 꾸준히 잘 지키고 있는지, 각각의 활동에 문제가 없는지를 확인해야 한다.

습관을 지키면서 지루함을 느끼거나 스트레스를 받는다면 이러한 감정을 무심코 넘겨서는 안 된다. 습관 일과를 시작하기가 점점 더 어려워지면 (습관 일과를 미루거나 하기 싫다는 마음이 반복적으로 나타나는 등) 지켜야 할 습관의 수를 줄이거나 왜 그날은 하기 싫은 기분이 드는지 자문한다. 습관을 지키려는 동기가 약해진 이유를 잘 이해할수록 이를 극복하기 쉽다.

13단계: 습관 목록은 한 번에 하나만 만든다

＼

습관과 관련하여 가장 큰 논쟁거리는 평생 습관을 형성하는 데 걸리는 시간이다. 21일이라고 이야기하는 사람들도 있고 몇 개월이라는 사람들도 있다. 〈유럽 사회심리학 저널European Journal of Social Psychology〉의 연구 논문에서 필리파 랠리Phillippa Lally는 하나의 습관이 영구적인 습관이 되기까지 사람마다 18일에서 254일, 평균적으로는 66일이 걸린다고 밝혔다. 여기서 얻을 수 있는 교훈은 한 번에 한 가지 이상의 습관을 만들지 말라는 것이다. 새로운 습관을 추가할 때마다 습관 목록을 꾸준히 지키기가 더욱 어려워지기 때문이다.

나는 습관으로 생각하던 것이 더 이상 습관으로 여겨지지 않을 때 새로운 습관을 더한다. 습관이 이제 그저 '매일 하는 일'일 뿐, 매번 왜 해야 하는지, 어떻게 해야 하는지 생각하지 않고 영구적인 행동으로 자리를 잡았다면 새로운 습관을 하나 추가할 때가 된 것이다. 정해진 규칙은 없다. 적절한 시점은 사람마다 다르게 나타난다.

정리하며

＼

이제 「절대 '중도 포기'가 없는 습관 쌓기 13단계」가 모두 끝났다. 이 청사진을 따라가면 자신에게 유용한 작은 습관을 찾아내고, 논리적인 체계로 구성한 후, 습관마다 행동 유발 도구를 연결해 쉽게 실행할 수 있다.

지금까지 습관 쌓기가 도움이 되는 이유와 습관을 일과로 만드는 법을 터득했다. 그러나 아직 습관 일과에 관해 몇 가지 질문이 남아 있을 것이다. 이제 그 궁금증을 풀어보자. 그 이후에 완벽한 습관 목록을 만들기 위해 활용할 수 있는 127가지 작은 습관을 살펴볼 것이다.

습관 쌓기에 관한 4가지 질문

앞에서 소개한 사례에서 알 수 있듯이 10가지가 넘는 습관을 30분 내에 마치는 일은 생각보다 어렵지 않다. 이러한 습관 일과를 건강이나 재정, 커리어, 영성 등 인생의 여러 영역에 좋은 영향을 끼치도록 활용할 수 있다. 하루에 작은 습관을 더하기 위해 간단한 방법을 찾는다면 확실히 습관 쌓기가 도움이 될 것이다. 구체적인 습관을 설명하기에 앞서 최근 몇 년간 습관 쌓기에 관해 받은 질문 중 몇 가지를 간단히 살펴보겠다.

질문 1 ▶ 습관 목록에 있는 모든 항목을 항상 지키는가?

NO ▶ 책 마케팅처럼 특정 습관이 중요하지 않은 날에는 건너뛰기도 한다. 이것이 바로 습관 쌓기의 장점이다. 현재 목표와 일정에 따라 실행할 습관을 고를 수 있다. 핵심은 '지속성'이다.

질문 2 ▶ 앞에서 살펴본 습관 중에는 상식처럼 너무 당연한 것도 있는 것 같은데.

YES ▶ 물을 충분히 마시라고 얘기한 사람은 물론 내가 처음이 아닐 것이다. 그러니 이 조언이 혁신적이라고 말하지는 않겠다. 모든 사람이 물을 마시는 일이 중요하다는 걸 알고 있지만 그렇게 중요한 일을 꾸준히 지킬 수 있게 도움을 주는 체계를 세우지 못하고 있다.

습관 쌓기를 활용하면 언제 어떻게 물을 마실지 고민할 필요가 없어진다. 머리를 쓰지 않아도 될 만큼 자리 잡은 습관이 되기 때문이다. 해당 활동을 다른 '상식적인 습관'과 함께 묶어서 실행 시간대를 정하기만 하면 된다.

질문 3 ▶ 다른 사람들이 중요하다고 말하는 독서, 명상, 운동 같은 습관도 포함시키는가?

YES ▶ 다시 말하지만, 독서나 명상, 운동은 모두가 중요하다고 생각하는 상식적인 습관이다. 그러나 내가 이러한 활동을 '아침 습관 목록'에 넣지 않은 데에는 두 가지 이유가 있다.

1. 각 습관은 5분 이상 걸리기 때문에 바쁜 아침이 아닌 다른 시간대로 계획한다.
2. 업무를 마친 이후에 실행하기 위해서.

* 기억할 것 ▶ 습관 쌓기는 당신의 '상황'에 맞게 의사결정을 내리는 것이다. 일과에 어떤 활동을 넣고 뺄지 최종 결정을 내리는 사람은 당신이라는 사실을 기억하라.

질문 4 ▶ 이런 방식으로 살다 보면 자신이 로봇같이 느껴지지 않는지.

NO ▶ 물론 처음에는 그렇게 느낄 수도 있다. 새로운 습관을 시작할 때는 단기 기억에 저장되는 정보의 양에 한계가 있기 때문에 매번 체크리스트를 확인해야 한다. 체크리스트를 살펴보면서 습관에서 다른 습관으로 넘어가는 일이 우습게 느껴질 수도 있지만 언젠가 각 습관이 제2의 본성처럼 자리를 잡는 때가 온다. 그때에는 치실질이나 건강한 식사하기 같은 '습관 일과'가 하루를 채워주는 긍정적인 활동이 될 것이다.

이 책에 담긴 127가지 작은 습관에 관하여

드디어 책을 시작하며 약속했던 127가지 작은 습관을 설명하기에 이르렀다. 필요한 습관을 찾기 위해 200쪽에 가까운 내용을 살펴보기가 쉬운 일은 아니다. 그러나 나는 당신이 127가지 습관을 보고 뻔하다고 느끼지 않도록 각 습관에 관한 설명을 덧붙였다.

습관 쌓기의 가치는 각각의 습관 하나하나에 있는 것이 아니다. 사람들 대부분은 이미 우리 삶을 '어떻게' 향상시킬 수 있는지 알고 있다. 사람들이 모르는 부분은 작은 습관을 '지키기 쉬운 구조'로 바꾸는 방법이다. 그래서 당신에게 과제를 하나 내려고 한다. 아래에 제시되는 목록을 단순히 읽는 것에서 나아가, 그중 자신의 삶에 잘 들어맞는 작은 습관을 찾아보자. 당신에게 도움이 될 것 같은 습관이 눈에 띄면 다음에 찾아볼 수 있도록 형광펜으로 표시하거나 책갈피를 끼워두어라. 자신만의 습관 목록을 만들 때 이를 유용하게 활용할 수 있다.

이 책의 뒷부분은 인생의 7가지 주요 영역에 따라 다음과 같은 차례로 구성된다.

1. 커리어
2. 자산
3. 건강
4. 여가생활
5. 정리정돈
6. 인간관계
7. 영성

각 영역에서 한두 가지 습관을 골고루 고르거나, '직장에서 성과를 높이기 위한 습관 목록'처럼 특정 영역에 집중한 목록을 만들어보자. 늘 그렇듯 선택권은 당신에게 있다. 이 책은 당신에게 필요한 습관을 골라 원하는 대로 목록을 구성할 수 있도록 돕는다.

마지막으로 각 습관은 5가지 요소로 나눌 수 있다.

1. 유형: 핵심 습관, 보조 습관, 코끼리 습관 중 어떤 것인가? (각 개념이 명확하게 떠오르지 않으면 다시 2장을 펴보자.)
2. 실행 시간: 언제 실행해야 하는가? (절대 바꿀 수 없는 원칙은 아니더라도, 하루 중 특정 시점에 실행하면 훨씬 도움이 되는 습관이 있을 것이다.)
3. 실행 빈도: 얼마나 자주 실행해야 하는가? 매일? 매주? 매달?
4. 실행 방법: 어떻게 실행해야 하는가?
5. 유익한 점: 삶의 특정 영역에 어떻게 도움이 되는가?

습관 목록을 살피다 보면 중요하다고 생각한 적이 있는 습관이 눈에 띌 것이다. 반대로 한 번도 생각해보지 않았던 습관도 분명히 있을 것이다. 다루어야 할 내용이 많으므로, 바로 커리어를 위한 습관부터 시작해보자.

2부

습관 쌓기를
완성하는
하루 5분 습관
127

5장

커리어를 위한
습관 근육

#1~20

커리어를 위한 습관을 꾸준히 지키면 업무 생산성과 성과를 높이며 삶의 다른 영역에도 긍정적인 영향을 주는 힘을 매일 얻게 된다.

이 장에 나오는 습관 중 대부분은 업무 시간 동안 효율을 높이는 데 초점을 두고 있다. 업무에 최신 기술을 활용하도록 돕는 작은 습관도 여러 가지 넣어두었다. 이 중에서 어느 것이든 당신의 습관 목록에 추가하면 업무 효율이 양적, 질적으로 놀라우리만큼 개선될 것이다. 그럼 이제 하나씩 살펴보자.

1 하루의 일정을 계획한다

유형	핵심 습관	실행 시간	오전	실행 빈도	매일

유익한 점 ▶ 일정을 미리 계획하지 않으면, 중요한 일을 하나도 끝내지 못한 채 하루를 마감하는 일이 자주 생긴다. 최소한 하루 동안 해야 할 일을 목록으로 만들고 우선순위를 정해야 한다. 이 작은 습관은 해야 할 일은 많은데 가장 중요한 업무 3가지(이 부분은 다음 습관에서 설명하겠다)를 골라내기 힘든 경우에 유용하다.

실행 방법 ▶ 오늘 안에 끝내고 싶은 업무를 목록으로 만든다. 실행할 수 없을 정도로 긴 업무 목록 말고, 자신의 업무 효율성을 고려해서 현실적으로 작성한다.

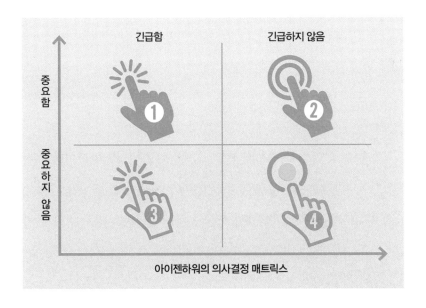

아이젠하워의 의사결정 매트릭스

업무의 중요도를 매기는 데에는 아이젠하워의 의사결정 매트릭스 Eisenhower Decision Matrix를 활용하여 1번 영역에는 중요하고 긴급한 일, 2번 영역에는 중요하지만 긴급하지 않은 일, 3번 영역에는 중요하지 않지만 긴급한 일, 4번 영역에는 중요하지 않고 긴급하지 않은 일을 적는다.[1] 하루를 규모 있게 쓸 수 있도록 1번 영역에 있는 업무부터 시작해서 2번 영역, 그다음에 3번, 마지막으로 시간이 남는다면 (혹은 머리를 쓰지 않는 일을 하면서 시간을 보내고 싶을 때) 4번 영역의 업무를 진행한다.

각각의 업무는 정해진 시간 내에 마치도록 계획하고 반드시 휴식 시간을 포함한다. 일정이 빠듯해서 시간을 정하기가 어려우면 오전에 할 일과 오후에 할 일로 나누어도 괜찮다. 핵심은 가장 중요한 활동에 집중하며 하루를 보내는 것이다.

2 가장 중요한 업무 3가지를 정한다

유형 핵심 습관	실행 시간 오전	실행 빈도 매일

유익한 점 ▶ 하루를 알차게 쓰는 다른 방법은 가장 중요한 업무MITs: Most Important Tasks를 우선순위에 두는 것이다. 이 습관을 들이면, 수많은 업무의 순서를 일일이 계획해야 하는 문제가 사라지고 업무를 다 끝내

---

1 "중요한 일은 거의 긴급하지 않고, 긴급한 일은 거의 중요하지 않다." - 아이젠하워

지 못했을 때 느끼는 좌절감도 줄어든다.

가장 중요한 업무 3가지를 정하면 우선순위 업무에 집중할 수 있고 사실 가장 중요한 업무만 끝내도 그날은 생산적으로 일했다고 할 수 있다.

실행 방법 ▶ 투두이스트나 에버노트 같은 앱에 업무 목록을 정리해 두면 다음에 해야 할 업무를 파악하기가 쉽다. 이 목록에서 가장 중요한 업무 혹은 긴급한 일 3가지를 고르고 이 3가지를 끝내기 전에는 다른 일을 하지 않는다.

3 목표를 확인한다

유형	핵심 습관	실행 시간	항상	실행 빈도	매일

유익한 점 ▶ 우리 모두에게는 목표가 있다. 그러나 안타깝게도 바쁘게 돌아가는 일상 때문에 이루고 싶은 목표에서 멀어지기도 한다. 그래서 매일 목표를 확인한 후, 원하는 결과에 한 발짝 다가가기 위해 '그날' 해야 할 일을 계획하는 것이 중요하다.

목표에는 일일 목표, 주간 목표, 월간 목표, 분기별 목표, 연간 목표가 있다. 나는 한 분기(3개월)마다 5~7개의 목표를 기준으로 삼는데, 당신도 똑같이 해보기를 권한다. 분기 단위는 의미 있는 결과를 얻을 수 있을 만큼 충분한 시간이다. 또, 장기 계획이 변경될 경우에는 목표를 수정할 수 있을 정도로 짧은 기간이기도 하다.

실행 방법 ▶ 목표를 자주 찾아볼 수 있는 곳에 적어둔다. 바인더에 끼워두거나 에버노트 같은 앱에 저장할 수도 있다. 하루에 한두 번, 5분 정도 시간을 들여 목표를 확인한다. 소리 내어 목표를 읽고 오늘 계획한 업무를 생각한다. 각 업무를 떠올리며 스스로 다음과 같은 질문을 한다. "이 업무가 목표에 가까이 다가가는 데 얼마나 도움이 될까?" 질문에 대한 대답이 쉽게 떠오르지 않으면 그 업무는 하지 않고 넘기거나 다른 사람에게 위임한다.

4 가장 어려운 일을 먼저 한다

유형 보조 습관	실행 시간 항상	실행 빈도 매일

유익한 점 ▶ 업무 목록에서는 간단하고 쉬운 일을 먼저 하고 싶어진다. 두려운 대규모의 프로젝트는 대개 미룰 수 있을 때까지 미루고 싶기 마련이다. 그러나 어려운 업무를 먼저 끝내면, 가장 힘든 일을 할 일 목록에서 지웠다는 생각에 기운이 나고, 게다가 덕분에 나머지 업무는 비교적 쉽게 느껴질 것이다.

위대한 음악가를 연구한 보고서에 따르면, 훌륭한 음악가들은 동료 음악가들보다 더 오랜 시간 연습한 것이 아니라, 시간을 효율적으로 활용하며 어려운 일을 중심으로 계획적으로 연습했다고 한다. 업무 목록에서 가장 어려운 일을 찾아보면 그 업무가 당신에게 가장 유익하다는 사실을 발견하게 될 것이다.

실행 방법 ▶ 가장 중요한 일 목록을 살펴보고 틈만 나면 무기한 미루기만 했던 일에 밑줄을 그어보자. 고민하지 말고 그 업무부터 먼저 시작하라. 그리고 그 업무를 끝낼 때까지 다른 업무는 하지 않는다.

5 과제나 업무를 실행하기 쉬운 세부 단계로 나눈다

유형 보조 습관	실행 시간 오전	실행 빈도 매일

유익한 점 ▶ 업무가 너무 부담되어 어디서부터 시작해야 할지 방향을 잡기 힘든 경우가 생기면 일은 자꾸 미루게 되고 불필요한 스트레스만 받는다. 그러나 습관 목록에 해당 업무의 단계별 계획을 세우는 시간을 잡아두면, 일을 시작할 때 진행 단계를 명확하게 파악할 수 있기 때문에 업무의 진행 속도가 빨라진다.

실행 방법 ▶ 잠시만 시간을 내어 중요 업무를 실행하기 쉬운 세부 업무로 나눈다. 예를 들어 '웹사이트에 올릴 글 하나 쓰기'가 업무라면 다음과 같이 세부적인 항목으로 나눌 수 있다.

1. 글에서 다룰 내용을 확인할 수 있도록 제목을 적는다.
2. 좋은 자료와 인용 문구를 찾기 위해 자료 조사를 한다.
3. 소제를 정하고 주요 내용을 정리한다.
4. 초안을 쓴다.
5. 초안을 수정해 2차 원고를 만들고 문장을 다듬는다.
6. 맞춤법과 오타를 확인하며 3차 원고를 만든다.
7. 웹사이트에 글을 올릴 수 있도록 형식을 다듬는다.

8. 글과 함께 실을 이미지를 찾고 이미지 크기를 조정한다.

9. 이미지를 삽입한다.

10. 웹사이트에 올리고 글이 공개되는 시점을 지정한다.

6 업무를 시작하기 전에 방해 요소를 없앤다

유형 보조 습관	실행 시간 오전	실행 빈도 매일

유익한 점 ▶ 대부분의 사람들은 업무 중에 이메일이나 소셜 미디어의 알림을 무시하는 게 불가능하다고 생각한다. 문자 메시지나 알림 메시지 등 각종 알림에 방해를 받다 보면 생산성은 턱없이 줄어든다. 물론 즐거운 소셜 미디어 활동은 뇌에 행복 호르몬으로 알려진 도파민을 분비하지만, 다시 말하면 우리는 쉽게 소셜 미디어에 중독된다. 잠깐 페이스북 피드를 훑어보려 했던 5분은 금세 한 시간이 되어버린다.

일을 미루려는 뇌의 본성을 거스르려고 애쓰지 말고, 업무 시간 동안 이메일 탭을 닫고 소셜 미디어를 차단해 시간과 노력을 아끼자.

실행 방법 ▶ 의지력이 강한 사람이라면 업무를 시작하기 전에 방해가 될 수 있는 앱이나 웹사이트를 닫기만 해도 된다. 그러나 의지력에만 의존하기가 힘든 경우라면, 가장 크게 방해가 되는 요소를 차단할 수 있는 앱이나 웹사이트 몇 가지를 참조하라.

- 레스큐 타임Rescue Time[2] : 당신이 컴퓨터로 시간을 어떻게 보내는지 파악해서 업무에 집중하고 생산성을 향상시키도록 돕는다.

- 셀프 컨트롤Self Control[3] : 지정한 시간 동안 방해가 되는 웹사이트를 차단한다.

- 프리덤Freedom[4] : 모든 기기에 소셜 미디어나 앱, 인터넷을 차단하는 시간을 설정할 수 있다.

- 포커스 부스터Focus Booster : 25분 단위로 한 가지 업무에 집중할 수 있도록 휴대폰에 뽀모도로 기법Pomodoro Technique[5] 을 사용한다.

우리는 주변에 방해 요소가 널린 세상에 살고 있으니 가끔 유혹에 빠진다고 해서 낙담할 필요는 없다. 자신의 의지력이 완벽하지 않다는 사실을 받아들이고, 업무에 깊게 집중해야 할 때마다 앞에서 소개한 앱을 적극적으로 활용하며 방해 요소를 사전에 차단하라.

7 업무가 중단되지 않는 환경을 만든다

유형 보조 습관	실행 시간 항상	실행 빈도 매일

유익한 점 ▶ 앞에서 업무를 시작하기 전 방해 요소를 없애는 것이

---

2 www.rescuetime.com
3 selfcontrolapp.com
4 freedom.to
5 타이머를 이용하여 25분간 일하고 3~5분간 휴식하는 시간 관리 방법.

얼마나 중요한지 이야기했다. 이와 더불어 아래에서 소개하는 방법들로 방해 요소를 차단하는 습관 목록을 만들어, 집중력을 100% 끌어내야 하는 업무 전에 실행하기를 권한다.

실행 방법 ▶ 먼저 업무에 방해가 되는 요소를 찾는 데에 사용할 30분을 일정에 포함한다. (이 단계는 한 번만 실행하면 된다.) 그러고는 상황에 맞게 방해 요소를 없애는 방법을 골라 중요한 업무를 시작하기 전에 5분 습관으로 실행한다. 습관 목록에서 마지막 습관은 본격적으로 시작할 가장 중요한 업무 중 첫 번째 업무와 연결되는 가교 구실을 하도록 구성한다.

이 목록에 넣을 수 있는 몇 가지 사례를 소개한다.

- 휴대폰을 비행기 모드로 설정한다.
- 무선 공유기 전원을 꺼놓는다. (업무에 인터넷이 필요하지 않은 경우)
- 집중하는 데 도움이 되는 음악이나 백색 소음을 켠다. (습관 9 참조)
- 사무실에서 일할 경우에는 헤드폰을 쓴다. (음악을 듣지 않더라도 헤드폰을 쓰고 있으면 당신과 동료 사이에 보호막이 되어 방해받을 가능성이 줄어든다.)
- 회사 동료나 가족에게 긴급한 상황이 아니면 방해하지 말라고 이야기한다.
- 컴퓨터를 하면서 발생하는 방해 요소를 없애기 위해 습관 6에서 소개했던 도구를 활용한다.
- 휴식 시간 없이 우선순위 업무를 할 때는 타이머를 설정한다. (나는 뽀모도로 테크닉을 주로 활용하는데, 뒤에서 다시 설명하겠다.)

이와 같은 행동이 다소 극단적으로 보일 수도 있다. 그러나 우선순위 업무에 집중하지 못해 어려움을 겪고 있다면, 방해 요소를 통제하기 위해서 공격적인 방법을 취해야 한다. 이 중 어떤 것이든 실제 업무에 적용하면 방해 요소에서 완전히 벗어난 환경을 만들 수 있다.

8 책상을 정리한다

유형 보조 습관	실행 시간 아침이나 저녁	실행 빈도 매일

유익한 점 ▶ 주변이 혼란스러우면 집중하기 어렵다. 매일 업무를 시작하거나 마칠 때 5분만 투자해서 주변 환경을 정돈하면 마음을 다지는 효과가 있다. 정리되지 않은 책상은 주의를 분산시킬 뿐만 아니라 해야 할 '다른' 일이 자꾸 생각나게 만든다. 눈에 보이는 방해 요소를 없애면 집중력을 향상시킬 수 있다.

정리정돈이 필요한 부분은 눈에 보이는 부분만이 아니다. 정리되지 않은 컴퓨터 역시 주의를 분산시키고, 필요한 파일을 찾는 데 시간을 낭비하게 만든다. 정리를 잘해두면 업무 생산성은 금세 향상된다.

실행 방법 ▶ 책상 위에 오늘 할 일과 관련이 없는 서류는 모두 폴더나 파일함, 서랍 등에 넣는다. 눈에서 멀어지면, 마음에서도 멀어진다. 컴퓨터에서는 더 이상 필요하지 않은 임시 파일과 다운로드한 파일을 삭제하고 나머지 파일은 적절한 폴더에 정리한다.

9 음악으로 집중력을 향상시킨다

유형 보조 습관	실행 시간 항상	실행 빈도 매일

유익한 점 ▶ 연구 결과에 따르면 특정 유형의 소리와 음악은 집중력을 높여준다. 조용한 음악, 빗소리나 파도 소리 같은 자연의 소리, 선풍기 소음이나 카페에서 들리는 대화 등이 업무에 집중하는 데 도움이 된다. 집중력이 필수인 업무(글쓰기, 재무, 예술, 컴퓨터 프로그래밍 등)를 하는 사람이라면 온전히 집중이 필요한 시간대에 특정 유형의 음악을 틀어놓으면 좋다.

예를 들어 나는 글을 쓸 때나 집중력이 필요한 업무를 할 때 포커스 앳 윌focus@will 앱을 켜둔다. 여기에는 방해 요소를 차단하고 오로지 글쓰기에만 집중할 수 있도록 해주는 업템포나 어쿠스틱, 자연의 소리 등 다양한 음악이 있다.

실행 방법 ▶ 집중력을 높이기 위해 저 앱을 사용할 필요는 없다. 한 달에 10달러를 내야 하므로, 불필요한 지출이라고 생각할 수도 있다. 대신 다양한 유형의 음악이나 소리를 들어보면서 당신이 집중하는 데 도움이 되는 음악을 찾아보자.

나의 경우, 가사가 없는 클래식이나 앰비언트 음악[6], 연주곡이 집중력을 높여준다는 사실을 발견했다. 선풍기나 에어컨 소음, 자연의 소리,

---

6   소리의 질감을 강조해 단순하고 편안한 음악 장르.

혹은 사람이 붐비는 카페의 배경음을 담은 코피티비티Coffitivity[7] 같은 웹사이트의 음악을 활용해도 좋다. 다양한 배경음을 담은 백색소음 앱은 앱스토어나 구글플레이에 다양하게 출시되어 있다.

마지막으로 유튜브나 스포티파이에서 다른 사용자가 만든, 생산성을 높이는 음악 목록도 찾아볼 수 있다. 당신에게 가장 적합한 음악을 발견했다면, 업무를 시작할 준비가 됐을 때 그 음악을 틀자.

10 습관 점검 파트너에게 진행 상황을 알린다

유형	보조 습관	실행 시간	항상	실행 빈도	매일 혹은 매주

유익한 점 ▶ 앞에서 얘기한 것처럼, 스스로에게만 의지하면 업무를 미루기 쉽기 때문에 업무 내용이나 현황을 간단하게 알릴 수 있는 습관 점검 파트너와 함께 하는 것이 좋다.

실행 방법 ▶ 간단한 진행 상황을 공유하기 위해서는 스카이프나 전화로 짧게 통화를 하거나 성과를 간단히 적어 이메일이나 문자 메시지, 메신저로 보낼 수도 있다. 습관 점검 파트너가 따로 없다면 습관 형성을 위한 소셜 앱인 코치 미를 활용해 업무의 중요한 단계를 마칠 때마다 회원끼리 서로 격려하는 것도 좋은 방법이다.

---

7 coffitivity.com

유형 보조 습관	실행 시간 항상	실행 빈도 매일

유익한 점 ▶ 계속 일만 하고 쉬지 않으면 기운이 소진되고 말 것이다. 업무에 적극적으로 임할 동기를 유지하기 위해서는 중간중간 작은 보상을 주는 것이 좋다. 보상은 집중력이 고갈됐을 때 다시 채워주는 휴식의 역할뿐만 아니라 당근과 채찍의 역할도 한다. 힘든 업무를 끝낸 후에 기대되는 보상이 있으면 열정을 갖고 더욱 빠른 속도로 일할 수 있다.

실행 방법 ▶ 하루에 계획된 목록 중 중요한 일을 끝내면 스스로에게 줄 적절한 보상 아이템을 마련한다. 보상이 아주 클 필요는 없다. 커피 한 잔이나 인터넷 서핑, 5분 요가, 잡지 보며 휴식하기 등 당신에게 보상으로 여겨질 정도면 충분하다. 중요한 것은 보상을 최대한 작게 만들어 쉬는 시간을 너무 많이 차지하지 않도록 주의해야 한다.

보상으로 적합한 것이 떠오르지 않는 사람들을 위해 습관 쌓기 웹 사이트에 동기부여에 도움이 되는 보상 목록을 정리해두었다.

12 업무 시간의 활동을 기록한다

유형 핵심 습관	실행 시간 항상 + 저녁마다	실행 빈도 매일

유익한 점 ▶ 하루 종일 열심히 일했지만, 아무것도 안 한 것 같은 느

낌을 받아본 적이 있는가? 왜 이런 생각이 들까? 업무에 쓰는 시간을 '과대평가'하고 동료 직원과 대화를 나누거나 페이스북을 확인하고 인터넷 서핑에 쓰는 시간을 '과소평가'하기 때문이다. 이러한 문제를 고치기 위해서 업무 시간을 기록해보자.

업무 시간의 활동을 기록하면 어떤 업무에서 성과를 얻었는지, 시간을 대체로 어디에 사용했는지, 어떤 활동으로 시간을 낭비했는지 등 시간 활용 내역을 숨김없이 그대로 보여준다.

실행 방법 ▶ 가장 간단한 방법은 소프트웨어나 앱을 활용하는 것이다. 아래의 두 가지 도구를 추천한다.

첫 번째는 특정 프로그램이나 웹사이트에서 보낸 시간을 확인하는 레스큐 타임이다. 이 프로그램은 시간을 낭비하고 있다는 사실은 인지하고 있지만 '문제 영역'이 어디인지 정확한 정보가 필요한 사람들에게 꼭 맞는 해결책이다. 레스큐 타임은 백그라운드 모드[8]로 실행되며, 주말마다 각 앱과 웹사이트에서 보낸 시간을 정리한 보고서를 보내준다.

두 번째 방법은 앱을 활용해 직접 업무 시간을 기록하는 것이다. (내가 매일 사용하는 에이 타임 로거a Time Logger를 추천한다.) 당신의 업무를 여러 '카테고리'에 나누어 담고 해당 업무를 할 때마다 타이머로 시작 시각과 종료 시각을 기록한다.

에이 타임 로거가 조금은 집요하게 여겨지는 사람도 있을 것이다.

---

8   사용자 간섭 없이 보이지 않는 뒤편에서 실행되는 상태.

그러나 자신의 커리어에 도움이 될 중요한 업무에 정확한 시간을 투자해 성과를 높이고 싶은 사람에게는 완벽한 도구다.

내 업무를 예로 들면, 현재 내 사업과 관련된 업무는 15가지 범주로 나뉜다. 그중에서 업무 시간의 30%를 글쓰기에 활용하고 10%는 책 마케팅에 쓰자는 월간 목표를 갖고 있다. 두 가지 모두 사업에 필수적이므로 에이 타임 로거를 활용해서 업무 시간을 기록하고 적정한 시간이 해당 업무에 활용되고 있는지 확인한다.

나는 생산성을 올리는 습관 목록에 에이 타임 로거를 확인하는 일을 넣어두었다. 의도한 시간만큼 꼭 필요한 업무를 했는지 확인하는 것이 목적이다. 목표 시간만큼 투입하지 못한 경우에는 다음 날 일정을 조정해서 위의 두 가지 업무에 조금 더 시간을 들인다.

습관 쌓기에 활용하려면, 에이 타임 로거 같은 앱으로 업무와 관련된 활동 시간을 각각 기록하고, 저녁 시간에 하루를 마무리하며 기록 결과를 살펴봐야 한다. 이렇게 하면 어떤 활동에 가장 많은 시간을 보냈는지 정확하게 확인할 수 있으며 어떤 활동을 줄이거나 없애야 할지 판단할 수 있다.

13 뽀모도로 시간 단위로 일한다

유형	보조 습관	실행 시간	항상	실행 빈도	매일

유익한 점 ▶ 노련한 사람들은 업무에 집중할 때 외부 요소에 방해

받지 않고 시간을 자신에게 유리하게 활용한다. 그러나 집중하는 데 어려움을 겪고 있는 사람이라면 타이머로 시간을 재면서 짧은 시간에 집중해서 노력하는 법을 활용해보자. 이러한 방식을 뽀모도로 기법이라고 부른다.

뽀모도로 기법은 1980년대에 프란체스코 시릴로Francesco Cirillo가 창안한 시간 구획법으로 기업가와 업무 효율 전문가들에게 널리 사랑받아왔다. 시릴로는 인간은 한정된 시간 동안 집중한 후 곧 주의가 분산되기 때문에 그는 짧은 시간 동안 집중하고 나서 적극적으로 휴식을 취한 후 다시 다음 시간 단위 동안 전력 질주하는 방식이 더 효율적이라는 사실을 발견했다. 시릴로는 이 기법에 토마토처럼 생긴 부엌 타이머의 이름을 붙였는데, (뽀모도로는 토마토의 이탈리아어다) 일반 부엌에서 사용하던 타이머로 시간 단위를 바꿔가며 실험하면서 업무 효율에 가장 효과적인 단위를 발견했기 때문이다.

실행 방법 ▶ 뽀모도로 기법을 활용한다.

1. 업무를 정한다. (글쓰기 등)
2. 타이머를 25분으로 설정한다.
3. 어떤 방해 요소에도 영향을 받지 않고 25분 동안 일에 집중한다.
4. 일어나서 걸어 다니며 5분간 휴식을 취한다.
5. 다시 25분간 집중해서 일한다.
6. 25분 단위로 4회가 지난 후에는 15~20분 정도 휴식을 취한다.

종합해보면, 매일 120분 동안 뽀모도로 기법으로 글을 쓴다면 총

100분 동안 글을 쓰고 각 시간 단위 사이마다 5분씩 총 3회에 걸쳐 휴식을 취하는 셈이다. 이 기법이 휴식 시간 없이 일하는 것보다 효과가 낮으리라 생각하기 쉽다. 하지만 평소 오랜 시간 동안 업무를 하려고 앉아 있던 시간을 잘 생각해보라. 대부분 처음에는 의욕에 차 있지만 이내 집중력이 떨어지는 때가 온다. 금세 뭔가 딴짓을 하고 싶다는 느낌을 받을 것이다.

뽀모도로 기법은 기분 전환 후 다시 업무에 집중하게 함으로써 이러한 방해 요소를 미리 방지해준다. 정해진 휴식 시간 동안에는 잠시 긴장을 풀 수 있기 때문에 실제로 업무에 투자한 시간의 양은 적어도 업무의 질은 마라톤처럼 오랜 시간 동안 붙잡고 있던 때보다 높아진다.

뽀모도로 기법에 관심이 있다면 크롬에 확장 프로그램인 스트릭트 워크플로Strict Workflow를 추가하거나 앱스토어/구글플레이스토어에서 pomodoro를 검색해보자.

여기에서 집중하는 시간의 길이는 자신에게 맞춰서 정하면 된다. 내가 뽀모도로 기법을 좋아하는 이유는 단위 시간이 일정에 잘 맞기 때문이다. 25분(업무 시간)에 5분(휴식 시간)을 더하면 30분이다. 30분 단위로 하루를 계획하고, 조금 전에 배웠던 시간 기록 기법을 활용해 우선순위 업무에 집중하고 있는지 확인할 수 있다.

14 '완료 업무 목록'을 쓴다

유형	보조 습관	실행 시간	저녁마다	실행 빈도	매일

유익한 점 ▶ 많은 사람들이 할 일 목록에 지나치게 많은 활동을 계획하고 그대로 실천하지 못하면 의욕을 잃고 좌절한다. 이를 방지하기 위해 오늘 계획대로 마친 일을 기록하는 '완료 업무 목록'을 제안한다. 이 방법이라면 습관 목록 중에서 성과 위주로 확인할 수 있기 때문에 다음 날 아침 업무에 동기를 유발할 수 있을 것이다.

실행 방법 ▶ 업무를 완료할 때마다 기록하거나 일과를 마친 후 그날 한 일을 모두 적는다. 종이에 직접 적어도 되고 아이 던 디스i Done This 같은 앱을 활용해도 좋다.

15 다른 사람에게 위임하거나 맡길 업무를 하나 정한다

유형	코끼리 습관	실행 시간	저녁마다	실행 빈도	매일

유익한 점 ▶ 대부분의 직업에는 꼭 내가 해야 할 업무도 있고 다른 사람에게 위탁할 수 있는 업무도 있다. 가치가 높은 활동에 쓰는 시간을 늘리면 업무 성과를 높일 수 있다. 예를 들어 영업 담당자는 더 많은 거래처에 전화를 걸어야 하고 작가는 글을 더욱 많이 쓰며 변호사는 법률 상담 시간을 늘려야 한다. 무슨 의미인지 이해가 됐으리라 믿는다.

가치가 높은 업무에 시간을 투자하면 가시적인 성과가 나타나고 연봉이 오른다. 그러기 위해서는 업무 효율을 최대로 끌어올릴 수 있도록 업무를 나누어 위임하면 된다. 당신에게 직원이 있다면 시간이 많이 드는 업무를 위임하라. 비용을 지급할 의사가 있다면 대신할 사람을 고용할 수도 있다. 너무나 괴롭게 느껴지던 일을 다른 사람에게 맡기는 일이 얼마나 간단한지 경험하고 나면 깜짝 놀라게 될 것이다.

실행 방법 ▶ 이 시대에는 어떤 일이든 위임할 수 있다. 그날그날의 업무 목록에서 없애고 싶은 자잘한 일을 계속 추가하여 '위임 목록'을 만들어보자. 그리고 매일 항목을 하나씩 늘려나가는 습관을 기르자. 위임할 업무를 판단하는 가장 간단한 방법은 어떤 일을 하기 전에 잠시 멈춰서 생각해보는 것이다. '이 일을 할 수 있는 사람이 나뿐일까?' 만약 대답이 'NO'라면, 업무 위임 목록에 옮겨 적는다.

한 달 정도 목록을 작성한 후 여유가 있을 때, 아래 정보를 참고해 다른 사람에게 맡기도록 하자.

- 업워크 Upwork: 프리랜서 웹 개발자, 작가, 그래픽 디자이너, 온라인 비서를 구할 수 있는 곳이다.

- 피버 Fiverr: 그래픽/디자인, 온라인 마케팅, 글쓰기/번역, 동영상/애니메이션, 광고 등 어떤 업무든 5달러에 외주를 줄 수 있다.

- 태스크래빗 Taskrabbit: 대신 짐을 싸고, 가구를 조립하고, 심부름할 사람을 찾는 광고를 올릴 수 있다.

- 케어닷컴 Care.com: 애완동물이나 아이, 노인을 돌봐줄 사람이나 같은

지역에서 집을 봐줄 사람을 찾을 수 있다.

- 마이 런드리 온라인My Laundry Online: 세탁물을 찾아가고 배달해주는 온라인 서비스

- 슈대즐Shoedazzle: 스타일 퀴즈에 간단히 답한 후 고급 액세서리와 구두를 골라놓은 '당신만을 위한 쇼룸'을 살펴본다.

- 프레시 디렉트Fresh Direct: '식료품을 집 앞까지 배달'해준다.

- 심리스Seamless: 아이폰이나 안드로이드폰으로 좋아하는 식당에서 음식을 주문해서 집까지 배달시킨다.

요즘에는 생각지도 못한 일들을 위임하거나 외주를 맡길 수 있다. 생산성을 방해하는 일이나 집안일이 있는지 곰곰이 생각해보고 곧바로 당신 대신 그 일을 해줄 사람을 찾아라.

16 업무를 자동화한다

유형	코끼리 습관	실행 시간	항상	실행 빈도	매일

유익한 점 ▶ 주로 컴퓨터로 업무를 한다면 각각의 일에는 1~2분 정도밖에 걸리지 않지만, 모두 합하면 업무 효율성에 어마어마한 손실을 주는 몇 가지 소소한 업무가 있을 것이다. 다시 한번 얘기하지만, 이러한 시간은 가치가 높은 업무나 가족과 함께 보내는 시간에 사용해야

한다. 이것이 바로 이프트$^{IFTTT\,9}$나 재피어$^{Zapier\,10}$ 같은 앱을 활용해서 업무 프로세스의 일부를 자동화하라는 이유다.

이프트와 재피어는 자주 사용하는 두 가지 기술을 연결하는 자동 규칙을 만들어준다. 지금까지 본 것 중 가장 놀라운 사례는 커피 메이커를 핏비트와 연동해 사용자가 아침에 일어나면 커피를 내리게 하는 것이다. 매일 실행하는 소소한 과정을 모두 자동화해서 중요한 업무에 집중할 시간을 만들자.

실행 방법 ▶ 이 습관은 삶을 완전히 자동화시킬 때까지 몇 주 혹은 몇 달까지도 걸리는 코끼리 습관이다. 사실 한번 시작하면 모든 업무를 자동화하고 싶어지므로 중독적인 습관이라고도 할 수 있다. 단 몇 시간만 투자해서, 매일 실행하는 소소한 활동을 모두 적어보자. 가능한 한 자세하게 적으면 잽이나 레시피로 이 과정을 자동화할 수 있을 것이다.

목록을 완성한 후, 자동화할 수 있는 한 가지 활동을 고른다. 무료로 서비스를 제공하는 이프트로 먼저 시작해보고 평소 업무와 잘 맞는 레시피를 찾기가 어려우면 재피어를 활용하자.

---

9 ifttt.com, 'if this then that(이렇다면 저렇게)'의 약자로 '레시피'라고 불리는 자동 규칙을 통해 페이스북, 지메일 등 타 소프트웨어를 관리할 수 있는 프로그램.
10 zapier.com, '잽'이라는 자동 규칙을 통해 이메일, 캘린더 일정 등과 연결하여 관리하는 프로그램.

17 이메일 구독을 해지한다

유형 코끼리 습관	실행 시간 항상	실행 빈도 매일

유익한 점 ▶ 이메일은 '시간을 가장 많이 잡아먹는' 일 중 하나다. 현대 비즈니스 환경에서 이메일은 필수적인 요소가 됐지만, 또한 반대로 생산성을 죽이는 요소이기도 하다. 그 이유는 하루 대부분을 광고 메일을 구분하거나 의미 없는 대화에 답장을 쓰면서 보내기 때문이다. '수신함 제로'를 만드는 일은 거의 불가능하지만, 습관 목록에 매일 조금씩 필요 없는 메일을 수신 거부하는 일은 담을 수 있다.

실행 방법 ▶ 지메일Gmail이나 아웃룩Outlook 같은 대부분의 이메일 서비스는 키워드에 따라 원하는 메시지를 찾아주는 검색 기능을 제공한다. 이 검색란에 간단한 단어 하나, '수신 거부unsubscribe'만 입력하면 된다.

이메일을 열고 '수신 거부'를 검색란에 입력한다. 그리고 검색된 메시지를 하나씩 살펴본다. 자동으로 보내지는 이메일 대부분은 당신에게 필요하지 않은 내용일 경우가 많다. 그러므로 날마다 이메일을 몇 개씩 열어 수신 거부 처리를 하면서 받은 메일함에서 지워나가자. 이 습관을 규칙적으로 이어나가면 광고 메일이 현저하게 줄어들 것이다.

유형	코끼리 습관	실행 시간	항상	실행 빈도	매일

유익한 점 ▶ 지금까지 살펴본 커리어를 위한 습관 대부분은 현재 하는 일을 좋아하고 그 일의 생산성을 높이고 싶은 사람들을 위한 것이었다. 그러나 안타깝게도 지금 하는 일이 싫어서 다른 일을 찾고 있는 사람들도 많다. 만약 당신이 후자라면, 매일 부업거리를 찾아보는 습관을 들이자.

부업은 정규 소득만큼 벌어들일 '가능성이 있는' 시간제 업무를 의미한다. 부업은 기회가 부족한 것이 아니라 오히려 선택의 폭이 너무 넓어 그중에서 무엇을 꾸준히 해야 할지 정하기가 어려운 게 문제다. 그래서 매일 한 가지 부업을 찾아서 자신의 성향과 잘 맞는지 살펴보는 과정을 거쳐야 한다.

실행 방법 ▶ 부업을 조사할 때 활용할 수 있는 자료는 수도 없이 많지만, 처음 시작할 때 닉 로퍼Nick Loper의 '부업 나라Side Hustle Nation[11]' 웹사이트와 그의 책『구매 버튼Buy Buttons』을 참고하면 좋다. 두 가지 모두 소득을 벌어들이는 다양한 기회를 소개하고 이와 비슷한 사업을 하려면 어떻게 해야 하는지 알려준다. 이 습관을 위해서는 소득을 벌어들이는 다양한 기회를 찾아보고 한 가지 사업을 가정한 후, 스스로 다음

---

11 www.sidehustlenation.com

과 같은 핵심 질문을 던져보자.

- 이 부업을 할 시간이 있을까?
- 이 일을 시작하려면 어떤 장비가 필요할까?
- 이 일에 투자하기 위해 자본은 얼마나 필요할까?
- 이러한 유형의 사업이 내 성격과 잘 맞을까? (가령 내향적인 사람이라면 사교성이 필요한 사업에는 맞지 않을 것이다.)
- 이 사업으로 정규직만큼의 소득을 벌어들일 수 있을까?

부수입을 거둘 기회는 수백 가지이다. 매일 조금씩 시간을 들여서 한 가지 부업에 관해 자세한 정보를 얻고 자신의 성향과 맞을지 살펴보아라. 엑셀 프로그램을 열어서 위의 질문을 토대로 사업마다 답을 적어넣을 수도 있다. 이 코끼리 습관을 몇 주 동안 계속 실행하면 자신이 좋아하는 사업과 그렇지 않은 사업의 패턴을 발견하게 될 것이다. 그러면 앞으로 사업을 추진할 때 확실한 정보에 근거해서 결정을 내릴 수 있다.

19 비즈니스 네트워크를 하나씩 늘린다

유형 핵심 습관	실행 시간 항상	실행 빈도 매일

유익한 점 ▶ "당신이 '무엇'을 알고 있는지가 중요한 것이 아니라, '누구'를 알고 있느냐가 중요하다."라는 말을 들어본 적이 있을 것이다. 인생의 모든 영역에 해당하지만 커리어와 관련해서는 특히 반박할 여지

가 없다. 더 좋은 직업을 찾으려면, 하루에 한 사람과 관계를 맺으면서 네트워크를 지속적으로 넓혀나가는 전략이 필요하다.

실행 방법 ▶ 비즈니스 관계를 향상시키는 방법은 여러 가지가 있다. 내가 추천하는 방법은 온라인으로 네트워크를 만드는 웹사이트와 직접 사람을 만날 수 있는 행사를 적절하게 활용해 인간관계의 폭을 넓히는 것이다.

이를 시작하는 데 활용할 수 있는 5가지 매체를 소개한다.

- 링크드인LinkedIn[12]: 비즈니스 관계를 맺고 자신이 가진 기술과 지식, 전문 영역을 프로필로 작성하기에 가장 편리한 소셜 미디어다.

- 미트업Meetup[13]: 인근 지역에서 특정 분야에 관심 있는 사람들과 만나기 좋은 웹사이트.

- 페이스북 그룹Facebook Groups[14]: 공통의 관심사를 가진 사람을 찾기 가장 편한 곳. 수백만 개의 그룹이 있으니 자신이 속한 산업과 관련한 그룹을 찾는 일도 어렵지 않다.

- 구글 플러스Google Plus[15]: 구글의 소셜 미디어 사용자는 줄었지만, 비즈니스와 기술 분야에서는 아직도 사용하는 사람들이 많기에 자신이 해당 분야에서 일한다면 구글 플러스를 살펴봐도 좋을 것이다.

---

12 www.linkedin.com
13 www.meetup.com
14 www.facebook.com/groups
15 plus.google.com

위에서 소개한 웹사이트에서 활동을 시작하기 전, 먼저 온라인 프로필을 제대로 채워넣도록 하자. 기술과 경력사항, 관심사 등 자신만의 재능을 보여줄 수 있는 것이라면 무엇이든 적어라. 그다음엔 매일 새로운 사람 한 명과 연락을 취한다. 자신을 소개할 때는 간단하게 적고 진정한 관계를 쌓는 데 집중한다.

메시지에 이 사람에게서 무엇을 '얻으려고' 하는지를 담아서는 안 된다. 그보다는 같은 분야에서 동일한 관심사에 관해 이야기하고 친목을 쌓아나가자. 상대방의 프로필에서 드러나는 부분을 언급하는 것도 좋다. 사람을 직접 만나는 모임에도 같은 원리가 적용된다. 진지한 관계를 쌓는 데 집중하고 다른 사람에게 먼저 도움을 줄 방법을 생각하라.

네트워크가 만들어지기 시작하면 관계를 강화하는 법을 찾아야 한다. 추천의 말을 보내거나, 소셜 미디어에 올라온 글에 댓글을 달고 그 사람들이 널리 알리고 싶어 하는 것을 공유하자. 무엇보다 자신이 속한 분야에 대해 잘 아는 사람이라는 것을 보여줄 수 있는 관련 산업의 글이나 링크를 올리는 것이 중요하다.

네트워크를 넓혀나가는 일에 즉각적인 보상이 돌아오지는 않을 것이다. 그러나 새로운 사람들과 대화를 나누다 보면 가끔 기회가 나타난다. 그리고 당신이 지속적으로 자신의 가치를 드러냈다면 그 사람은 당신의 이름을 떠올릴 것이다.

유형 보조 습관	실행 시간 아침과 저녁	실행 빈도 매일

유익한 점 ▶ 사업을 운영하거나 프리랜서로 일하는 사람이라면 새로운 고객이나 정보를 얻는 데에 일과 중 상당한 시간을 할애해야 한다. 사업을 널리 알리는 데 필요한 자료와 전략에는 여러 가지가 있지만, 가장 좋은 방법은 무료 광고를 실어주는 '하로HARO[16]' 웹사이트를 활용하는 것이다.

기자들이 기사를 작성하면서 다른 사람이 말한 인용문이나 자료를 찾을 때 하로를 사용한다. 이때 기사에 필요한 정보를 성의껏 제공하면 기사에 무료로 언급되거나 홍보까지 할 수 있다.

실행 방법 ▶ 하로를 활용하는 비결은 지속성이다. 자신의 사업과 딱 맞는 요청 사항을 매일 발견하기는 어렵다. 그러므로 하루에 두 번 정도 하로에 들어가, 해당 범주(비즈니스 및 금융, 교육, 여행 등)에 있는 요청 중에 자신의 사업을 알리기에 적합한 요청이 나타났는지 살피는 것이 가장 효율적이다. 자신의 사업과 잘 맞는 요청 사항을 발견했을 때 답변을 작성할 시간도 일정에 반영하자.

---

16 Help a Reporter Out, www.helpareporter.com

6장

자산을 위한
습관 근육

#21~39

"돈으로 행복을 살 수 없다."는 이야기를 들어본 적이 있을 것이다. 나는 돈에 집착하는 것이 좋지 않다는 점에는 동의하지만, 자신의 삶과 가족, 주변 환경에 긍정적인 영향을 미칠 만큼의 물질적인 여유는 필요하다고 생각한다. 최근 조사에 따르면 미국 가계의 38.1%가 평균약 5,700달러의 신용카드 빚을 지고 있다. 돈으로 행복을 살 수 없다는 말은 사실이지만 빚을 없애고 여유 자금을 쌓아두면 삶에 대한 불만족이 조금은 줄어들 것이다.

재정 상황을 개선하려면 절제하고 계획하는 자세가 필요하다. 실제로 당신의 재정 현황은 매일 반복하는 행동, 즉 습관에 크게 좌우된다.

이에 따라 다음의 몇 가지 습관을 일과에 적용해보자.

21 지출 내역을 관리한다

유형	핵심 습관	실행 시간	저녁	실행 빈도	매일

유익한 점 ▶ 지출 내역을 관리하는 습관은 재정 관리에 있어서 가장 중요한 부분이다. 그러나 빈틈없이 부지런하고, 지출 내역을 스스로 정직하게 관리해야 하기 때문에 가장 어려운 습관이기도 하다.

관리 방법은 간단하다. 매일 저녁 자신과 가족이 지출한 내역을 기록한다. 시간을 두고 지켜보면, 지출 규모를 줄일 수 있는 소비의 흐름이 보일 것이다. 가끔은 희생이 필요하기도 하고, 자신에게 '필요한' 것과 자신이 원하는 것을 구별하는 힘든 내적 대화를 거쳐야 하기도 한다. 다시 한번 얘기하지만 이 습관을 형성하기는 쉽지 않지만 자산을 관리하는 여정의 첫 단계이기 때문에 매우 중요하다.

실행 방법 ▶ 영수증과 신용카드 청구서, 지출 내용에 대한 메모(영수증이 없을 경우 등)를 모으는 일부터 시작하자. 이후 매일 저녁, 구매 내역과 금액을 기록한다. (하루 지출 내역 중 자잘한 것들은 잊어버리기 쉬우므로 이 습관을 매일 지키는 것이 좋다.) 지출 내역을 적을 만한 각각의 도구에는 장단점이 있는데, 나는 지출 내역을 관리해주고 돈을 절약할 수 있는 방법도 알려주는 앱을 활용한다.

- 공책 (기술과는 동떨어진 방법이지만, 기록을 오래 보관하기 위해 공책을 모아두는 사람도 있다.)
- 엑셀 같은 스프레드시트 프로그램
- 클라우드[17] 기반 프로그램 및 앱

22 재정 상황을 점검한다

유형	보조 습관	실행 시간	오전	실행 빈도	매일

유익한 점 ▶ 피터 드러커Peter Drucker의 조언 중 내가 좋아하는 문장이 있다. "측정하면 관리할 수 있다." '매일' 재정 상황을 확인하는 것이 돈을 관리하는 손쉬운 방법이라는 의미로, 재정에 관한 좋은 습관을 형성할 때 이 문장을 떠올리면 도움이 된다.

실행 방법 ▶ 먼저 퍼스널 캐피털 등의 재정 관리 웹사이트에 신용카드와 은행 계좌, 투자 내역, 개인 자산(자동차 등)을 모두 기재한다. 앞서 소개한 웹사이트는 민감한 재무 정보를 보호할 정도의 높은 보안 수준을 유지하고 있으니 정보 유출은 걱정하지 않아도 된다.

민트는 예산 안에서 지출 내역을 꾸준히 관리하고 싶은 사람들에게 적합하며 퍼스널 캐피털은 빚이 많지 않고 약간의 투자금이 있으며 자신의 재정 상황을 한눈에 보기를 원하는 사람들에게 적합하다. 자

---

17 소프트웨어와 데이터를 인터넷과 연결된 중앙 컴퓨터에 저장. 인터넷에 접속하면 언제든 데이터를 이용할 수 있는 서버.

신의 상황에 맞는 것을 골라 사용해보자. 이 습관은 매우 간단하다. 하루에 한 번 접속해서 재정 상황을 빠르게 살펴보면 된다.

- 기록된 내역을 모두 구매한 게 맞는가?
- 지출 내역 중 규모를 줄이거나 아예 없앨 수 있는 항목이 있는가?
- 비상금이 충분히 있는가?
- 신용카드 빚이 얼마나 있는가?
- 저축용 예금의 이자가 얼마나 되는가?
- 매달 지출 금액과 저축 금액이 각각 얼마인가?
- 계획을 세워 저축하고 있는가?
- 고정 지출은 얼마인가?
- 지출이 발생하는 요소는 무엇인가?

이 질문들에 답하기가 어려울 수도 있다. 그러나 지출 내역을 지속적으로 살펴보려는 의지가 있다면 재정 상황을 관리하는 데 한 걸음 더 가까워질 것이다.

23 예산을 점검한다

유형 핵심 습관	실행 시간 항상	실행 빈도 매일 혹은 매주

유익한 점 ▶ 예산 안에서 지출하기란 지키기 어렵지만 꼭 필요한 습관이다. 이를 위해서는 단순히 지출 내역을 관리하는 것 이상으로 많은 조치가 필요하다. 이 습관을 통해 지출을 비판적으로 판단하고 줄

줄 새는 비용을 최소화하는 방법을 찾을 수 있다.

예산 관리에는 여러 가지 장점이 있다.

- 돈이 어디에 쓰이는지 알 수 있다.
- 쓸데없는 소비를 줄일 수 있다.
- 재정 상황을 체계적으로 관리할 수 있다.
- 꼭 필요한 구매와 충동구매를 구별할 수 있다.
- 자녀에게 좋은 재정 습관을 길러줄 수 있다. (예를 들어, 300달러짜리 찢어진 청바지를 구매하지 말아야 하는 이유를 알려줄 수 있다.)
- 스트레스를 줄일 수 있다. 특별히 '좋은 소식'이 없어도 더 나은 재정 상황을 위해 적극적인 노력을 기울이고 있으므로 안정감을 느낄 수 있다.

모든 가계에는 예산이 필요하다. 이 습관은 재정 상황을 개선해나가는 동안 장기적으로 도움이 되는 기초 습관이다.

실행 방법 ▶ 예산 수립 단계의 습관에는 두 가지가 있다. 첫 번째는 습관 목록에 포함해 매일 재정 상황을 확인하는 것이다. 이로써 각 지출 범주에서 쓸 수 있는 잔액을 확인할 수 있다. 두 번째는 매주 예산을 검토하는 것이다. 30분 정도 소요되는 이 과정을 반복하면 소비 패턴을 확인하고, 예산 안에서 지출을 관리할 수 있다.

주간 분석을 하는 동안에는 지출 범주 각각을 살펴보며 스스로에게 질문한다.

- 지출 내역이 해당 범주의 예산 안에 있는가?
- 특정 범주의 예산 한도를 높이거나 낮추어야 하는가?
- 지출을 아예 없앨 수 있는 소비 유형이 있는가?
- 각 지출 내역의 목적은 무엇인가? 필요해서 지출한 것인가, 아니면 그저 '지출'을 원한 것인가?
- 지출을 줄일 수 있는 습관이나 구매 내역이 있는가?
- 막을 수 있는 '지출 구멍'이 보이는가?
- 돈이 진정으로 내게 중요한 항목에 쓰이고 있는가?
- 구매하고 가장 후회했던 항목은 무엇인가?
- 실행에 옮기지 못하게 나를 붙잡고 있는 것이 무엇인가?
- 대출 상환금이 없다면 예산 상황은 어떻게 달라질까?
- 내 시급은 정확히 얼마인가?
- 소득을 올리기 위해서 어떤 일을 할 수 있을까?
- 내가 오늘 죽어도 가족이 생활하는 데에 문제는 없는가?
- 아이들에게 모범이 되는가?
- 비상금은 충분히 보유하고 있는가?
- 매달 지출 금액과 저축 금액이 얼마나 되는가?

예산을 관리하는 일은 현재 진행형이다. 첫 검토에서는 예산 관리가 제대로 이루어지지 않을 수도 있다. 매주 검토하면서 조금씩 소비 패턴을 고쳐나가자. 마지막으로 엑셀이나 민트 같은 프로그램을 활용해 지출 내역을 확인할 수 있다. 그러나 더 많은 도움이 필요하다면 '당신에게는 예산이 필요하다You Need a Budget[18]'와 같은 예산 관리 전문 도

---

18 www.youneedabudget.com

구를 활용할 수도 있다. 이 소프트웨어는 여러 종류의 기기에서 사용할 수 있으며, 인생을 즐기면서 예산 안에서 소비하도록 돕는다.

24 청구서를 확인한다

유형 보조 습관	실행 시간 항상	실행 빈도 매달

유익한 점 ▶ 매달 날아오는 청구서에는 신용카드나 텔레비전 수신료, 인터넷, 공과금, ATM 수수료 등 다양한 소액 청구 내용이 담겨 있다. 천 번의 작은 상처가 결국 죽음에 이르게 한다는 격언처럼 각각은 소액이지만 모두 합하면 매달 꽤 많은 비용이 새어나간다. 매달 청구서를 검토하는 습관을 들이면, 반복되는 지출 비용 중에서 줄이거나 없앨 만한 항목을 찾을 수 있다.

실행 방법 ▶ 한 달에 한 번, 청구서를 모두 살펴보고 궁금증이 생기는 부분은 표시해둔다. 특정 항목에 지나치게 돈을 많이 쓰고 있다는 생각이 들면, 그 지출 내역도 표시를 해두자. 해당 서비스를 제공하는 업체에 전화해서 가격을 더 낮출 수 있는지 알아본다. 이와 관련해서는 다음 습관에서 자세히 살펴보겠다.

유형 코끼리 습관	실행 시간 항상	실행 빈도 매주

유익한 점 ▶ 재정을 관리하는 방법 중 하나는 '질질 새는 돈을 막는 것'이다. 매달 지출 규모를 줄이면 대출을 일부 상환하거나, 장기 투자 금액을 늘릴 수 있다. 이를 위해 서비스 업체에 전화해서 가격을 조금씩 낮추도록 협상을 해보자. 업체 대부분은 새로운 고객을 얻기가 더 어렵다는 사실을 잘 알고 있어서 이 방법이 통하는 경우가 있다. 보통 서비스 원가는 당신이 협상하려는 금액보다 훨씬 낮기 마련이다. 그러므로 각 업체에 전화해서 가격 인하를 목적으로 협상할 자신감만 있다면 매달 날아오는 청구서의 비용을 조금씩 줄일 수 있을 것이다.

실행 방법 ▶ 협상할 때는 업체마다 다른 방법으로 접근해야 한다. 무슨 이야기를 어떤 방식으로 해야 할지 구체적인 사례가 필요하다면 래미트 세시Ramit Sethi의 무료 미니 이메일 과정인 '일주일 만에 1,000 달러 절약하기The Save $1,000 in 1 Week Challenge[19]'를 구독해보자.

습관 24에서 표시해둔 목록을 펼쳐놓고 일주일에 적어도 한 곳에 전화를 걸어 계약 내용을 바꿀 수 있을지 협상한다. 물론 한 달 정도의 노력(그리고 대기하는 동안 통화연결음을 듣는 인내심 약간)이 필요할 수도 있다. 그러나 그 결과로 매달 청구서 비용을 상당히 줄일 수 있으며 이

---

[19] www.iwillteachyoutoberich.com/challenges/save-1000

돈을 신용카드 대출이나 학자금 대출, 담보 대출 등을 상환하는 데 쓰거나 내가 원하는 투자에 활용할 수 있다.

26 생활필수품에 사용할 수 있는 쿠폰을 찾는다

유형 보조 습관	실행 시간 오전	실행 빈도 매일

유익한 점 ▶ 비용이 얼마이든 반드시 구매해야 하는 물건이 있다. 이처럼 꼭 필요한 물건은 할인쿠폰을 찾으면 비용을 절감할 수 있다.

실행 방법 ▶ 신문이나 인터넷에서 휴지나 쓰레기봉투 등 생활필수품에 쓸 수 있는 쿠폰을 찾아보고 해당 물건을 살 때 사용할 수 있도록 지갑에 넣어둔다. 쿠폰 사용법을 한 단계 끌어올리고 싶다면 몇 가지 아이디어가 더 있으니 참고해서 활용하기 바란다.

- 쿠폰 사용법의 모든 내용을 꼼꼼히 익히고 (스스로 공부할 시간을 30분씩 일정에 반영한다.) 쿠폰에 특화된 웹사이트를 방문한다. (이베이츠Ebates, 쿠폰닷컴Coupons.com, 그루폰Groupon, 아마존Amazon 등)

- 주말에 발행되는 지역 신문 몇 가지를 구독한다. 인근에서 가장 저렴한 물건을 찾을 수 있어서 비용 대비 효율적인 방법이다.

- 물건을 구매할 때는 필요한 것만 구매하고 싸게 살 수 있다는 이유만으로 구매하지는 않는다. 불필요한 물건을 구매하는 일은 물건을 집에 쌓아놓게 만들고, 심지어 가난까지 초래하는 지름길이다.

- 브랜드 충성심은 창밖으로 던져버린다. 소고기 스튜는 '반드시' 딘티

무어Dinty Moore [20] 제품을 사야 하는 사람에게 쿠폰은 적합하지 않다. 중요한 것은 생활필수품을 합리적인 가격에 구매하는 것이다.

쿠폰을 활용하기 위해 엄청난 시간을 투자하는 사람들도 있다. 그러나 여기서 설명한 기초적인 방법을 따르면 많은 시간을 쓰지 않고도 규모 있게 돈을 절약할 수 있을 것이다.

27 수도와 전기 등을 아껴 쓴다

| 유형 보조 습관 | 실행 시간 오전과 저녁 | 실행 빈도 매일 |

유익한 점 ▶ 집이나 사무실의 가전제품 플러그를 뽑으면 매달 비용을 꽤 줄일 수 있다. 간단한 일일 뿐만 아니라 환경에도 도움이 된다.

실행 방법 ▶ 이 습관을 아침에 '집을 나설 때'와 저녁 습관 목록에 추가한다. 집이나 사무실을 가볍게 둘러보고 사용하지 않는 조명이나 가전제품이 있으면 플러그를 빼둔다. 겨울에는 전기 히터의 온도를 낮추고, 여름에는 에어컨 대신 되도록 선풍기를 사용한다. 절실함이 있다면 습관 목록에 몇 가지를 더 추가해보자.

---

20 미국의 소고기 스튜 전문 브랜드.

1. 방을 나설 때는 조명을 끈다.

2. 사용하지 않는 전자제품의 플러그를 뽑는다. (전자제품 대다수는 약간의 전기를 사용하는 '대기' 상태이다.)

3. 여름에는 창문을 열고 선풍기를 돌리며, 에어컨은 참기 힘들 정도로 더운 날에 사용한다.

4. 겨울에 블라인드나 커튼을 열어 햇빛이 실내로 들어오게 하면 따로 에너지를 쓰지 않아도 집안 온도가 올라간다.

5. 가스레인지나 인덕션 레인지 점화구의 크기에 맞는 냄비를 사용한다. 큰 점화구에 작은 냄비나 프라이팬을 사용하면 필요한 것보다 더 많은 에너지를 쓰는 셈이다.

6. 세탁기를 돌릴 때는 냉수를 사용한다. 세탁 효과는 거의 비슷하지만 온수로 세탁했을 때보다 40센트가량 저렴하다.

7. 며칠 동안 집을 떠날 일정이 있다면 온수 보일러를 꺼둔다. 물을 다시 데우는 데는 한 시간이면 되는데, 집에 없는 동안 전원을 끄면 에너지를 꽤 절약할 수 있다.

지금까지 설명한 습관들이 너무 사소해 보일 수 있지만, 계속 반복해서 실행하면 매달 청구서 비용이 크게 줄어드는 것을 실감할 수 있다.

유형 보조 습관	실행 시간 오전	실행 빈도 매일

유익한 점 ▶ 매일 먹는 음식을 집에서 준비해가면 건강에도 좋을 뿐 아니라 비용 절감에도 도움이 된다. 작가 데이비드 바흐David Bach는 종종 '라테 요인The Latte Factor'이라는 개념을 언급한다. 계속 반복되는 적은 비용을 합하면 큰 금액이 되는데, 이 비용을 줄이면 쉽게 돈을 절약할 수 있다는 내용이다. 이 조언은 커피나 차, 간식 등을 아침에 집에서 챙겨가는 것으로 간단히 실행에 옮길 수 있다.

실행 방법 ▶ 간식이나 점심 식사로 가져갈 만한 것이 있는지 부엌을 둘러본다. 음식을 챙겨서 출발할 때 잊지 않도록 가방이나 자동차 열쇠 옆에 둔다. 집에서 커피를 내려서 텀블러에 넣어 가도 좋다.

유형 보조 습관	실행 시간 항상 + 점심시간	실행 빈도 매일

유익한 점 ▶ 앞에서 얘기했지만, 내게는 (지금 이 글을 쓰는 시점에) 11개월 된 아들이 있다. 아이가 있는 사람이라면 아이들은 쑥쑥 자라서 옷이 금방 맞지 않는다는 사실을 잘 알고 있을 것이다. 그래서 아이들 옷을 정가에 사면 큰 지출이 된다. 그래서 나는 페이스북에서 찾은 '중고 판매' 그룹을 통해 아이들 옷 구매 비용을 많이 줄일 수 있었다. 아

내는 늘 이 방법으로 10~20달러에 아이의 옷을 한가득 사온다. 게다가 가구나 실내 장식용 소품 등 다양한 물건도 저렴한 가격에 구할 수 있다. 돈을 절약하는 데 도움이 되는 습관을 만들고 싶다면 인근의 중고 판매 그룹이나 플리마켓을 찾아서 판매 목록을 확인하라.

실행 방법 ▶ 물건을 판매하거나 교환하는 그룹을 찾는 일은 어렵지 않다. 인근 지역에서 찾고 싶다면, 아래의 다섯 단계를 확인하자.

1. 페이스북에서 그룹 탭으로 들어가거나, 페이스북 그룹 전용 앱을 휴대폰에 설치한다.

2. [국가명과 지역명]+다음 단어 중 하나를 입력한다. '중고 / 아나바다, 물물교환, 나눔장터, 알뜰시장 / 판매 / 맘(엄마)' (그룹명은 달라질 수 있으니 당신에게 적절한 것을 찾으려면 사전 조사가 필요할 수도 있다.)

3. 그룹 설명을 클릭해서 읽고, 중고 물건 매매 관련 그룹이 맞으면 가입 신청을 한다.

4. 가입이 완료되면 그룹마다 판매 방법이 다르니 규칙을 숙지한다.

5. 하루에 여러 번 들어가서 확인한다. (습관을 실행할 때나 쉬는 시간에)

위의 단계에서 어려운 부분이 있다면 습관 쌓기 웹사이트에 있는 단계별 안내 자료를 참고하라.

유형 보조 습관	실행 시간 항상	실행 빈도 매주

유익한 점 ▶ 쇼핑을 하고 나서 후회하는 일을 방지하려면 양보다 질이 좋은 제품을 선택하는 것이 가장 좋은 방법이다. 이 원칙을 기억하면 옷장이나 집 안 구석구석에 방치된 물건으로 스트레스를 겪을 가능성이 줄어든다.

내가 깨닫게 된 중요한 교훈은 구매를 투자로 생각하라는 것이다. 자주 사용하는 물건이라면 여러 면에서 가장 품질이 좋은 것을 골라야 한다. 옷이나 전자제품, 음식, 가구 등이 이에 포함된다. 물론 집이나 자동차처럼 조금 더 큰 물건을 고를 때도 적용된다. (이와 관련해 더욱 자세히 알고 싶으면, 라이프해커Lifehacker[21]에서 양질의 제품을 구매하는 일의 중요성을 설명하는 글을 읽어보기를 권한다.)

실행 방법 ▶ 이 습관을 형성하는 데까지는 시간이 조금 걸리겠지만, 물건을 구매할 때마다 장기적인 결과를 고려해서 신중하게 결정해야 한다. 예를 들어 옷을 고를 때, 나쁘지 않지만 완전히 마음에 들지는 않는다면, 앞으로도 그때만큼 마음에 들 일은 없을 것이다. 그 옷이 자존감이나 자신감을 높여주지 않는다면 다른 옷을 살펴보자. 이후에도

---

21 lifehacker.com, 생활의 일부분을 더 쉽고 효율적으로 만드는 도구나 기술이라는 뜻의 'lifehack'을 모토로 정보를 제공하는 미국의 웹사이트.

계속 그 옷이 떠오른다면 그때 구매해도 늦지 않다.

가장 저렴하다는 이유로 지갑을 열지 마라. 내구성이 좋으며 오래 가는 물건을 선택해야 몇 달 안에 다시 구매할 일이 생기지 않는다. '최고'의 물건을 찾는 방법 중 하나는 분야별로 제품을 테스트해서 순위를 매기는 것으로 잘 알려진 컨슈머 리포트Consumer Reports[22]의 보고서를 구매하는 것이다.

31 중요한 물건을 구매할 때는 가격을 비교한다

유형 코끼리 습관	실행 시간 항상	실행 빈도 매주

유익한 점 ▶ 중요한 물건을 구매할 때는 여러 웹사이트에서 가격을 비교해야 한다. 가격이 높고 가치가 큰 구매일수록 이 습관을 일정에 반영하는 일은 더욱 중요해진다. 이러한 습관이 몸에 배면 돈을 절약할 수 있을 뿐만 아니라 합리적으로 소비할 수 있다.

실행 방법 ▶ 구매하려는 물건이 생기면 '적어도' 3개 이상의 온라인 쇼핑몰과 컨슈머 리포트 잡지에서 대안이 될 수 있는 제품을 살펴본다. 특징이나 상세 정보, 재고 여부, 가격 등을 살펴보고 가장 좋은 조건으로 판매하는 웹사이트를 찾는다. 또, '부정적인 평가'에서 사람들이 좋아하지 않은 부분이 무엇인지, '긍정적인 평가'에서 사람들이 좋아한

---

22 www.consumerreports.org

부분은 무엇인지를 확인한다. 양쪽의 의견에서 나타나는 패턴을 찾아 구매 결과를 예측해본다. 후보로 선택한 제품의 주요 특징을 표로 정리하면 모든 정보가 한눈에 보이기 때문에 더 좋은 결정을 내릴 수 있다.

이 습관은 물건을 구매할 때만 적용되는 것은 아니다. 많은 비용이 드는 휴가나 보험, 신용카드 포인트 프로그램 등 여러 가지를 비교해서 결정할 수 있다. 정보를 얻기 위해 지금 조금만 노력을 기울이면 나중에 많은 비용을 절약할 수 있다.

32 식단 계획을 세운다

유형 핵심 습관	실행 시간 항상	실행 빈도 매주

유익한 점 ▶ 사람들은 미리 계획하지 못해서, 재정이나 건강에 좋지 않은 결정을 내리기도 한다. 대개 패스트푸드를 먹는 이유는 식사를 무엇으로 할지 마지막까지 고민하다가 (맥도널드 햄버거처럼) 당장 먹을 수 있는 것을 선택하기 때문이다. 그러나 다음 주 식단을 미리 짜놓는 주간 습관을 세우면 이런 문제를 방지할 수 있다.

실행 방법 ▶ 이 습관에는 첫 번째, 영양소를 따져보고 두 번째, 장을 보는 단계가 필요하다(이에 대해서는 다음 습관을 참조하라). 매주 가족 구성원의 일정을 파악해서 준비해야 하는 식사 횟수를 정한 다음, 어떤 요리를 할지 계획한다. 이 과정을 따르면 건강한 음식을 먹을 수 있고, 배달 음식이나 외식에 드는 비용을 줄일 수 있다.

나는 식단에 대한 무궁무진한 자료 중 식단을 포함하여 쿠폰, 합리적인 비용에 조리법까지 제공하는 에런 체이스^Erin Chase 의 '5달러 저녁식사^www.5dollardinners.com'를 주로 참고한다. 최근 이 사이트에 올라온 레시피들을 하나하나 배우고 있다.

33 장보기 목록을 만든다 (그리고 반드시 지킨다!)

유형 핵심 습관	실행 시간 항상	실행 빈도 매주

유익한 점 ▶ 고백할 이야기가 하나 있다. 나는 도리토스를 '사랑'한다. 치즈와 나트륨이 잔뜩 들어간 도리토스는 물론 건강에 좋지 않겠지만 어딘지 모르게 끌리는 면이 있다. 그래서 우리 집에서는 도리토스를 한 봉지도 찾아볼 수 없다. 언젠가 자제력을 잃고 한 봉지를 전부 해치워버릴지도 모르기 때문에 아예 사놓지 않는 것이다. 그래서 나는 장을 보기 전에 미리 목록을 만들고 목록에 적은 것만 구매하는 전략을 사용한다. (맛있는 도리토스는 장보기 목록에 절대 들어가지 않는다.)

지나치게 단순하게 들릴지도 모르겠다. 그러나 확실하게 목록에 있는 것만 구매하는 습관을 들이면 정크푸드를 먹을 가능성이 줄어들어 새어나가는 돈을 절약할 수 있다.

실행 방법 ▶ 냉장고를 들여다보고 식단을 떠올리며 찬장을 확인한다. 장 보러 나가기 전에 필요한 물품을 목록에 적는다. 한 가지 더, 배가 부를 때 장을 본다. 이미 알고 있겠지만, 몸이 지친 상태에서는 나트

류이나 당을 채우려는 욕구가 충만하기 때문에 장을 보면 정크푸드의 유혹에 흔들리기 쉽다. (이 현상에 대해 자세히 알고 싶으면 코넬대학교의 연구 〈살이 찌는 단식 : 배가 고플 때 장을 보면 음식을 더 많이 사는 것이 아니라 칼로리가 높은 음식을 산다Fattening Fasting : Hungry Grocery Shoppers Buy More Calories, Not More Food〉를 읽어보라.)

34 볼일이 있으면 나가기 전에 계획한다

| 유형 보조 습관 | 실행 시간 오전 | 실행 빈도 매일 |

유익한 점 ▶ 그날 처리해야 할 일의 순서를 계획하는 일은 매일 예산을 점검하는 것과 같다. 이 습관을 통해 지출을 관리하고 통제할 수 있으며, 충동 구매하기 쉬운 매장에 들르지 않게 된다. 동선을 짤 때는 시간과 에너지, 돈을 절약할 수 있도록 가장 합리적인 순서를 따른다.

실행 방법 ▶ 그날 해결해야 하는 일을 나열한다. 효율적인 순서에 따라 목록을 작성한다. 목록에 있는 곳만 들르고, 계획하지 않은 곳에서 자잘한 물건을 사지 않도록 한다.

35 광고성 우편물이나 카탈로그를 차단한다

| 유형 코끼리 습관 | 실행 시간 항상 | 실행 빈도 매달 |

유익한 점 ▶ 할인 정보가 담긴 광고지를 계속 받다 보면 불필요한

지출을 하기 쉽다. 100달러 짜리 제품을 20% 할인해서 구매했다면 당신은 20달러를 절약한 것이 아니라, 80달러를 소비한 것이다. 광고지나 '할인'이라고 쓰인 쿠폰을 받을 때면 항상 이 사실을 기억하자. 인생에서 불필요한 지출을 진심으로 없애고 싶다면 광고성 우편물과 카탈로그를 끊는 것이 가장 쉬운 방법이다.

실행 방법 ▶ 원하지 않는 우편물을 모두 차단하고 싶다면, 이번 습관을 코끼리 습관으로 생각하고 매달 지속적으로 노력을 기울여야 한다. 사람들이 쿠폰이나 '사은품'을 받기 위해 업체에 주소를 알려주면 이들은 개인 정보를 제3의 업체에 판매한다. 그러므로 열 군데 넘게 카탈로그를 신청한 사람이라면 광고성 우편물을 더 이상 받지 않기 위해 송신처에 주기적으로 광고물 거부 신청을 하는 습관을 들이자. 어느 업체든 수신 거부 요청이 반영되기까지 보통 한 달 정도가 걸린다. 그동안 다음 단계를 거치면 확실히 수신 거부가 됐는지 확인할 수 있다.

- 설문 조사나 제품 보증서, 경품 추첨 등에 주소를 쓰지 않는다.
- 우편물 송신처에 수신인 목록에서 이름을 빼달라고 요청한다.
- 우편함에 "광고성 우편물 넣지 마세요."나 "무료 신문 넣지 마세요."라는 문구를 적어 붙인다.
- 각종 청구서를 이메일 수신으로 변경한다.

물론 각각의 단계를 모두 실행하려면 많은 노력이 든다. 그러나 매주 혹은 매달 조금씩 해나가면 마침내 쓸데없는 카탈로그나 우편물을 영원히 받지 않을 수 있다.

유형 보조 습관	실행 시간 항상	실행 빈도 매주

유익한 점 ▶ 밖에 나가서 돈을 쓰지 않고도 즐겁게 지낼 수 있다. 많은 사람은 이러한 활동이 훌륭한 저녁 식사만큼 즐겁지 않을 거라고 여기지만 다르게 생각해보자. 둘이서 저녁 식사를 하고 영화를 보면 비용은 금방 100달러를 넘어간다. 이 정도의 돈이면 장을 보거나 신용카드 대금을 내는 데 활용할 수 있다. 조금만 시간을 들여, 하루 정도는 주변 지역에서 무료로 할 수 있는 활동을 찾아서 호화로운 저녁 데이트를 대체해보자. 그러면 재정 상황에 나쁜 영향을 주지 않고도 재미있는 시간을 보낼 수 있다.

실행 방법 ▶ 매주 일정을 계획하는 데 5~10분을 배정한다. 지역 신문에서 동네 행사 일정을 확인하거나 구글에서 행사를 검색해본다. 관심이 가는 몇 가지를 골라서 잊지 않도록 일정표에 적어둔다. 더하여 완전히 무료로 즐길 수 있는 재미있는 활동 몇 가지를 제안한다.

- 도서관을 활용한다. 대부분의 도서관은 CD와 DVD를 보유하고 있으며, 아이들을 위한 프로그램이나 영화의 밤, 독서 모임 등 여러 가지 행사를 개최한다.

- 가족과 함께 좋아하는 보드게임을 한다.

- 도보 여행을 알아본다. 사람들은 대부분 누군가 자신의 집을 방문할 때가 되어서야 사는 지역의 역사를 찾아본다. 현재 사는 지역의 정보

를 찾아보고 탐구하며 보다 색다름을 추구하자.

- 무료로 입장할 수 있는 박물관이나 동물원에 간다.

- 주변에 있는 자선 단체나 교회 행사에 자원봉사로 참여한다.

- 휴식을 취하며 책을 읽거나 영화를 보는 시간을 마련한다.

- 취미 생활을 할 수 있는 지역 동호회에 가입한다.

- 집 주변에 경치가 좋은 곳에서 가족과 함께 편안하게 자전거 타기를 계획해보자.

이 모든 아이디어가 전부 무료라는 사실을 알고 있는가? 사람들은 대개 미리 계획하지 않기 때문에 (저녁 외식같이) 값비싼 활동에 무게를 둔다. 그러나 매주 실행하는 습관 목록에 이러한 정보를 조사할 시간을 따로 빼두면, 적은 비용으로도 즐길 거리를 쉽게 찾을 수 있다.

37 텔레비전 광고를 피한다

유형 보조 습관	실행 시간 항상	실행 빈도 매일

유익한 점 ▶ 당신과 당신의 가족은 소비 습관에 나쁜 영향을 주는 수백 개의 광고에 매일 노출되고 있다. 그중에서도 가장 나쁜 것은 TV(특히 어린이 프로그램)이다. TV에서 나오는 광고를 보면 그게 무엇이든 '필요하다'는 생각이 들기 마련이다. 그래서 TV를 볼 때는 '광고를 넘기는 습관'을 들이도록 하자.

실행 방법 ▶ 광고를 넘기는 방법은 두 가지가 있다. 첫 번째는 좋아하는 프로그램을 미리 녹화해두었다가 나중에 보는 것이다. TV 대부분은 디지털 동영상 녹화(DVR) 기능을 제공하므로 원하는 프로그램을 원할 때 보면서 광고 부분은 빠르게 넘길 수 있다.

두 번째 방법은 좀 더 굳은 의지가 필요하다. 케이블 TV 서비스를 해지하는 것이다. TV를 끊고 수도승처럼 살라는 이야기는 아니다. 이제 기술이 발전해서 같은 프로그램을 훨씬 저렴한 가격에 그것도 귀찮은 광고를 모두 넘기며 볼 수 있다. 자세히 설명하면, 지금까지 케이블 TV에서 보던 프로그램 대부분은 로쿠Roku나 코디Kodi, 혹은 아마존에서 나온 파이어 TV 스틱Fire TV Stick 같은 스트리밍 기기로 볼 수 있다. 이러한 기기로 무료 또는 유료로 볼 수 있는 스트리밍 채널이 수천 개나 된다. 두세 개의 채널을 유료로 결제하더라도 전체 비용은 크게 절감된다. 나는 현재 스트리밍 서비스에 평균 40달러 정도를 지출하고 있고(2017년 3월 기준), 이 정도면 예전 케이블 TV 비용이었던 130달러보다는 훨씬 낮은 금액이다.

넷플릭스와 아마존이면 대부분의 영화나 다큐멘터리, 유료 TV쇼 프로그램을 볼 수 있다. 슬링 TV로는 좋아하는 방송국의 프로그램을 볼 수 있다. 굳이 표현하자면 'TV 온 디맨드[23]'인 셈이다. 더욱 중요한 사실은 주의를 산만하게 하고 소비 습관에 나쁜 영향을 더하는 광고를 보고 있을 필요가 없다는 것이다.

---

23 보고 싶을 때 볼 수 있는 TV 방송.

38 자동이체를 설정한다

유형 보조 습관	실행 시간 항상	실행 빈도 매달

유익한 점 ▶ 비용을 지출할 때는 자신을 위한 비용을 먼저 지급하라는 재정 전문가의 조언을 들어봤을 것이다. 장을 보거나 청구서 대금을 납입하거나 사소한 물건을 구매하기 전에, IRA(개인 퇴직연금) 같은 장기 투자 상품이나 뮤추얼 펀드, 부동산 투자를 위한 저축 계좌에 우선 돈을 배정하라는 의미다. 문제는 '대부분의 사람이 지키지 않는다'는 것. 그러나 자동 이체를 설정해놓고 매달 거래 내역을 검토한다면 이는 간단하게 해결된다.

자동 이체를 설정하는 것은 습관과는 반대 성향을 지닌다. 자동 이체는 스스로 결정하고 실행할 기회를 없앤다. 아무것도 하지 않아도 계좌에 있던 돈이 매달 빠져나간다. 사람들은 보통 돈이 필요한 일이 생기면 어떻게든 핑계를 대며 저축을 미루기 때문에 이 방법이 효과적이다. 재미있는 사실은 돈이 계좌에서 자동으로 빠져나가면 사람들은 갑자기 벨트를 조여 맬 방법을 찾아 그달의 소비를 줄인다는 것이다.

실행 방법 ▶ 가장 먼저 재정 목표를 확인하고 그 결과에 따라 자동 이체를 설정한다.

- 대출금을 상환해야 하는가?
- 은퇴에 대비해 저축해야 하는가?

- 아이의 대학교 학비를 위해 돈을 모아야 하는가?
- (부동산처럼) 대규모 투자를 위해 저축해야 하는가?

무엇보다 투자 상품에서 얻는 이자보다 이자율이 훨씬 높은 신용카드 대출금은 먼저 갚는 것이 좋다. 가장 높은 이율부터 낮은 이율까지 신용카드 대출금을 순서대로 상환하는 방법도 고려해보자. 신용카드 대출금을 모두 상환한 후에는 저축 내역 각각에 자동 이체를 설정한다. (투자 계좌, 대학교 학비 저축 펀드, 은행 계좌 등) 계좌에 있던 돈을 잃는 느낌이 들지 않도록 월급이 들어오는 즉시 자동 이체로 돈이 빠져나가도록 설정하기를 추천한다.

마지막으로 한 달에 한 번 은행 계좌 내역을 검토한다. 이 장에서 추천한 여러 가지 습관을 효과적으로 적용했다면 약간의 여유 자금이 생길 것이다. 그렇다면 각 저축 계좌로 출금하는 금액을 늘린다. 반대로 청구서 대금을 내기 힘들다면 자동 이체 출금 비용을 낮추거나 다른 곳에서 비용을 줄일 방법을 찾아보자.

39 개인 재무와 관련한 글을 읽는다

유형 보조 습관	실행 시간 항상	실행 빈도 매일

유익한 점 ▶ 개인 재무에 관해서는 끊임없이 배워도 부족하다. 책을 읽거나 팟캐스트를 듣고, 개인 재무와 관련한 기사를 읽으며 스스로 공부를 계속하자. 이 분야에 투자할 시간이 부족하다면 개인 재무 관

런 기사를 적어도 하루에 한 개 이상은 읽어보기를 바란다.

　실행 방법 ▶ 정보를 얻을 수 있는 개인 재무 관련 웹사이트를 소개한다.

- 겟 리치 슬로울리Get Rich Slowly[24]
- 머니 크래셔Money Crashers[25]
- 버젯츠 아 섹시Budgets Are Sexy[26]
- 아이 윌 티치 유 투 비 리치I Will Teach You To Be Rich[27]
- 와이즈 브레드Wise Bread[28]
- 더 심플 달러The Simple Dollar[29]

　위의 웹사이트에서 제공하는 정보를 쉽게 받아보고 싶다면, 피들리Feedly[30]에 무료 계정을 만들고 당신의 피드에 이 웹사이트를 추가해서 습관 목록에 포함시키자.

---

24 www.getrichslowly.org/blog
25 www.moneycrashers.com
26 www.budgetsaresexy.com
27 www.iwillteachyoutoberich.com
28 www.wisebread.com
29 www.thesimpledollar.com
30 www.feedly.com. 지정한 웹사이트나 블로그 글이 업데이트되면 사용자에게 정보를 전달하는 RSS 방식의 웹서비스.

7장

건강을 위한
습관 근육

#40~60

건강은 가장 중요한 자산이다. 지금부터라도 건강한 생활 습관을
유지하지 않으면 목표를 달성하기 위한 체력이 현저히 줄어들고, 이에
따라 성과 역시 감소할 것이다. 5분이라는 짧은 시간 동안 본격적인 운
동을 할 수는 없지만 작은 습관은 여러 가지 실행할 수 있다. 이 장에
서는 몸무게 줄이기나 음식 골고루 먹기, 건강 개선하기 등 장기 목표
를 돕기 위한 생활 습관을 다양하게 소개한다. 그럼 아래에서 자세히
살펴보자.

40 몸무게를 측정한다

유형 보조 습관	실행 시간 오전	실행 빈도 매일 혹은 매주

유익한 점 ▶ 주기적으로 몸무게를 재는 일은 건강과 다이어트 목표를 명확하게 세우는 데 중요한 습관이다. 다시 한번 말하지만, '측정하면 관리할 수 있다.'(125쪽 참조) 체중계는 몸무게를 줄이고 싶은 사람들에게만 필요한 것은 아니다. 목표 몸무게 범위를 유지하고 있는지 확인하는 척도로도 활용할 수 있다. 미리 알려두지만, 몸무게는 매일 달라지기 때문에 어느 날 몇 킬로그램 더 늘었다고 속상해 할 필요는 없다. (그래서 어떤 이들은 일주일에 한 번만 몸무게를 잰다.) 중요한 것은 몸무게가 지속적으로 줄어드는지(몸무게를 줄이는 게 목표일 경우), 혹은 꾸준히 유지되는지 (특정 몸무게를 유지하고 싶을 경우) 살펴보는 일이다.

실행 방법 ▶ 체중계를 구매하고, 화장실처럼 눈에 띄는 위치에 놓는다. 몸무게를 재는 시간을 정해두거나 일주일에 한 번만 잰다면 요일을 정한다. 마지막으로 일기장이나 마이 피트니스 팔My Fitness Pal 같은 앱에 몸무게를 기록한다.

41 식단 일기를 쓴다

유형 핵심 습관	실행 시간 저녁	실행 빈도 매일

유익한 점 ▶ 몸무게를 줄이거나 현재 수준으로 유지하고 싶다면 꼭

이 습관을 길러보자. 음식 섭취 내역을 기록하는 일은 책임감을 불어넣고, 자잘한 간식을 자제하게 하며, 건강 목표를 꾸준히 달성할 수 있도록 돕기 때문에 효과적이다. 실제로 한 연구에서는 식단 일기를 쓰면 몸무게를 줄이는 효과가 두 배 가까이 된다고 밝혀졌다.

식단 일기 쓰기는 자신이 섭취하는 음식을 제대로 알게 해주기 때문에 핵심 습관이다. 식단을 일부러 바꾸지 않아도 나중에 일기로 남겨야 한다는 사실을 떠올리면 몸에 좋지 않은 음식을 자연히 피하게 된다. 작은 변화가 생산성과 자존감을 높이고 긍정적인 기운을 퍼뜨린다.

실행 방법 ▶ 섭취한 음식을 정확하게 측정하는 일에도 위에서 언급한 마이 피트니스 팔을 활용할 수 있다. 매일 먹은 것을 정확하게 기록할 수 있도록 이 습관을 저녁 습관 목록에 추가한다. 그날 먹은 음식을 기억하기가 힘들다면 아침, 저녁으로 하루에 두 번 실행한다. 식사할 때마다 섭취 내역을 바로 기록하는 습관을 들이는 것도 좋다.

식사량도 함께 기록하는 것을 잊지 말자. 식단 일기에 '파스타를 먹었다'라고만 쓰는 것보다 섭취한 양을 함께 적는 것이 도움이 된다.

마지막으로 정직하게 기록해야 한다. 거짓으로 기록한 경우, 그렇게 했다고 같이 적는다. 당신 외에 아무도 보지 않는 식단 일기에 욕구를 숨기려고 할수록 효과가 떨어질 뿐이다. 한 치의 거짓 없이 정직하게 식단 일기를 쌓아가면 앞으로 식단을 선택할 때 더 좋은 결정을 내릴 수 있다.

42 식단에서 한 가지 재료를 바꾼다

유형 핵심 습관	실행 시간 항상	실행 빈도 매일

유익한 점 ▶ 사람들은 누구나 건강한 음식을 먹는 게 중요하다는 것을 알고 있다. 그러나 피곤하거나 스트레스를 받았을 때, 과로로 지쳤을 때는 현명한 결정을 내리기가 어렵다. 이런 상황에 대비해 '매일 음식 한 가지를 건강하게 바꾸는' 간단한 습관을 소개한다.

음식의 대부분은 몸에 훨씬 좋은 재료로 대체할 수 있다. 칼로리는 더 낮고 비타민이나 영양소가 더 많은 음식을 고른다면 건강이 좋아질 뿐만 아니라 몸무게를 줄이는 데도 도움이 된다.

실행 방법 ▶ 이 습관을 지키는 법은 간단하다. 아침에 하루 식단을 계획하고 머릿속에 있는 식단 중에서 한 가지 재료를 골라 건강한 대체 재료로 바꾼다. 조리법과 조리 시간을 고려해 바꿀 수 있는 비슷한 재료 몇 가지를 소개한다.

- 쌀 → 퀴노아
- 베이컨 → 칠면조 베이컨
- 탄산음료 → 차
- 흰 빵 → 통밀빵
- 마요네즈 → 겨자나 아보카도
- 간 소고기 → 간 칠면조
- 케첩 → 살사 소스
- 사우어 크림 → 그릭 요거트

- 우유 → 아몬드 우유(일반 우유는 아몬드 우유보다 당분이 여섯 배 더 많다.)
- 달걀 → 에그 비터Egg Beaters[31]나 흰자 2개로 대체한다.
- 식물성 기름 → 코코넛 오일
- 샐러드에 넣는 크루통 → 아몬드
- 감자 칩 → 버터를 넣지 않거나 적게 넣은 팝콘
- 빵 → 피타
- 양상추 → 루콜라, 로메인, 시금치, 케일 등

이 예시는 건강한 식습관을 만들기 위한 활용할 수 있는 아이디어의 일부일 뿐이다. 이 방법을 사용한다면 같은 양의 음식을 먹더라도 칼로리는 낮고 영양소는 풍부한 음식을 섭취할 수 있다. 이와 관련해 더 많은 정보를 얻고 싶으면 데이비드 징크젠코Daivd Zinczenko가 쓴 『그거 말고 이거 드세요Eat This Not That』 시리즈를 읽어보라.

43 매일 비타민을 챙겨 먹는다

유형 보조 습관	실행 시간 오전	실행 빈도 매일

유익한 점 ▶ 비타민은 면역 체계를 강화해주고, 몸을 각성시키며, 기초 영양소를 흡수하는 데 도움이 되기 때문에 꼭 챙겨야 한다.

실행 방법 ▶ 이 습관은 식단 일기 쓰기와 병행하면 가장 좋다. 일주

---

31 달걀흰자로 가공한 식품.

일 동안 음식 섭취 내역을 기록하고 중요한 영양소 중에서 놓치고 있는 것이 무엇인지를 확인한다. 핏 데이^{FitDay} [32]와 같은 식단 관리 도구를 활용하면 각 비타민의 하루 권장치를 섭취하고 있는지 확인할 수 있다. 필요한 만큼의 비타민을 적절하게 섭취하고 있지 않다면 자신의 연령에 맞는 비타민 보충제를 구매한다.

44 건강 스무디를 만든다

유형 보조 습관	실행 시간 오전	실행 빈도 매일

유익한 점 ▶ 간편한 피로회복제를 찾는다면 항산화 스무디를 만들어보자. 맛도 좋지만 필수 비타민과 미네랄을 함유하고 있어 아침 한 잔으로 하루에 필요한 에너지를 채워준다.

실행 방법 ▶ 인터넷을 찾아보면 다양한 스무디 레시피가 있다. 앞에서 얘기한 것처럼 단백질과 과일, 채소, 칼륨, 항산화제 등을 넣어 여러 가지 레시피를 섞어보자. 내가 주로 마시는 스무디가 궁금하다면 뉴트리불렛에서 만든 뉴트리리빙의 웹사이트[33]와 앱을 확인해보라.

---

32 www.fitday.com, 국내에도 다양한 식단 관리 앱이 나와 있다.
33 www.nutrilving.com

45 1리터 물병을 채운다

유형 보조 습관	실행 시간 항상	실행 빈도 매일

유익한 점 ▶ 수분은 조금만 부족해도 두통이나 피로를 발생시켜 집중력을 떨어뜨리고 단기 기억을 손상시키며 두뇌 기능을 방해한다. 가장 생산성이 높은 상태를 유지하려면 뇌의 모든 영역이 활발하게 돌아가야 한다. 그러므로 일을 시작하기 전에 수분을 충분히 섭취하는 것이 중요하다.

실행 방법 ▶ 1리터 물병에 물을 채우고 습관적으로 마신다. 따뜻한 물이든 차가운 물이든 상관없다. 각각 건강에 좋은 효과를 내므로 선호하는 것으로 고르면 된다. 맹물을 마시기가 힘들다면 얼음과 레몬즙을 조금 넣어도 좋다.

하루 적정 수분 섭취량은 230밀리리터 유리잔으로 8잔이다(총 2리터 정도). 몸무게와 활동량에 따라 약간의 차이는 있겠지만 1리터 물병을 하루에 두 번 채워서 모두 마신다고 생각하면 간편하다. 이 정도면 기초 수분 섭취량만큼 충분히 마시는 셈이 된다.

46 만보기를 착용한다

유형 핵심 습관	실행 시간 오전	실행 빈도 매일

유익한 점 ▶ 만보기를 착용하면 다이어트에 빠르게 도움이 된다. 만

보기는 매일 얼마나 걸었는지 계단을 몇 개 올랐는지 측정해준다.

겉보기에는 '만보기 착용하기'라는 습관이 무의미하게 여겨질 수도 있다. 그러나 사실 만보기를 사놓고 착용하지 않는 사람이 놀라우리만큼 많다. 만보기를 매일 착용하면 운동 습관을 형성하는 중요한 첫발을 디디게 된다. 꾸준히 만보기를 착용하면 하루 동안 활동량을 늘리려는 의지가 생길 것이다.

실행 방법 ▶ 이 습관도 마찬가지로 아주 간편하게 실행할 수 있다. 아침에 일어나서 만보기를 착용하자. 매일 하루를 시작하는 첫 번째 습관이 될 것이다. 만보기가 없다면 가격과 기능을 비교해놓은 만보기 리뷰 글을 내 웹사이트에서 확인해보라.

47 업무 중 휴식 시간에 걷는다

유형 보조 습관	실행 시간 하루 종일	실행 빈도 매일

유익한 점 ▶ 걷기는 바쁜 일정을 방해하지 않으면서 규칙적으로 시행할 수 있는 좋은 운동이다. 나 같은 사람은 운동할 시간을 따로 정해두는 것을 좋아하지만, 업무 중 휴식 시간에 걷기를 좋아하는 사람들도 있다. 커리어를 위한 습관에서 설명한 뽀모도로 기법을 사용하는 사람이라면 25분 동안 집중해서 일한 다음 몇 분 정도는 일어나서 걸어보자. 이러한 습관은 이어서 업무를 다시 시작하기 전에 기분을 전환하는 데 도움이 될 뿐만 아니라 '건강 은행'에 자신의 건강을 조금씩

저축하는 효과가 있다.

이 습관은 습관 목록 중 하나로 넣기는 어렵다. 하루 종일 지키는 습관으로 생각하고 집중 업무 후 매번 실행한다. 조건반사 계획을 세워 '업무 한 가지를 마칠 때마다 일어나서 잠깐 걷는다'는 원칙하에 지키기를 추천한다. 물론 처음에는 어색하게 느껴질 수도 있지만, 나중에는 업무 하나를 끝낼 때마다 걷는 게 자연스럽게 느껴질 것이다.

실행 방법 ▶ 시간 관리를 위해 뽀모도로 기법을 활용하면서 이 조언을 따른다는 가정을 하고 간단한 계산을 하나 해보자.

- 25분 단위의 집중 업무 시간 = 한 시간에 걷기 휴식 2회
- 걷기 휴식 2회 = 8분 운동(화장실에 가거나 물 마시는 시간 제외)
- 8분 × 8시간(기본 업무 시간) = 64분 운동

물론 한 시간마다 두 번 걷기를 철저하게 지켰을 때를 가정한 최상의 시나리오이다. 그러나 이 중 절반만 지켜도 업무 시간 중 30분 동안 규칙적으로 운동한 것이다. 그러면 그날 활동량 외에 3킬로미터 정도를 추가로 걸은 셈이 된다.

48 7분 운동을 한다

유형	보조 습관	실행 시간	항상	실행 빈도	매일

유익한 점 ▶ 이 습관의 이점을 설명하기 전에 두 가지를 먼저 짚어

보자. 이 습관은 7분 습관이므로 습관 쌓기의 법칙이 어긋난다. 그러나 앞에서 말한 것처럼 5분의 법칙은 절대 변경할 수 없는 법칙이 아니다. 습관을 제대로 지키는 데 필요하다면 시간은 길어질 수도 있다.

물론 이렇게 짧은 시간 동안 운동을 제대로 할 수 있다고 생각하지는 않는다. 그러나 거의 앉아서 일하는 사람이라면 7분 운동도 충분히 도움이 될 것이다.

하루를 운동으로 시작하고 끝내는 도구로 '7분 운동7 Minute Workout' 앱을 추천한다. 이 앱은 전신 운동 12가지 동작을 알려주며 개인 트레이너 역할을 한다. 물론 7분 안에 운동을 끝낼 수 있다.

실행 방법 ▶ 이 습관도 역시 간단하다. 앱을 실행하고 알려주는 운동을 따라 한다. (이 앱을 제대로 활용하려면 미리 운동 도구 몇 가지를 구매해야 할 수도 있다.) 이 앱에서 '전체All the Things' 단계로 업그레이드하면 팔 운동, 코어 운동 등 다른 부위의 운동도 가능하다. 습관 목록을 실행할 때마다 항목을 바꿔가며 운동하면 보통 사람들의 하루 운동량보다 더 많이 운동한 효과를 거둘 수 있다.

49 줄넘기를 한다

유형	보조 습관	실행 시간	오전마다	실행 빈도	매일

유익한 점 ▶ 매일 아침에 운동을 하면 금방 기분이 좋아진다. 물론 아침에 일어나자마자 땀을 흘리는 게 선뜻 하기 쉬운 일은 아니다. 그

러나 규칙적으로 반복하다 보면 엔도르핀이 밀려오기 때문에 몸이 스스로 운동을 찾게 된다.

아침에 체육관에 갈 시간이 없으면 줄넘기를 해보자. 짧은 시간 동안 뛰는 것만으로도 크게 도움이 된다. 전신 운동인 줄넘기는 혈액순환을 돕고 조깅보다 관절에 무리가 덜하다. 게다가 비용이 거의 들지 않고 어디서든 할 수 있다는 장점이 있다.

실행 방법 ▶ 아침에 일어나면 좋아하는 음악을 틀고서, 그 자리에서 줄넘기를 시작한다. 점프와 점프 사이에 멈추지 않도록 한다. 줄넘기가 몸에 익으면 자연스러워질 것이다. 노래가 끝날 때까지 지속한 뒤에 샤워를 하며 하루를 시작한다.

50 사무실에서 맨손 체조를 한다

유형 보조 습관	실행 시간 오후	실행 빈도 매일

유익한 점 ▶ 오랜 시간 동안 앉아 있으면 건강에 좋지 않다. 집중력이 흩어질 뿐만 아니라 암이나 심혈관 질환, 고혈압, 높은 콜레스테롤 수치의 원인이 된다. 그러니 사무실에서 할 수 있는 간단한 운동을 일과 시간에 넣어두고 이를 '사무실 맨손 체조 습관'이라고 부르자.

실행 방법 ▶ 사무실 맨손 체조 습관의 목표는 계속 앉아 있으면 약해지기 쉬운 복근과 다리 근육을 강화하는 것이다. 47번째 습관에서 설명한 걷기 습관과 병행하며 하루에 2~3회 정도 실행한다. 이 정도면 기초 건강을 유지하는 데 충분하다. 부위별로 할 수 있는 사무실 맨손 체조 15단계를 소개한다.

1. 의자를 활용한다.
2. 삼두근 운동
3. 손목 운동
4. 하체 스트레칭
5. 척추 스트레칭
6. 어깨 스트레칭
7. 햄스트링 스트레칭
8. 옆구리 스트레칭
9. 둔근 강화 운동
10. 햄스트링 컬 운동
11. 팔 스트레칭
12. 견갑골 운동
13. 목 근육 운동
14. 코어 강화 운동
15. 발목 돌리기

순서대로 모두 해보거나, 몸에 무리가 가지 않도록 몇 가지만 골라 해도 충분하다. 핵심은 하루 동안 조금이라도 운동을 하는 것이다.

유형	보조 습관	실행 시간	항상	실행 빈도	매일

유익한 점 ▶ 유연성을 늘리면 전반적으로 건강해지는 데 도움이 된다. 놀라운 사실 한 가지는, 사람들은 유연성을 늘리는 운동은 보통 시간이 오래 걸리지 않음에도 어렵다고 생각해서 잘 하지 않는다는 것이다.

하버드 의과대학 연구에서는 "전문가들은 이제 운동하기 전에 스트레칭을 하라고 권하지 않는다. 대신 워밍업으로 가볍게 걷거나 경기 전이라면 테니스공을 서브하며 몸을 푸는 것이 좋다고 말한다."라고 밝히기도 했다.

유연성을 늘리는 방법은 여러 가지다. 전신 스트레칭이나 간단한 요가, 혹은 역동적인 필라테스를 할 수도 있지만 어느 것이든 오래 할 필요는 없다. 아침 습관 목록에서 5~10분 정도만 할애해보자.

실행 방법 ▶ 유연성 기르기에 가장 좋은 시간은 근육이 어느 정도 풀린 후다. 그러므로 유연성을 늘리는 운동을 시작하기 전에 짧게 걷는 것부터 시작하자. (습관 47 참조) 그러고서 7가지 부위별 기초 스트레칭을 연습한다.

- 햄스트링 스트레칭
- 버터플라이 그로인Butterfly groin 스트레칭
- 라잉 힙Lying hip 스트레칭

- 라잉 쿼드Lying quad 스트레칭
- 종아리 스트레칭
- 어깨 스트레칭
- 삼두근 스트레칭

유튜브에서 각 스트레칭에 대한 영상을 쉽게 찾을 수 있으며, 운동이 끝난 후 운동 매트에서 5~10분 정도로 충분하다. 스트레칭마다 10~15초 정도 자세를 유지하며, 한쪽에 두 번씩 반복한다.

52 좋은 자세를 유지한다

유형 보조 습관	실행 시간 항상	실행 빈도 매일

유익한 점 ▶ 나쁜 자세를 오랫동안 방치하면 허리 통증이나 피로, 심지어는 편두통의 원인이 된다. 좋은 자세를 훈련하면 이를 예방할 수 있다. 자세를 개선할 때 어려운 점은 몇 십 년 동안 굳어진 습관을 없애는 일이다. 처음 기어 다니거나 걷기 시작할 때부터 익혀 각인된 행동이기 때문이다. 기존의 행동에 작은 습관을 덧붙여 매일 자세를 바로잡는 연습을 해야 한다. 이 동작을 충분히 반복하다 보면 점점 변화가 느껴질 것이다.

실행 방법 ▶ 자세를 개선하기 위한 가장 쉬운 방법은 규칙적으로 하는 일에 새로운 습관을 연결하는 것이다. 예를 들어보자.

- **음료수를 마시기 위해 냉장고 옆에 서 있을 때**

  두 발이 바닥에 붙어 있는지 확인한다. 심호흡을 두세 번 정도 한다.

- **책상 앞에 앉아 있을 때**

  머리와 목을 지나치게 앞으로 기울이고 있지 않은지 확인한다. (수시로 확인한다.)

- **일어서서 용변을 볼 때**

  골반이 중립 상태를 유지해 앞으로 기울어지지 않도록 한다. 몸무게를 발가락 쪽에 싣지 않고, 발꿈치 뒤쪽으로 실었는지 확인한다. 발가락을 꼼지락꼼지락 움직일 수 있어야 한다.

- **운전하다가 적색 신호등에 멈춰서 기다릴 때**

  어깨가 둥글게 굽어 있지 않도록 뒤로 펴서 평평하게 한다. 귀와 어깨가 수직선을 이루게 한다.

- **줄을 서서 기다릴 때**

  휴대폰 화면을 스크롤하면서 페이스북을 확인할 때 스쿼트 자세를 유지한다. (당신을 희한하게 바라보는 사람들의 시선은 신경 쓰지 마라.)

이 책에서 설명한 다른 습관과 마찬가지로 이 습관도 실행하기 어렵지는 않다. 단지 잊지 않는 것이 중요하다. 기존에 지키고 있는 일과에 덧붙여서 매일 지켜나가자.

53 명상한다

유형 핵심 습관	실행 시간 항상	실행 빈도 매일

유익한 점 ▶ 명상은 한 가지(호흡이나 바닷소리 등)에 집중하게 돕고 주

의를 산만하게 하는 요소를 차단한다. 또한 스트레스를 줄여주고, 창의력을 향상시키며, 집중력이나 기억력에도 도움이 되는 등 수많은 장점이 알려져 있다. 오랜 시간 동안 명상하는 사람이 있는가 하면 아침에 잠깐 짬을 내어 명상하는 사람들도 있다. 우선 정규 습관 목록에 포함할 수 있는 5분 명상부터 시작하기를 제안한다. 명상이 즐거워지면 시간을 조금씩 늘려나가자.

실행 방법 ▶ 방해 요소가 없는 조용한 공간을 찾아 타이머를 5분으로 설정한다. 깊게 호흡하며 가로막의 긴장을 풀어준다. 근육을 이완시켜서 내면에 집중하는 동안 편안한 자세를 유지한다. 마음을 비우는 데 집중하고 현재만 생각하려고 한다.

명상을 시작한 후 몇 분간 집중하지 못하는 것은 당연한 일이다. 이런 경우에는 호흡에 집중하면서 좌절감을 내보낸다. 명상이 본격적으로 시작되는 시점을 파악하기 위해 몸의 한 부분에 집중한다. 집중하는 데 어려움을 느낀다면 평안한 마음을 유지하도록 구체적인 방법을 제시하는 캄Calm이나 헤드스페이스Headspace 같은 앱을 활용해도 좋다.

54 저녁 휴식 시간을 지킨다

유형	핵심 습관	실행 시간	저녁	실행 빈도	매일

유익한 점 ▶ 휴식 시간을 지키는 일은 다음 날을 생산적으로 보내

기 위해 밤에 숙면을 취하도록 돕는 핵심 습관이다. 대부분의 사람이 침대에 눕기 전에 카페인이나 알코올을 섭취하거나 각종 전자기기나 TV에 심취해 있다. 그러고는 밤새도록 뒤척이는 이유를 궁금해한다. 삶의 '소음'을 줄이고 편안한 상태로 침대에 들 수 있는 습관 시리즈를 실행하면 자기 전 불면의 패턴을 깰 수 있다.

실행 방법 ▶ 휴식 시간의 일과를 습관 목록으로 만들거나, 단순히 다음에서 설명하는 활동을 따르는 데 집중해보자.

1. 잠들기 4~6시간 전에는 카페인을 섭취하지 않는다. 대신 물이나 진정 효과가 있는 차, 체리 주스를 마신다. 체리는 수면을 돕는 천연 성분 멜라토닌을 함유하고 있다.

2. 잠들기 2시간 전에 많은 양의 식사를 하지 않는다.

3. 잠들기 1시간 전부터는 TV나 휴대폰, 노트북, 태블릿 등 스크린이 있는 기기는 모두 끈다. 책을 읽기 위해서 킨들 같은 전자책 단말기를 사용하는 것은 괜찮다.

4. 침실은 수면을 위해서만 사용한다. TV나 각종 전자기기, 업무와 관련한 물건은 모두 치운다. 어떻게 해서든 밤새 푹 쉴 수 있는 공간을 만든다.

5. 따뜻한 물로 샤워(혹은 목욕)하기, 아로마테라피(습관 119), 기도문 같은 조용한 문장 읊기(습관 110) 등 긴장을 이완시키는 습관을 들인다.

이 중 몇 가지만 지켜도 머리가 베개에 닿자마자 편안해지고 숙면에 들어갈 준비가 될 것이다.

55 수면 주기 앱을 이용한다

유형 핵심 습관	실행 시간 저녁마다	실행 빈도 매일

유익한 점 ▶ 평균 수면 주기는 90분으로 알려져 있으며 수면 시간 동안 반복된다. 수면 패턴이 이 주기와 일치한다면 힘찬 상태로 기분 좋게 일어날 수 있다. 슬립 사이클Sleep Cycle 같은 앱을 사용하면 밤에 숙면을 취하는 데 도움이 될 것이다.

실행 방법 ▶ 먼저 휴대폰을 충전기에 꽂은 뒤 동작 인식 모드를 선택한다. 동작 인식 모드로 마이크를 사용할 경우에는 휴대폰 화면을 아래로 향하게 해서 협탁 위에 둔다. 가속도계를 사용한다면 휴대폰 화면을 아래로 향하게 하고 침대 위에 둔다. 더 자세히 알고 싶다면 슬립 사이클 웹사이트[34]에 설명된 글을 확인하라.

56 습관을 지키는 장소와 비마인더를 연결한다

유형 핵심 습관	실행 시간 항상	실행 빈도 매주 혹은 매달

유익한 점 ▶ 비마인더는 습관을 강하게 형성하도록 돕는 앱이다. 그 외에도 습관을 지키기 위해 자신의 의지에만 기대기보다는 다양한 앱 (이프트, 지메일, 핏비트, 레스큐 타임 등)과 연동시킨다. 비마인더는 목표를

---

34 www.sleepcycle.com

달성하는 데 실패하면 비용을 부과한다. 아주 무섭지 않은가?

비마인더는 여러 가지로 활용할 수 있고, 이 책에서 소개한 습관을 형성하는 데에도 적용할 수 있다. 이 앱의 웹사이트에서 작동원리를 확인해보자.

비마인더가 유용한 경우는 휴대폰에 있는 '장소 기반 앱'을 활용하는 것이다. 체육관에 있을 때 비마인더와 '이행 계약'을 맺으면, 일주일에 정해진 시간만큼 계약한 장소에 가야 하고 이 계획을 지키지 않으면 비마인더에 돈을 지불하게 된다.

실행 방법 ▶ 먼저 비마인더 계정을 만들고 비마인더가 제공하는 이프트 레시피 중 '체육관 가기Commit to going to the gym'을 활용한다. 마지막으로 체육관에 있을 때 알림이 오도록 설정하고, 알림을 받으면 비마인더와 체육관 이행 계약을 맺는다. 매주 정해진 시간만큼 해당 장소에 가지 않으면 벌금을 내는 것에 동의하는 내용이다.

되도록 이 강제적인 습관까지 당신의 습관 목록에 포함되지 않기를 바란다. 대신 일단 설정을 했다면, 이행 계약을 계속 유지할 필요가 있을지 매주 (혹은 매달) 검토하라.

57 일 년 내내 자외선 차단제를 바른다

유형 보조 습관	실행 시간 항상	실행 빈도 매일

유익한 점 ▶ 한 해 동안 자외선 차단제를 의약품 보관함에 넣어뒀다

가 바닷가나 수영장에 갈 때만 꺼내는 일이 많다. 그러나 자외선은 일 년 내내 해롭다. 매일 자외선 차단제를 사용해야 햇볕으로 인한 화상 이나 피부 노화, 피부암의 가능성을 줄일 수 있다.

실행 방법 ▶ 익숙해지기까지는 시간이 좀 걸리겠지만 매일 자외선 차단제를 바르는 습관을 습관 목록에 넣어둔다.

1. SPF 지수가 높은 자외선 차단제를 찾아서 화장실 선반이나 화장대 등 잘 보이는 곳에 둔다.

2. 아침에 준비하는 시간 중 자외선 차단제를 바를 만한 적절한 시간대 를 찾는다. 내가 추천하는 시간대는 샤워하고 나서 옷을 입기 전이다.

3. 몸 전체에 자외선 차단제를 바른다.

4. 자신이 사용하는 자외선 차단제의 지속 시간을 확인한다. 몇 시간 후 에 효과가 사라진다면 사무실이나 학교 등 어디든 항상 소지하면서 편한 시간대에 다시 바른다. 자외선 차단제는 가능한 한 지속 시간이 긴 것으로 고른다.

10분 이상 햇빛 아래에 있는 경우에는 이 습관을 꼭 지키기를 바란 다. 바깥 날씨가 추워도 맑은 날이면 잠시 시간을 내어 자외선 차단제 를 발라 피부를 보호하자.

58 부엌의 박테리아를 제거한다

유형 보조 습관	실행 시간 항상	실행 빈도 매일 혹은 매주

유익한 점 ▶ 건강 정보를 제공하는 웹사이트인 웹MD에 따르면 부엌은 집 안에서 가장 세균이 많은 공간이다. 수세미나 싱크대, 냉장고 등에는 당신과 당신 가족의 건강에 해로운 수십억 마리의 미생물이 살고 있다. 그러므로 음식을 준비하는 공간에 사는 박테리아를 없애기 위해 일일 (혹은 주간) 습관 목록이 필요하다.

실행 방법 ▶ 저녁 습관 목록에 추가해서 (혹은 주간 습관 목록에 넣어도 된다) 살균제와 표백제, 식초로 만든 용액 등을 활용해 아래 목록의 공간을 청소하자.

- 싱크대
- 조리대
- 도마
- 수도꼭지
- 비누 디스펜서
- 식기세척기
- 냉장고(특히 문손잡이와 밀폐 고무 부분)
- 쓰레기통

앞서 언급했던 웹MD에 이 공간을 쉽고 빠르게 청소하는 법이 나와 있으나, 이에 한 가지를 더 추가한다. 위의 공간을 청소하고 난 후 청소에 사용했던 스펀지를 전자레인지에 넣고 돌린 후 표백제를 희석한 물에 담가놓아라. 집을 청소하는 데 썼던 물건이므로 세균이 100% 제거될 수 있도록 더욱 신경 써야 한다.

59 재채기는 손에 하지 말고 팔 안쪽에 한다

유형 보조 습관	실행 시간 항상	실행 빈도 매일

유익한 점 ▶ 이 습관이 지저분하게 들릴 수도 있겠지만, 장기적으로 보면 당신과 당신 가족의 건강에 좋은 영향을 미친다. 손바닥에 재채기를 하면 몸 여기저기에 묻은 세균이 빠르게 퍼지게 된다. 게다가 강한 재채기를 한 경우에는 손가락 틈으로 빠져나가기 마련이다. 그러나 팔꿈치 안쪽에 재채기하면 세균이 퍼지는 것을 줄일 수 있다.

실행 방법 ▶ 지금까지 손에 재채기했다면 이 습관을 당장 고치기는 어려울 것이다. 손에 대고 재채기하려는 자동 반사 작용을 없애려면 팔꿈치에 재채기하는 습관으로 대체하는 연습을 해보자.

먼저 재채기는 갑자기 나오기 때문에 원래 있던 습관을 없애는 게 특히 어렵다. 재채기가 나올 경우를 대비해서 일단 앉아서 재채기가 나올 것 같다는 상상을 한다. 팔꿈치를 코와 입 가까이에 대고 재채기와 비슷한 동작을 한다. '에취'하며 소리를 내도 되고 비슷한 다른 소리를 내도 괜찮다. 며칠 동안 한 번에 30초~1분 정도 이렇게 연습한다. 갑자기 폭발적으로 찾아오는 재채기도 있지만, 가끔 천천히 올라오는 재채기도 있다. 이런 경우에는 좀 더 준비할 여유가 생긴다. 재채기가 나올 것 같은 느낌이 들면 팔꿈치를 준비한다.

마지막으로 주변 환경에 얼마나 많은 세균이 떠다니는지, 사람들이 얼마나 쉽게 그 세균을 전파하고 다니는지 생각해본다. 재채기나 기침, 또는 다른 행동으로 손에 세균을 묻히는 경우를 가능한 한 줄임으로써, 당신은 세상에 귀중한 일을 하는 것이다.

60 안전 점검을 한다

유형 보조 습관	실행 시간 항상	실행 빈도 매주, 매달

유익한 점 ▶ 아버지의 잔소리처럼 들리겠지만(실제로 나는 아빠이기도 하다), 당신과 당신의 가족을 보호하기 위한 작은 습관이 있다. 여러 번 점검함으로써 생명을 구할 수 있는 행동이니 안전 점검이라고 부르자.

실행 방법 ▶ 이 습관은 매주, 그리고 한 달에 한 번만 실행하면 되는 간단한 일이다. (각 조치를 실행하는 법을 자세히 알고 싶으면 가전제품의 사용 설명서를 참고하거나 유튜브에 있는 사용 방법 안내 동영상을 보면 된다.)

매주
- 자동차 타이어 압력을 확인한다. 압력이 낮으면 공기를 채운다.
- 일산화탄소 경보기와 화재경보기가 문제없이 작동하는지 확인한다.
- 의류건조기의 린트 필터와 통풍구 내부를 청소한다.
- 가족 구성원 모두를 위해 비상시 병원 연락처와 긴급 연락망을 냉장

고 문이나 전화기 근처에 잘 보이게 둔다.

- 전기 콘센트 등 전기가 발생하는 곳에 수리가 필요하지 않은지 모두 점검한다.
- 창고나 뒤뜰 문 등 집 외부의 잠금장치를 확인한다.

매달

- 비상 손전등 배터리 수명을 확인한다.
- 비상시 의료 기기가 제자리에 있는지, 정상적으로 작동하는지 점검한다.
- 응급처치 용품과 약이 유통기한이 지나지 않았는지, 명칭이 제대로 붙어 있는지 확인한다.
- 총기와 탄약은 (필요시) 아이들의 손이 닿지 않도록 잠글 수 있는 곳에 보관한다. 총기에는 안전 잠금장치를 채운다.

안전 점검의 중요성을 절대 과소평가하지 마라. 당신의 건강과 행복에 큰 영향을 미치는 요소가 사소한 일에서 비롯되는 경우가 많다.

8장

여가생활을 위한
습관 근육

#61~74

여가생활은 일상에 활기를 더한다. 여가 활동으로는 취미나 긴 하루를 보낸 후의 휴식을 들 수 있다. 삶의 다른 영역과 관계가 있는 활동, 즉 인간관계나 건강, 재정, 커리어 등의 영역에 열정적으로 임하는 활동도 포함된다. 예를 들어, 많은 사람이 직업을 단순히 돈을 벌기 위한 수단이 아닌 그 이상으로 여긴다. 이들에게 직업은 소명과 같은 것이기 때문에, 여가에도 해당 산업에 대한 정보를 찾아보거나, 관심사가 비슷한 사람들과 인간관계를 맺는 등의 활동을 한다.

이 장에서는 '여가생활을 위한 습관'을 형성하는 법을 배운다. 이 습관은 '항상' 일정에 반영되어야 한다. 그래야 일을 너무 많이 하려다가 생기는 스트레스를 줄이고 삶에 균형을 찾을 수 있기 때문이다.

여가생활을 위한 습관 중 일부는 지금까지 살펴본 습관과는 약간 다른 방법으로 형성되기도 한다. 어떤 습관은 습관 목록에서 추천했던 '5분 법칙'에 딱 들어맞지 않기도 한다. 그러나 스스로 발전하려면 즐거운 활동으로 제대로 보상을 주는 것도 중요하기 때문에 이러한 습관도 모두 포함시켰다. 첫 번째 사례부터 살펴보자.

61 새로운 것을 배운다

유형 코끼리 습관	실행 시간 항상	실행 빈도 매일

유익한 점 ▶ 주기적으로 새로운 것을 배우는 일은 즐겁다. 저글링이나 코딩, 새로운 언어 등 무엇이든 고를 수 있다. 이러한 활동은 도전 의식을 북돋울 뿐만 아니라, 스트레스를 줄여주는 즐거운 취미가 된다.

실행 방법 ▶ 내가 쓴 『초보에서 전문가가 되기까지Novice to Expert』를 보면 새로운 기술을 효율적으로 배우는 방법을 찾아볼 수 있다. 그중 두 가지는 꾸준히 연습할 수 있는 시간을 계획하는 것과 무엇을 배우면 좋을지 조사하는 것이다. 5분은 꾸준한 연습을 하기에는 충분하지 않겠지만, 특정 기술과 관련한 내용이나 현재 닥친 문제를 조사하기에는 적당한 시간이다.

예를 들어, 내 목표 중 하나는 철인 3종 경기에 참가하는 것이다. '해결해야 할 문제는 무엇일까?' 내게는 자전거가 없다. 그래서 오늘 '새로운 것을 배우는 습관'에서는 로드바이크를 살 때 어떤 질문을 하면 좋은지 조사했다. 10분 정도 찾아본 후 자전거 바퀴와 페달, 프레임 재질의 차이에 대해 알게 됐다. 이 정도면 전문가 수준의 지식은 아니지만, 이번 주말에 자전거 판매점에 가서 할 질문거리는 준비됐다.

새로운 것을 배우는 습관은 하루 중 긴 휴식 시간 즉, 이동 중이나 점심시간, 저녁 시간대에 실행하면 수월하다. 팟캐스트를 듣거나 블로그를 살펴볼 수도 있고, 특정 주제의 책을 읽을 수도 있다.

62 관심 분야의 '유명 인사'와 관계를 맺는다

유형	보조 습관	실행 시간	항상	실행 빈도	매일 혹은 매주

유익한 점 ▶ 관심 분야에 있는 유명 인사와 관계를 맺으면 유용한 정보를 얻거나 더욱 흥미를 높일 수 있다. 물론 모든 종류의 취미에 적용되지는 않지만(즉 프로 스포츠 같은 경우), '매직 : 더 개더링Magic: The Gathering[35] ' 게임처럼 접근이 가능한 분야에 관심을 두고 있다면 그 세계의 스타와 관계를 맺는 일은 어렵지 않을 수도 있다. 비결은 당신이 여러 사람 사이에서 돋보일 방법을 활용해 연락을 취하는 것이다.

실행 방법 ▶ 먼저 모두가 바쁘게 살아간다는 사실을 반드시 기억해 둔다. 관심 분야의 유명 인사들은 그 분야의 활동뿐만 아니라 자기 일

---

35 1993년 발매된 세계 최초의 온라인 트레이딩 카드 게임.

도 해야 하고, 가족과 시간도 보내야 하며 휴식 시간도 있어야 한다. 그러므로 연락을 취하기 전에 다음의 세 가지 법칙을 따른다.

어떤 취미에 갓 입문했다면 먼저 블로그나 책, 커뮤니티 등에서 스스로 꾸준히 배운다. 처음 시작하는 사람들이 흔히 품게 되는 질문에 대한 답은 대부분 이곳에서 찾을 수 있다. 이 단계가 중요한 이유는 구글로 검색해서 금방 찾을 수 있는 정보를 전문가에게 물어보느라 시간을 낭비할 필요가 없기 때문이다.

연락을 취할 때는 공손한 자세로 임한다. 당신의 질문에 대한 모든 답을 받으리라고 생각하지 말고, 회신을 받지 못한다고 기분 나빠하지 마라. 다시 한번 말하지만 우리는 모두 바쁘게 살고 있다. 그러므로 다른 사람이 자신의 시간을 내어 당신에게 답변을 주는 일을 강요할 수는 없는 노릇이다.

간단한 인사로 시작한다. 보통 몇 문장 정도면 충분하다. 그 사람들이 당신에게 어떤 영향을 미쳤는지 이야기하고, 간단한 질문 한두 개 정도로 넘어가면 좋다. 짧고 간단하게 써야 답변을 받을 가능성이 커진다. 그리고 그 사람에게서 호의적인 답변을 받으면 그 연락을 계속해서 유지해나갈 수 있다.

소규모 산업이라면 대부분 유명 인사와 관계 맺기가 어렵지 않다. 보통 지속적으로 해당 분야에 대한 정보를 알리는 작가나 블로거, 팟캐스터 등이 많다. 앞서 얘기한 세 가지 규칙을 따르면 이러한 사람들에게 자신을 소개하는 일이 어렵지 않다는 사실을 깨닫게 될 것이다.

63 책 한 장 분량을 읽는다

유형 코끼리 습관	실행 시간 항상	실행 빈도 매일

유익한 점 ▶ 독서는 다음과 같은 이점을 주는 간단한 습관이다.

* 새로운 것을 배우거나 다른 세상을 경험하고 싶을 때의 마음가짐에 준비운동이 된다.
* 한 가지 일에 집중하는 힘을 길러준다.
* 스트레스를 줄이고 혈압을 낮춰준다.

나는 독서를 하루 종일 즐길 수 있는 여가활동이라고 생각하며, 힘든 일과 사이에 정신적 휴식을 취하는 방법으로 사용한다.

실행 방법 ▶ 휴식을 취하고 싶을 때 5~10분 정도 책을 읽는다. 한 장章 정도의 분량이면 일과 시간을 크게 방해하지 않으면서 한 가지 전략(자기계발)이나 한 장면(소설)을 읽을 수 있으므로 적당하다. 좋은 책을 찾기가 어렵다면 참고할만한 방법을 소개하니 살펴보기 바란다.

* 친구나 가족, 직장 동료, 멘토에게 추천을 받는다.
* 구글에서 '베스트 [장르명] 책'으로 검색한다.
* 구글에서 '베스트 [장르명] 책 [해당년도]'로 검색한다.
* 아마존 상위 100권 목록을 살핀다. (좋아하는 분야를 살펴본다.)

- 굿리즈Goodreads[36]에 가입하고 자신이 좋아하는 장르에서 다른 사람들이 즐겨 찾는 책이 무엇인지 살펴본다.

책을 늘 들고 다니면 언제든 바쁜 일과 중에 5~10분 정도 짬을 내 휴식을 취할 수 있다.

64 세계 뉴스의 요약 내용을 읽는다

유형	보조 습관	실행 시간	오전이나 저녁	실행 빈도	매일

유익한 점 ▶ 누구나 (우리나라는 물론) 세계가 어떻게 돌아가는지 항상 파악하고 있어야 한다. 지정학 전문가가 될 필요는 없지만 중요한 세계 이슈에 대해 대화를 나눌 정도의 정보는 알고 있어야, 투표를 하거나 자원봉사를 할 때, 자선 단체에 기부할 때 정확한 정보를 바탕으로 결정을 내릴 수 있다.

실행 방법 ▶ 사실 현재 미국이 처한 정치적 상황 때문에 이 습관을 이 책에 넣을지 고민했다. 특히 수많은 뉴스 중에서 사람들이 어떤 뉴스를 신뢰해야 하는지에 대해서는 논란이 많다. 이러한 세상에서 내가 제안하는 방법이 궁금하다면 아래를 참고하라. 당신의 세계관과 일치하는 곳에서 내보내는 뉴스'만' 볼 것이 아니라 '정치적으로 중립적인' 시각을 가진 곳이나 여러 다른 곳의 뉴스를 한꺼번에 보여주는 웹사이

---

36 www.goodreads.com, 서평 사이트

트를 참조하자.

- 구글 뉴스
- 로이터 Reuters
- AP Associated Press
- BBC
- Newsy

모든 기사를 다 읽을 필요는 없고, 머리기사를 살펴본 후 관심이 가는 기사를 골라서 읽으면 된다. 명망이 있는 언론사도 한쪽으로 치우친 견해를 보일 수 있다는 사실을 기억하라. 온라인에서 읽은 기사를 그대로 따라가지 않고 자신만의 의견을 가지는 것이 중요하다.

65 새로운 단어를 익힌다

유형 코끼리 습관	실행 시간 오전	실행 빈도 매일

유익한 점 ▶ 어휘력을 늘리면 여러 가지 이점이 생긴다. 의사소통이 원활해지고, 두뇌에 작은 운동 효과를 가져오며, 사람들과 어울리는 상황에서 자신감이 생긴다. 매일 하루에 한 단어씩 익히는 습관을 들이면 이 모든 일이 가능하다.

실행 방법 ▶ 새로운 단어를 배우는 방법은 5가지가 있다.

- 웹 브라우저의 첫 페이지를 딕셔너리 닷컴 Dictionary.com 의 '오늘의 단

어'Word of the Day'로 변경한다.

- 어 워드 어 데이[A.Word.A.Day] [37]가 보내주는 일일 이메일을 구독한다.
- 오늘의 단어 탁상용 달력을 구매한다.
- 휴대폰에 오늘의 단어 앱을 설치한다.
- 새로운 단어를 들을 때마다 사전에서 정의를 찾아본다.

위의 방법 중에서 하나를 골라 하루에 단어 하나씩 익히기를 시작해보자. (물론 발음도 정확하게 익혀야 한다.) 마지막으로 친구들이나 가족, 직장동료와 나누는 대화에 새로운 단어를 넣어 말하는 연습을 한다. 가끔 이상하게 보일 수도 있지만 새로운 것을 배우는 가장 빠른 방법은 계속해서 사용하는 것이다.

66 컬러링북에 색칠한다

유형 보조 습관	실행 시간 오후 혹은 저녁	실행 빈도 매일

유익한 점 ▶ 성인용 컬러링북이 유행이다. 여러 연구에 따르면 짧은 시간 동안이라도 색칠을 하며 시간을 보낸 성인의 경우 다른 사람에 비해 집중력이 높고, 느긋하며, 체계적이고, 침착하다. 컬러링은 일상에서 스트레스를 자주 받는 사람에게 치료 효과가 있다.

컬러링북이 일시적인 유행 같지만, 사실 아이들은 물론 성인에게도

---

37 wordsmith.org/awad

기분 전환 효과가 있다는 탄탄한 과학적 근거가 있다. 많은 심리학자는 긴장을 완화하고 마음을 평온하게 하는 효과가 있는 컬러링을 명상 대신 활용하기도 한다. 정신의학자이자 심리학자인 칼 융^{Carl Jung}도 컬러링을 즐겨했다고 한다. 또 다른 컬러링의 장점을 소개한다.

- 단순했던 시절을 상기시키고 잠시나마 어렸을 때 행복한 시절을 돌이켜 보게 한다.
- 집중력을 높인다. 힘든 일을 하다가 지쳤을 때 컬러링을 하며 휴식을 취할 수 있다.
- 마음 챙김이나 명상을 한 것처럼 평온한 마음이 생긴다.

컬러링북이 모두에게 도움이 되지는 않을 수도 있다. 그러나 하루를 보내고 스트레스에 지쳐 있을 때 잠시 시간을 내 컬러링을 하면 긴장을 완화해주는 명상 효과를 거둘 수 있다.

실행 방법 ▶

1. 온·오프라인 서점에 가서 성인을 위한 컬러링북을 살펴본다.
2. 재미있어 보이거나 취향에 맞는 책을 몇 권 주문한다.
3. 사인펜이나 크레용, 색연필을 구매한다.
4. 스트레스를 받을 때마다 5~10분 정도 컬러링을 하며 휴식을 취한다.

컬러링북을 항상 들고 다니기는 어렵겠지만, 집에 한 권 놓아두면 일을 하는 중간이나 긴장을 풀고 싶을 때 즐거운 보상으로 활용할 수 있다.

유형	코끼리 습관	실행 시간	오후	실행 빈도	매일

유익한 점 ▶ 아이들은 그림 그리기 자체를 즐기지만, 어른들은 '잘' 그리려는 데에만 지나치게 집착한다. 그래서 결국 자신에게 '창의적이지 못한 사람'이라는 이름을 붙이고는 다시는 연필을 들지 않는다. 그래서 스스로 예술에는 재능이 없다고 생각하게 되고 관심을 잃는다.

그러나 낙서나 스케치는 미술이 아니다. 잘하든 못하든 중요하지 않다. 5분 동안 하는 낙서나 스케치는 두뇌의 놀이 시간 같은 것이며 뿐만 아니라 치료 효과도 기대할 수 있다. 스트레스를 줄여주고, 창의력을 증진시킨다. 보통 사람들이 퇴근 후 집에 가서 무엇을 할까 고민하는 늦은 오후 시간대에 창의력을 다시 북돋워 업무 생산성을 높이기도 한다.

실행 방법 ▶ 스케치북과 여러 종류의 펜, 연필 등을 구비한다. 늦은 오후, 창의력이 바닥날 때쯤 5분 정도 시간을 내어 원하는 형태와 디자인으로 마음껏 그림을 그린다. 간단하게 부엌에 있는 물건으로 정물 스케치를 하거나, 고양이를 그려도 좋고, 추상적인 형태를 나타내도 좋다. 예술적 기술을 향상시키려는 목적이 아니므로 그림을 잘 그리고 못 그리고에 대해서는 신경 쓰지 말자. 마음을 편안하게 하고 긴장을 완화하는 데 이 시간을 활용하면 된다.

68 퍼즐을 푼다 (혹은 십자말풀이를 한다)

유형 코끼리 습관	실행 시간 항상	실행 빈도 매일

유익한 점 ▶ 퍼즐을 풀면 몸과 마음에 여러모로 도움이 된다. 버클리 대학교의 연구진들은 퍼즐이 어떻게 뇌에 좋은 영향을 미치고 알츠하이머 같은 질병을 예방하는지 보여주기 위해 실험대상의 뇌를 촬영하기도 했다. 퍼즐은 다른 일에 정신을 집중하게 함으로써 스트레스를 줄이고 일상에서 벗어날 기회를 준다.

작년, 극도로 추운 뉴저지의 겨울에 아내가 임신을 해서 여가생활에 제약이 많았다. 예전처럼 야외 활동(스키, 스노우슈잉, 하이킹 등)을 할 수가 없었기에 TV 앞 소파에 앉아 느긋하게 쉬는 대신 5,000조각짜리 퍼즐을 하며 밤을 보냈다. 퍼즐은 즐겁게 시간을 보내는 방법이 되었을 뿐만 아니라 곧 부모가 되는 우리 둘의 걱정을 줄여주기도 했다.

실행 방법 ▶ 자기 발전을 위해 퍼즐을 일과에 반영하는 방법은 2가지가 있다.

1. 여럿이서 한 팀이 되어 십자말풀이를 한다

연구 결과에 따르면 팀으로 일할 때 대화나 사고의 속도가 올라가고 협력하는 능력도 향상된다. 퍼즐은 서로 간에 공유하는 기억을 만들고, 협업을 통한 성취감을 느끼게 해주어 유대관계를 강화한다. 친구들이나 가족, 직장동료 등과 함께 십자말풀이를 크게 인쇄해서 함께 풀어보자. 다른 사람들과 함께 시간을 보내면 스트레스를 날리는 데 도움이 될 것이다.

2. 우울해질 때마다 퍼즐을 한다

많은 사람이 일상에서 겪는 스트레스로 불행을 느끼는데, 간단한 퍼즐에 집중하면 스트레스가 풀린다. 그날 있었던 일로 우울한 감정이 한차례 다가오면 퍼즐을 손에 쥐어라. 마음의 짐을 덜어주면서 어두운 감정에서 빠져나오도록 도와줄 것이다.

간단히 말해서 퍼즐은 스트레스를 줄여줄 뿐만 아니라 당신에게 소중한 사람과 공유할 수 있는 기억을 만들어준다. 그래서 텔레비전 앞에 수동적으로 앉아 있는 것 외에 다른 휴식을 원한다면 이 습관을 강력하게 추천한다.

69 야외로 나간다

유형 보조 습관	실행 시간 오후	실행 빈도 매일

유익한 점 ▶ 하루 종일 건물 안에 갇혀 있는 것만큼 영혼을 소진하는 일은 없다. 아마도 인공조명과 나란히 줄지어 있는 좁은 칸막이 공간 때문일 것이다. 우리는 온종일 실내에 갇혀 있으려고 태어난 것이 아니므로 잠시만 시간을 내어 바깥에 나가보자. 자외선을 쬐면 우리 몸이 제 기능을 하도록 돕는 비타민 D를 얻을 수 있다. 기회가 있을 때

마다 잠깐이라도 밖에서 시간을 보내면 몸과 정신 건강에 놀라울 만큼 좋은 영향을 준다. 야외에서 시간을 더 많이 보내면 스트레스가 줄어들고, 우울증을 이겨낼 수 있으며, 잠을 잘 자고, 행복감을 느낀다고 한다. 〈환경 과학과 기술Environmental Science & Technology〉에 실린 한 연구에서는 연구 참가자가 '녹색' 환경에서 5분 정도 운동을 하고 나면, 정신과 신체 건강이 향상된다는 사실을 발견했다.

실행 방법 ▶ 아무리 혹독한 직업이라도 휴식 시간은 있다. 이 시간 동안 커피를 내리거나 인터넷을 하며 시간을 보내지 말고 5분 정도 밖으로 나가보자. 마음을 다독이는 산책을 할 수도 있고(습관 118 참조), 주위를 둘러보며 신선한 공기를 들이마시는 심호흡을 할 수도 있다.

70 동기를 부여하는 동영상을 본다

유형	보조 습관	실행 시간	오전 혹은 오후	실행 빈도	매일

유익한 점 ▶ 의욕은 변화무쌍한 존재다. 어느 날은 의욕이 충만했다가 갑자기 안 좋은 일이 생기면 감정이 돌변하기도 한다. 의욕을 다시 '돌려놓기' 위해 활용할 수 있는 습관은 동기를 부여하는 동영상을 보는 것이다.

실행 방법 ▶ TED 토크는 이 시대의 통찰력 있는 지도자들이 영감을 불어넣어주는 강의다. 보통 10~20분 정도 분량이므로, 습관 목록에서 시간을 약간 더 배정하거나, 하나를 여러 날에 걸쳐 봐도 된다. 동영상은 TED 웹사이트에서 직접 볼 수 있으며, 휴대폰 앱(iOS와 안드로이드)이나 로쿠 같은 동영상 스트리밍 서비스로도 볼 수 있다. TED 토크에서 별 감흥을 얻지 못한 경우에는 업워디Upworthy[38]나 즐겨 찾는 유튜브 채널에서도 동영상을 찾아볼 수 있다.

인상적인 동영상을 보고 나면 자신도 모르는 사이에 새로운 아이디어가 계속 떠오르기 때문에 하루를 행복한 마음으로 시작할 수 있을 뿐만 아니라 세상을 긍정적인 눈으로 바라볼 수 있다.

덧붙여, 시청 시간은 제한해두는 것이 좋다. 5분만 휴식하려고 보기 시작한 동영상을 계속해서 보다 보면 몇 시간이 훌쩍 지나가므로 '휴식 시간 동안 동영상 1개 보기' 원칙을 꼭 지키도록 하자.

71 '버킷 리스트'를 추가한다

유형 코끼리 습관	실행 시간 항상	실행 빈도 매일 혹은 매주

유익한 점 ▶ 인생은 한 번뿐이다. 이 세상에서 누릴 수 있는 것을 모두 적극적으로 경험하려고 하지 않으면 중요한 것들을 놓치게 될 것이다. 물론 당신에게는 일이 있고, 가족도 있으며, 해야 할 일이 무한히 많다. 그러나 장기 계획을 구체적으로 세우는 것도 빠뜨려서는 안 된다. 이를 위해 할 수 있는 가장 간단한 일은 인생에서 이루고 싶은 일들을

---

38 www.upworthy.com. 동영상 큐레이션 사이트.

모두 담은 '버킷 리스트'를 만드는 것이다.

이 개념은 2007년에 나온 영화 '버킷 리스트^{The Bucket List}' 덕에 널리 알려졌다. 영화를 보지 못한 사람들을 위해 간단히 설명하자면 시한부 암에 걸린 두 남자가 병원을 떠나서 죽기 전에 버킷 리스트 목록에 있는 일을 하나씩 실행하며 할 수 있는 만큼 최대한 항목을 지워나가는 것이다.

당신 역시 버킷 리스트를 만들어 매주 혹은 매일 주기적으로 항목을 추가해나가기를 권한다. 그리고 이를 실행하기 위한 계획도 항목을 세우는 일만큼 중요하다는 사실도 잊지 말자.

실행 방법 ▶ 먼저 아이디어를 기록하는 도구를 항상 옆에 두고 목록을 채워보자. 일기장이나, 컴퓨터 문서, 혹은 에버노트와 같은 앱 등 어디든 상관없다. 항상 곁에 두고 적을 수 있는 곳이기만 하면 된다. 그럼 이제 다섯 가지 질문에 답하며 목록을 완성해보자.

1. 나는 무엇이 되고 싶은가?

죽기 전에 이루고 싶은 자신의 모습을 상상해보자. 어떤 특별한 기술이나 하고 싶은 역할이 떠오를 수도 있다. 자신이 생각하는 가장 완벽한 모습을 떠올리며 어떤 유형의 사람이 되고 싶은지 생각하는 것이다. 몇 가지 예시를 살펴보자.

- 세상에서 가장 좋은 남자 친구가 된다. (그다음엔 약혼자, 남편, 아빠가

된다.)

- 친구들과 가족에게 항상 신뢰받는 사람이 된다.
- 철인 3종 경기를 끝낸 사람이 된다.
- 억대 연봉을 받으며 성공한 연설가가 된다.
- 《뉴욕 타임즈New York Times》의 베스트셀러 작가가 된다.

2. 나는 무엇을 갖고 싶은가?

물질적 소유가 중요한 사람이 있고, 물건의 '양'은 중요하지 않은 사람이 있다. 살아가면서 양질의 것을 누리고 싶은 사람이라면 죽기 전에 소유하고 싶은 것들을 적어보자.

- 바닷가에 위치한 멋진 집
- 클래식 포드 머스탱Ford Mustang 같은 빈티지 스포츠카
- 일을 그만두어도 될 정도의 불로소득
- 좋아하는 여행지에 있는 멋진 별장

3. 나는 무엇을 하고 싶은가?

삶에서 이루고 싶은 것을 찾는다. 여러 개의 작은 목표일 수도 있고 인생을 결정짓는 하나의 중대한 사건일 수도 있다.

- 함께 모험을 헤쳐 나갈 진정한 배우자와 결혼한다.
- 건강하고 행복한 아이 둘을 갖는다.
- 적어도 20개국 이상을 여행한다.
- 애팔래치아 등산로Appalachian Trail 전체를 정복한다.

4. 나는 어디에 가고 싶은가?

이전에 한 번도 가보지 않은 곳을 찾아가는 일은 꼭 필요하다. 새로운 지역으로 여행하며 안전지대 밖으로 나가는 경험을 쌓으면 스스로에 대해 많이 알게 된다. 여기서는 가보고 싶은 장소 목록을 적을 것이다.

- 프랑스에 가서 자전거를 타고 시골길을 달린다.
- 탄자니아에 있는 킬리만자로산에 오른다.
- 호주와 뉴질랜드 전 지역을 여행한다.
- 미국 50개 주와 캐나다를 여행한다.

5. 나는 무엇을 보고 싶은가?

마지막 질문은 앞에서 살펴본 네 가지 측면의 버킷 리스트를 '두루 담는다.' 평생 남을 기억을 적어보는 것이다. 경험하고 싶은 일이 될 수도 있고, 자신의 존재에 중요한 의미를 더할 짧은 순간일 수도 있다.

- 노르웨이에서 오로라를 본다.
- 스페인에서 소몰이 축제를 본다.
- 호주의 야생 지대에서 일몰을 바라본다.
- 사랑하는 친구들과 가족에 둘러싸여 지금까지의 만족스러운 일생을 마감한다.

지금까지 살펴본 것들은 내 버킷리스트다. 당신도 자신의 꿈과 열망을 담은 아이디어를 떠올려보기를 바란다. 물론 이 습관은 약간은 이기적이거나 피상적으로 보일 수도 있다. 그러나 죽음을 맞이하기 전까지 하고 싶은 것에 대해 꼭 적극적으로 생각해봐야 한다.

마지막으로 매일 혹은 매주 정기적으로 버킷 리스트에 항목을 추가하자. 하고 싶은 일이 생각나거나 즐거운 경험담을 들었을 때 곧바로 버킷 리스트에 추가하는 일은 몇 초밖에 걸리지 않는다. 어느 정도 시간이 흐르면 다른 사람과 공유하거나 스스로 버킷 리스트를 만들 수 있을 정도로 꽤 많은 아이디어가 모일 것이다.

72 '근미래 버킷 리스트'를 추가한다

유형	보조 습관	실행 시간	항상	실행 빈도	매달

유익한 점 ▶ 바로 앞에서 버킷 리스트의 개념을 설명했다. 나는 이 습관을 잘 지켜나가고 있지만 시간이 부족해서 버킷 리스트를 거의 지키지 못하는 사람도 많다. 그래서 조금 다른 방식으로 접근해서 3개월 이내에 즐길 수 있는 일을 따로 정리해보기로 했다. 이 습관 또한 간단하다. 3개월이라는 시간은 가까운 미래이므로 그 시간 내에 할 수 있는 것과 할 수 없는 것을 쉽게 구별할 수 있다. 그리고 이 습관 역시 단순히 항목만 추가하기보다 목록에 넣어둔 아이디어를 실행할 계획을 세우는 것이 더욱 중요하다는 사실을 잊지 말자.

실행 방법 ▶ 3개월 동안 즐기고 싶은 20가지 활동을 목록으로 만든다. 이 목록에는 목표를 담는 것이 아니라 혼자 혹은 다른 사람들과 함께 즐길 수 있는 재미있는 활동을 담는다. 각 항목은 '당신'을 행복하게 만들어주는 것이어야 한다.

- 쉬는 날 정오까지 늦잠을 잔다.
- 가족과 함께 영화를 보거나 게임을 한다.
- 연극을 본다.
- 하루 정도 걸리는 하이킹을 한다.
- 아들과 함께 야구를 한다.
- 새 그릴을 장만한다.
- 아이들을 맡기고 아내나 남편과 함께 단둘이 저녁 데이트를 즐긴다.

목록을 만들고 나면 실제로 실행할 시간을 만들어야 한다. 어느 날에는 늦잠을 자고 어느 날에는 새 그릴을 사러 간다. 아들과 함께 야구 경기를 할 시간을 미리 계획하기도 한다. 일과 각종 볼일, 집안일을 하다 보면 바쁜 일상만으로 하루가 지나버리는 늪에 빠지기 쉽다. 그러므로 즐거운 활동을 계속해서 목록으로 만들어 삶을 더욱 행복하게 즐기는 기회를 스스로 만들어나가도록 하자.

73 새로운 일을 시도한다

유형	보조 습관	실행 시간	항상	실행 빈도	매일

유익한 점 ▶ 친숙할수록 무뎌지기 쉽다. 우리는 편안하고 예측이 가능한 일상을 좋아하지만, 그 안에만 있다 보면 시간이 흐르면서 점점 소모될 것이다. 새로운 일을 시도하지 않는다면 도대체 살아가는 이유

가 무엇이겠는가? 매일 새로운 것을 시도하면 삶의 만족도가 높아지고 다재다능한 사람이 된다.

실행 방법 ▶ 청구서 대금을 제때 내고 사무실에 제시간에 도착하는 등 어느 정도 삶에 안정성을 확보하는 일은 물론 중요하다. 그러나 일상에 변화를 주고 새로운 것을 시도하면 삶의 기대치가 높아지며 즐거워진다.

- 일과의 순서를 바꿔본다. 매일 아침 샤워를 한 후, 옷을 입고, 커피를 내리고 아침 식사를 했다면, 순서를 바꿔보자. 커피를 먼저 내리고 아침 식사를 한 뒤, 샤워하고 옷을 입을 수도 있다.

- 새로운 음식을 시도한다. 늘 즐겨 먹던 음식이 예전처럼 맛있게 느껴지지 않을 때가 있다. 장을 보러 가거나 외식을 하며 예전에 먹어보지 않았던 음식을 시도해본다.

- 새로운 사람에게 말을 건다. 예전에 만나보지 못한 사람에게 말을 걸면 삶을 바라보는 시각이 새로워진다. 함께 일하지만, 소통이 없었던 사람이나 커피숍에 나란히 앉아 있는 사람 등에게 말을 걸어본다.

- 사무실이나 집에 갈 때 다른 길을 택한다. 늘 지나던 길에 너무 익숙해져 졸면서도 도착할 수 있을 정도라면, 가끔은 평소에 가지 않던 길을 가보자. 흐름에 변화를 주면 통근길에 좀비가 된 듯한 느낌이 줄어들 것이다.

- 인터넷 사용을 줄인다. 기분이 내킬 때마다 스마트폰에 손을 뻗는 게 버릇이 됐겠지만 이는 현실에만 안주하게 할 뿐이다. 인터넷 안전지대에서 벗어나 대신 책을 읽어라.

- 다른 음악을 듣는다.

- 당신의 취향과 다른 음악을 들어보자. 클래식 록 음악을 좋아한다면 랩이나 팝, 현대 음악을 들어보아라. (이렇게 하면 마음이 젊어진다는 사실이 과학적으로 증명됐다.)

일상을 바꾸는 데는 많은 시간이 필요하지 않다. 사실 일과나 행동 하나를 바꾸기만 해도 충분하다. 물론 변화의 경험이 즐겁기만 하지는 않겠지만, 이러한 습관을 따르다 보면 계속해서 같은 일을 반복하지 않게 해주기 때문에 마음이 정체되는 것을 예방할 수 있다.

74 기분 전환을 한다

유형 핵심 습관	실행 시간 항상	실행 빈도 매일

유익한 점 ▶ 지금까지 진짜 중요한 일에 집중하려면 방해 요소를 제거하라고 강조했다. 그러나 매일 일상이 목표와 습관, 일, 집안일 등으로만 가득하다면 금방 지쳐버릴 것이다. 그러니 힘들게 일하는 사이사이나 하루를 마감할 때 혹은 '짧은 휴가' 동안, 기분을 전환할 수 있는 활동을 해보자.

실행 방법 ▶ 스트레스를 받았거나, 긴 하루 동안 쌓인 긴장을 풀고 싶으면 스스로 다음과 같은 보상을 준다.

- 와인이나 맥주 한 잔을 마신다.

- 비디오 게임을 한다.
- 좋아하는 TV 프로그램이나 영화를 본다.
- 달콤한 간식이나 초콜릿을 먹는다.
- 멋진 레스토랑에서 식사한다.
- 네일 케어를 받는다.
- 뜨개질을 한다.
- 소셜 미디어를 확인한다.
- 친구들이나 가족과 함께 시간을 보낸다.

자신에게 보상을 주는 방법은 셀 수 없이 많다. 그리고 그중에는 물론 5분이 넘게 걸리는 것도 있다. 그래서 하루 동안 끝내야 하는 필수 일과를 지킨 후에 시작해야 한다. 즐거운 활동을 계획할 때는 다른 습관을 계획하듯 열정적으로 임하는 것이 중요하다. 그렇게 해야 일하고 운동하고 계획을 지키는 일에만 매달리지 않게 된다.

9장

정리정돈을 위한
습관 근육

#75~90

정리정돈의 이점을 간과하지 말자. 사실 나는 어렸을 때 지저분한 편이었다. 그러나 이제는 주위를 깔끔하게 정리정돈하는 일이 삶의 여러 영역에 긍정적인 영향을 끼친다는 사실을 깨달았다. (게다가 조깅을 하러 나가기 전에 신발이 어디 있는지 알면 편리하기도 하다.)

정리하는 일에 지나치게 열중할 필요는 없다. 하루에 5~10분 정도 시간을 내서 어수선하지 않은 정도만 유지하면 된다. 이 장에서는 힘들이지 않고도 삶을 가지런하게 정돈하는 작은 습관 여러 가지를 살펴보려고 한다.

75 깨진 유리창을 고친다

유형 보조 습관	실행 시간 항상	실행 빈도 매일

유익한 점 ▶ 혹시나 해서 말해두지만, 집에 달린 유리창을 말하는 것은 아니다. 4장에서 설명했던 깨진 유리창 이론에 대한 이야기다. 즉 주변 환경의 외관을 깔끔하게 정리하면 스트레스를 받거나 머릿속이 복잡해지는 상황이 줄어든다. '깨진 유리창'의 예는 다음과 같다.

- 정돈되지 않은 침대
- 구분되지 않고 쌓여 있는 빨랫감
- 싱크대 안에 놓인 설거짓거리
- 지저분한 부엌
- 쌓여 있는 우편물과 청구서, 서류 더미
- 아이 장난감과 옷 등
- 가득 찬 쓰레기통과 재활용품 통

조금 어질러진 정도는 큰 문제가 아니라고 생각할 수도 있지만 아침과 저녁에 잠시만 시간을 들여 '깨진 유리창'을 고치면 다른 일을 할 때도 긍정적인 기운이 생긴다.

실행 방법 ▶ 깨진 유리창을 언제 고칠지는 개인적인 성향에 달려 있다. 정돈된 기분으로 하루를 시작하고 싶다면 아침 습관 목록에 넣고, 할 일을 끝내지 않은 채 하루를 마감하고 싶지 않은 사람이라면 저녁 습관 목록에 넣자. 시간대를 정하고 나면 가장 스트레스를 많이 유발

하는 곳을 정리하는 습관을 만든다. 예를 들어 아침에 부엌에 들어섰을 때 싱크대에 설거지 거리가 쌓여 있거나 식탁 위에 서류가 놓여 있으면 업무를 시작하기 전에 정리를 해두는 것이다.

76 침대를 정리정돈한다

유형 핵심 습관	실행 시간 오전	실행 빈도 매일

유익한 점 ▶ 이를 닦거나 채소를 먹거나 침대를 정리하는 일처럼 너무 당연한 습관을 여기에 적고 싶지는 않았다. 그러나 때로는 아주 작은 행동이 그날의 성공에 큰 영향을 미치기도 한다. 미국 해군 윌리엄 H. 맥크레이븐William H. McCraven 제독은 텍사스 대학교University of Texas 졸업식 연설에서 다음과 같이 말했다.

"세상을 바꾸고 싶다면 자신의 침대를 정돈하는 것부터 시작하라. 아침마다 침대를 정돈한다면 그날의 첫 번째 임무를 완수하는 것이다. 그러면 작은 자긍심이 생겨서 다음 업무, 그다음 업무 등 계속해서 업무를 완수하는 힘으로 이어진다. 그래서 아침에 일어나자마자 한 가지 일을 완수하고 나면, 그날 하루 동안 다른 여러 가지 일을 끝낼 수 있게 된다."

그러므로 침대를 정돈하는 일은 '사소하게' 보일 수도 있지만, 이 습관을 매일 실행하면 긍정적인 연쇄 작용이 일어날 것이다.

- 침대를 정돈하면 방에 들어갈 때마다 깔끔하고 단정한 모습에 기분이 한결 가벼워진다.

- 신경 쓰이는 '일' 한 가지를 끝냈기 때문에 스트레스가 줄어든다.

- 성취감을 북돋운다. 생산성은 각각의 성취를 한데 엮은 것이다. 침대를 정돈함으로써 해야 할 일 목록에 있는 첫 번째 일을 완료하고 남은 하루를 위한 발판을 다진다.

- 누군가가 당신의 집에 찾아왔을 때 지저분한 방 때문에 부끄러울 일이 없어진다.

그렇다. 침대를 정돈하는 일은 중요한 일이다. 맥크레이븐 제독의 조언을 기억하자. "세상을 바꾸고 싶다면 자신의 침대를 정돈하는 것부터 시작하라."

실행 방법 ▶ 이 습관은 누구나 살면서 배웠던 기술이므로 여기서 '침대를 정돈하는 법'을 설명하지는 않겠다. 그러나 침대를 정돈하는 데 어려움을 겪는 사람이 있다면 하우캐스트Howcast[39]에서 동영상을 참고할 수 있다.

---

39 www.howcast.com, 'How to Make a Bed'

77 냉장고 선반 하나를 청소한다

유형 코끼리 습관	실행 시간 항상	실행 빈도 매주

유익한 점 ▶ 대가족과 함께 살고 있다면 (혹은 여러 사람들과 함께 살고 있다면) 냉장고에 남은 음식과 상한 음식, 오래된 양념이 가득할 것이다. 최근에 냉장고를 청소한 적이 없으면 흘린 음식이나 새어 나온 양념이 두껍게 쌓여 다이아몬드처럼 단단해져 있을지도 모른다.

요점을 말하자면, 냉장고는 주기적으로 청소하지 않으면 금세 지저분해진다. 그래서 '일주일에 선반 하나씩' 돌아가며 냉장고를 청소하는 습관을 들여야 한다. 이렇게 하면 한 달에 한 번 냉장고 전체를 청소하는 효과가 있으며, 매주 조금씩 나눠서 하므로 냉장고 안에 있는 음식물을 주기적으로 정리하고 더는 먹거나 마시지 않을 음식을 버릴 수 있다.

실행 방법 ▶ 먼저 일주일에 한 번씩 냉장고를 정리할 수 있게 청소할 분량을 나눈다. 그날 정리할 선반을 깨끗하게 비운다. 유통기한이나 음식물 상태를 확인하고 먹을 수 없는 것은 버린다. 유통기한이 다가오는 음식이 있으면 다음 식사 때 그 재료를 활용하거나 먹을 수 있도록 메모지에 적어 냉장고에 붙여둔다. 그다음에는 해당 선반을 다용도 세척제로 닦은 후 말린다. 마지막으로 다시 냉장고에 보관하기로 한 음식을 잘 정돈해서 넣는다.

78 신발은 현관에 둔다

유형 보조 습관	실행 시간 항상	실행 빈도 매일

유익한 점 ▶ 어떤 나라에서는 집과 집주인에 대한 예의를 표하기 위해 집에 들어가기 전에 신발을 벗는 것이 관례다. 이는 신발에 묻은 세균을 집 안에 퍼뜨리지 않고, 비나 눈, 먼지, 진흙 자국이 나지 않게 해준다는 점에서도 좋은 습관이다.

실행 방법 ▶ 집에 돌아오면 신발을 벗어 입구 구석이나 매트 위 등 지정한 자리에 두고 손님이나 가족에게도 알려준다. 왜 이러한 행동을 해야 하는지 질문을 받게 되면 다음과 같이 이해할 만한 이유를 들어 대답하자.

- 우리 신발은 세균이 득실거리는 길거리와 직접 맞닿는다. 신발을 신은 채 집 안을 걸어 다니면, 생각보다 훨씬 많은 세균과 박테리아가 집 안에 퍼진다.

- 신발은 더러워질 수밖에 없다. 대문까지만 걸어나가도 흙먼지가 신발에 달라붙는다. 집 안에 들어오자마자 신발을 벗으면 지저분한 먼지를 집 안으로 끌고 들어오지 않을 수 있다.

- 현관문 근처에 신발 두는 곳을 정하면 신발이 어디 있는지 찾아다니는 스트레스를 줄일 수 있다. 특히 물건을 여기저기 옮기는 걸 좋아하는 어린아이가 있는 집이라면 유용할 것이다.

이 간단한 습관이 집을 깨끗하게 정돈해주는 놀라운 효과를 가져

온다. 가장 좋은 점은 이 습관을 지키는 데에는 몇 초밖에 걸리지 않는
다는 사실이다.

79 모든 물건의 '제자리'를 만든다

유형 코끼리 습관	실행 시간 항상	실행 빈도 매일에서 매주

유익한 점 ▶ "물건마다 제자리가 있다." 이 문장은 집 안의 모든 물건
에 정해진 위치가 있어야 한다는 정리의 원칙을 잘 나타낸다. 각 물건
의 자리를 알면 청소하거나 정리할 때 고민할 필요가 없다.

실행 방법 ▶ 집에서 자주 찾는 물건을 어디에 두면 좋은지에 관해
몇 가지 아이디어를 소개한다.

- 집과 자동차 열쇠는 현관문 옆에 있는 고리에 건다.
- 핸드백이나 배낭, 노트북 가방 등은 현관문 가까이에 자리를 마련
  한다.
- 신발은 차고나 현관같이 물기나 흙먼지, 나뭇잎 등이 떨어져도 상관
  없는 곳에 둔다.
- 개인 소지품(지갑, 시계, 웨어러블 전자기기 등)은 침실 탁자 위에 올려
  둔다.
- 휴대폰과 태블릿은 충전기에 꽂는다.
- 아이들 장난감은 장난감 상자나 선반 등에 넣어 정리한다.
- 세제와 섬유유연제, 위험한 화학물질은 아이들 손에 닿지 않는 높은
  곳에 올려둔다.
- 대걸레나 빗자루 등 청소 용구는 지정된 장소에 걸어둔다.

- 공구(망치, 렌치, 드라이버, 드릴, 줄자 등)는 공구 상자나 작업실에 둔다.
- 계절이 지난 물건은 다락방이나 지하실에 둔다.

물론 여기서 설명한 위치 중 몇 가지는 지극히 상식적이다. 그러나 생각보다 많은 사람이 물건을 아무 데나 두고 어디에 있는지 찾지 못한다. 각 물건에 '제자리'를 만들어주면 집 안을 청소하고 정돈하기가 훨씬 쉬워질 것이다.

80 물건 세 가지를 치운다

유형 코끼리 습관	실행 시간 항상	실행 빈도 매일(1~4회)

유익한 점 ▶ 어수선한 집은 갑자기 생기지 않는다. 물건을 그때그때 치우는 잠깐의 노력을 들이지 않은 결과로, 오랜 시간에 걸쳐 서서히 만들어지는 것이다. 그러니 몇 시간마다 3개 이상의 물건을 치우는 습관을 들여보자.

실행 방법 ▶ 먼저 (바로 앞 습관에서 설명한 것처럼) 모든 물건에 제자리를 찾아준다. 많은 이들이 하듯 물건을 전부 '다용도 서랍'에 넣어버리는 건 청소가 아니다. 물건을 집어서 집 안 어딘가 다른 곳에 두는 것과 같다.

다음으로는 조건반사 원리에 따라 습관을 형성한다. 목표는 방으로 이동할 때마다 물건을 들고 가는 새로운 규칙을 만드는 것이다. 예를 들어, 아내와 나는 물건을 다른 층으로 옮겨서 사용할 경우, 그 물건을 사용한 후 층계참에 둔다. 그리고 누구든 먼저 계단을 올라가는 사람이 그 물건을 집어서 '제자리'에 갖다놓는다. 우리의 논리는 어차피 이동하는 김에 물건을 들고 옮겨두자는 것이다.

마지막으로 이 습관은 온종일 지켜야 한다. 물건을 쓰고 나서 제자리에 놓는 습관을 들이면 어수선한 잡동사니로 둘러싸이는 일은 사라질 것이다.

81 물건 한 가지를 처분한다

유형 코끼리 습관	실행 시간 항상	실행 빈도 매일

유익한 점 ▶ 조금 전에 온종일 물건을 치우는 이야기를 했다. 그러나 어떤 경우에는 물건을 치우는 것보다 버리는 게 나을 수도 있다. 일상에서 물건을 처분하면 다음과 같은 장점이 있다.

- 페이스북 그룹이나 중고 판매 등을 통해 물건을 처분하면(습관 29 참조) 돈이 생긴다.
- 무료로 기부하고 연말에 신고하면 세금을 절감할 수 있다.
- 다른 사람들에게 필요한 물건을 무료로 주거나 크게 할인된 가격으로 판매하면 그들에게도 도움이 된다.
- 필요하지 않은 물건을 치워서 공간을 깔끔하게 정리할 수 있다.
- 앞으로 물건을 구매할 때마다 좀 더 고민해서 결정하게 된다.

결론적으로, 물건을 정기적으로 없애면 스트레스를 줄이고 약간의 금전적인 이득도 얻을 수 있다.

실행 방법 ▶ 먼저 처분하고 싶은 물건을 담을 3개의 상자를 만든다. 각 상자에 '판매', '기부', '전달'이라는 이름을 붙인다. 그다음 집을 청소하거나 정돈하면서 맞지 않는 옷이나 선물로 받았지만 전혀 사용하지 않는 제빵기, 아이들이 자라서 갖고 놀지 않는 장난감 등 더 이상 필요하지 않은 물건을 찾아본다. 간단한 두 가지 질문이면 빠르게 결정을 내릴 수 있다. "이 물건을 마지막으로 사용한 때가 언제인가?", "왜 아직도 이 물건을 갖고 있을까?"

사용한 지 1년이 넘었다면, 혹은 왜 아직도 갖고 있는지 이유를 댈 수 없는 물건이라면 처분해도 좋다.

82 사무실 책상을 청소한다

유형 코끼리 습관	실행 시간 오후	실행 빈도 매일

유익한 점 ▶ 많은 사람이 책상 앞에서 오랜 시간을 보낸다. 그러므로 물건을 신속하게 찾을 수 있도록 책상을 정리하는 것은 당연한 일이다. 그러나 안타깝게도 서류를 계속해서 꺼내거나, 여기저기 메모를 하고, 책상 위에 온갖 물건을 올려두면 책상을 정리하기가 힘들다. 이를 위해 매일 일과를 마무리하며 5분 정도 시간을 들여 책상을 정리해보자. 이 습관을 들이면 아침에 서류 더미와 잡동사니에 둘러싸인 채 일을 시작할 필요가 없다.

실행 방법 ▶ 이 습관은 다음의 7가지 단계에 따라 실행하면 된다.

1. 책상에서 쓸모없는 물건 중 적어도 한 가지를 치운다. (사무실이 완전히 정리될 때까지 계속해서 반복한다.)
2. 문구류는 책상 서랍에 넣는다.
8. 전자제품 코드는 정리용 끈이나 빵 끈으로 정돈한다.
4. 쓰레기를 버린다. (쓰레기통을 항상 주변에 둔다.)
5. 서류함을 확인하고, 스캔해서 디지털 파일로 보관할 수 있는 것들은 스캔한다.
6. 퇴근 전, 책상을 청소할 5분을 일정에 포함한다. (청소도구는 늘 주변에 둔다.)
7. 책상을 닦으며 마무리한다.

이 습관은 일하는 동안 산만해지거나 머릿속이 복잡해져 고민인 사람들에게 꼭 필요하다. 정기적으로 이 습관을 지키면 중요한 업무에 집중하기 좋은 깨끗한 공간에서 매일 하루를 시작할 수 있게 된다.

83 흩어져 있는 서류를 철한다

유형 코끼리 습관	실행 시간 항상	실행 빈도 매일 혹은 매주

유익한 점 ▶ 어느새 청구서나 잡지, 광고 우편물, 중요한 문서 등 정리되지 않은 서류 더미에 파묻혀 있는 자신을 발견할 때가 있다. 이 경우 어수선한 서류 더미 속에서 필요한 것을 찾으려고 할 때마다 시간을 낭비하게 된다. 정리정돈 습관을 기르고 싶다면 매일 혹은 주말에

시간을 내어 서류를 철하는 습관을 들이면 좋다.

실행 방법 ▶ 먼저 서류 정리 체계를 만들어야 한다. 다음으로 아래에 구분한 범주를 참고해 폴더를 분류한다.

법정 서류

- 출생 신고서
- 사회보장 카드[40]
- 여권
- 부동산 권리 증서
- 자동차 소유권 증서
- 유서

재정 서류

- 대출 서류
- 임대 서류
- 은행 서류
- 신용카드 서류
- 투자 관련 서류
- 세금 환급 기록
- 소득과 지출 기록

보험 서류

- 의료 기록
- 자동차 보험, 생명 보험, 주택 보험 정책

---

40 주민등록증과 유사한, 미국 거주자 개인의 고유 식별 번호를 담은 카드.

기타 서류
- 주요 구매 및 수리 내역 서류
- 제품보증서
- 사용설명서
- 졸업증명서
- 경력증명서

서류를 정리하는 기본 원칙은 (적어도 행정 관련 서류에 한해서만큼은) 7년 동안만 보관하는 것이다. 이 조언을 따르든, 따르지 않든 적어도 전년도 서류는 몇 년 동안 상자에 넣어 창고에 보관해야 한다. 마지막으로 서류 정리 체계를 만들었다면 이후로는 서류를 분류할 때 다음의 5가지 단계를 지키도록 한다.

1. 청구서나 회신을 해야 하는 서류는 매주 처리하는 서류함에 둔다.
2. 중요한 서류는 모두 지정 폴더에 철한다.
3. 관심 있는 광고나 쿠폰을 모아서 한 달에 한두 번 찾아보는 폴더에 넣어둔다.
4. 광고나 신용카드 광고 등 광고 우편물을 모두 파쇄하거나 찢어서 버린다. 수신 거부 목록에 등록할 곳들은 따로 모아둔다(습관 17 참조).
5. 개인적으로 받은 카드나 편지를 읽어본다. 답장을 써야 할 것들은 폴더에 모아서 보관한다.

매일 혹은 매주 정기적으로 정리한다면 서류가 쌓이지 않게 하는 일은 어렵지 않다. 위에서 언급한 5가지 단계를 따르기만 하면 이 문제로 평생 괴로워하지 않을 수 있다.

84 서류를 살펴본다

| 유형 코끼리 습관 | 실행 시간 항상 | 실행 빈도 매일 혹은 매주 |

유익한 점 ▶ 서류를 폴더에 분류해서 캐비닛 안에 넣어두는 일이 잘 못된 것은 아니다. 그러나 서류를 하드 카피[41]로만 보관하면 화재나 홍수 등으로 서류를 유실할 위험을 늘 안고 사는 것이나 마찬가지다. 아주 중요한 서류가 있다면 스캔해서 디지털 파일로 만들어 클라우드 서버에 보관하는 것이 좋다.

실행 방법 ▶ 우선 나는 고속 스캐너 사용을 추천한다. 한 번에 한 장씩 스캔하는 것이 아니라 여러 장을 한꺼번에 스캔할 수 있기 때문이다. 게다가 스캔한 서류를 키워드나 태그로 검색해서 신속하게 원하는 문서를 찾을 수 있다. 서류를 모두 디지털 파일로 만든 다음에는 드롭박스Dropbox나 구글 드라이브 같은 클라우드 서비스로 파일을 보관한다. 이곳에 보관하면 세계 어느 곳에서든 중요한 서류를 항상 꺼내볼 수 있다.

정리해야 할 서류의 양이 아주 많거나 서류를 디지털 파일로 만드는 작업을 처음부터 시작해야 한다면 하루가 꼬박 걸릴 정도로 큰일이겠지만 하루에 5~10분씩 나눠서 서류를 스캔하는 코끼리 습관으로 만들면 지루하거나 따분한 일처럼 여겨지지 않을 것이다. 아래는 효율

---

41 모니터 화면에 표시된 내용을 물리적으로 표현한 복사본.

적으로 서류를 정리하는 원칙이다.

- 세금 환급이나 혼인증명서, 출생증명서, 사회보장 카드 정보, 투자 서류, 유언장 등 중요한 서류는 하드 카피도 항상 함께 보관한다.
- 서류를 디지털 파일로 만들 때는 고속 스캐너를 사용한다. 사용하는 스캐너의 종류나 서류의 양에 따라 이 작업은 며칠이 걸릴 수도, 한 달이 걸릴 수도 있다. 서류가 모두 디지털 파일로 만들어질 때까지 이 습관을 계속한다.
- 파일명 체계를 만들어서 나중에 파일을 쉽게 찾을 수 있도록 한다. 서류명과 서류를 받은 날짜를 적으면 된다. (예: 코스트코_영수증_170207)

이를 통해 서류로 가득 찬 파일 캐비닛에 둘러싸여 있을 필요가 없어진다. 매일 생기는 서류를 디지털 파일로 만들고 저장하자. 이러한 방식을 계속 유지하면 주변이 깔끔하게 정리되는 것은 물론 중요한 문서를 빠르게 보관할 수 있다.

85 컴퓨터 파일명에 일정한 규칙을 사용한다

유형 보조 습관	실행 시간 항상	실행 빈도 매일

유익한 점 ▶ 나는 다른 사람에게 IMG07663처럼 제목이 명시적이지 않은 이미지 파일을 받으면 화가 난다. 내가 파일명으로 투정을 부리는 이유는 컴퓨터에서 원하는 파일을 찾을 때(원래 있어야 하는 폴더에

서 해당 파일을 찾을 수 없는 경우) 검색 기능을 종종 사용하는데, 파일을 컴퓨터에 저장할 때 한 단계 더 신경을 써 이름을 바꿔주지 않으면 나중에 찾기 힘들기 때문이다. 그래서 파일명을 붙일 때 일정한 규칙을 따르는 습관을 들이라고 말하는 것이다.

실행 방법 ▶ 컴퓨터에 파일을 저장하는 3단계 과정을 살펴보자.

1. 파일과 관련 있는 주제를 밝힌다. (업무, 취미, 세금 등)
2. 문서의 목적을 기록한다. (담보 대출 서류, 블로그 글, 책의 장, 마라톤 트레이닝 계획 등)
3. 계속 수정하는 파일인 경우 해당 버전을 표현하는 단어를 포함한다. (초안, 2차 수정, 최종 등)

파일명을 붙이는 방법의 예로 내가 지금 쓰고 있는 이 문서의 이름은 '습관_쌓기_9장_1차_수정본'이다. 이 파일이 저장된 폴더에는 다른 파일도 많지만 검색 기능을 이용하면 몇 초 만에 파일을 찾을 수 있다. (실수로 다른 폴더에 저장한 경우에도 검색 기능을 활용해서 신속하게 원하는 파일을 찾을 수 있다.) 내가 사용하는 파일명 체계를 똑같이 쓸 필요는 없지만, 중요한 문서의 위치를 파악해서 빨리 찾을 수 있도록 파일명에 일정한 규칙을 사용하자.

86 스마트폰을 정리한다

유형 코끼리 습관	실행 시간 항상	실행 빈도 매주 혹은 매달

유익한 점 ▶ 휴대폰 저장 용량은 나날이 늘어가고 있지만 많은 사람이 용량이 부족하다고 호소한다. 당신의 스마트폰이 '저장할 공간이 부족하다'는 끔찍한 메시지 없이 제대로 작동하기를 바란다면 몇 년 동안 흔적이 쌓여 어수선한 디지털 기기도 정리해줘야 한다.

실행 방법 ▶ 휴대폰에 앱이나 파일을 저장하는 빈도에 따라 매주 혹은 매달, 다음 내용을 실행한다. 스마트폰을 최신 버전으로 깔끔하게 관리하는 5단계 과정을 살펴보자.

1. **열려 있는 앱을 닫는다**
   새로운 앱을 열어도 이전 앱이 백그라운드에서 계속 실행되고 있다는 사실을 모르는 사람도 있다. 이러한 상태에서는 휴대폰이 사용하는 전력이 늘어나 배터리가 계속 소모된다. 매일 혹은 매주 열려 있는 앱을 닫는 습관을 들이자.

2. **사용하지 않는 앱은 삭제한다**
   왜 (혹은 언제) 내려받았는지 기억이 나지 않는 앱이 있다면 삭제한다. 다시는 필요하지 않을 가능성이 높다.

3. **사진이나 동영상, 문서 등 파일을 삭제한다**
   드롭박스 같은 클라우드 서비스의 저장 공간에 파일을 보관할 수 있다. 자주 찾아보는 파일(즐겨 보는 동영상이나 아이들 사진 등)만 보관한다.

4. **오래된 팟캐스트나 오디오북 파일을 삭제한다**

   나는 오디오 콘텐츠를 즐겨 듣는다. 그런데 오디오 파일은 저장 공간을 많이 차지할 뿐만 아니라 재생이 끝나도 자동으로 삭제되지 않는다. 자주 즐겨 찾는 팟캐스트와 오디오북 앱에 들어가 오래된 파일을 지워야 한다.

6. **음악 파일을 정리한다**

   음악 파일도 역시 휴대폰의 저장 공간을 많이 차지한다. 음악을 휴대폰에 내려받기보다는 판도라Pandora나 스포티파이, 애플 뮤직과 같은 스트리밍 서비스를 이용하면 좋다.

모두가 사용하는 휴대폰은 안타깝게도 디지털 기기이기 때문에 정리가 되어 있지 않아도 겉으로 드러나지 않아서, 모르는 사이 지나치게 많은 앱과 사진 등이 저장 공간을 차지하는 경우가 많다. 그럼 휴대폰 처리 속도도 느려지고 금세 저장 용량을 초과하게 된다.

문제는 휴대폰에 저장 공간이 모자라면 새로운 모델로 바꿀 '필요'가 있다고 생각하게 된다는 점이다. 그래서 결국 할부로 새로운 기기를 구매하고 만다. 그러나 앞에서 설명한 5단계 습관을 매주 혹은 매달 지키며 필요 없는 파일을 삭제하면 이 문제를 해결할 수 있을 것이다.

87 클라우드 기반의 노트에 할 일 목록을 적는다

유형	보조 습관	실행 시간	항상	실행 빈도	매일

유익한 점 ▶ 체계적이지 않은 사람은 대개 할 일을 아무 종이나 포

스트잇에 적기 때문에 정작 필요할 때에 한참 찾아 헤매게 된다. 이 문제를 고치고 싶다면 클라우드 기반의 노트를 사용하자. 항목을 쉽게 추가하고, 매일 해야 할 일을 검토할 수 있으며, 완료한 일도 표시할 수 있다. 따라서 개인의 생산성을 높여줄 뿐만 아니라 여러 기기(휴대폰, 태블릿, 컴퓨터 등)를 통해서 쉽게 목록에 접근할 수 있기 때문에 삶을 정리정돈할 수 있는 훌륭한 방법이다.

실행 방법 ▶ 아래 앱 중 하나를 골라, 매일 해야 할 일과 집안일을 기록하는 데 활용한다.

- 투두이스트(추천)
- 타임블록스 TimeBlocks
- 노즈비 Nozbe

이 중 하나를 설치해서 해야 할 일과 프로젝트를 모두 추가한다. (습관 쌓기 웹사이트에 투두이스트로 해야 할 일을 관리하는 방법을 알려주는 간단한 사용설명서가 나와 있다.)

88 좋은 아이디어를 저장한다

유형	핵심 습관	실행 시간	항상	실행 빈도	매일

유익한 점 ▶ 가끔 멋진 아이디어가 생각날 때가 있다. 문제는 안타깝게도 그러한 아이디어를 근처에 있는 아무 종잇조각에 적어둔다는 것

이다. 이는 두 가지 이유에서 위험하다.

1. 아이디어를 적어둔 종이를 잃어버리기 쉽다.
2. 이 아이디어를 주기적으로 살펴보지 않는다.

그래서 당신의 생각이나 사색의 결과, 아이디어 등을 모두 적어놓는 곳 하나를 정하는 것이 좋다. 그럼 좋은 생각이 떠오를 때마다 적어두고 나중에 다시 살펴볼 수 있다.

실행 방법 ▶ 이 습관은 몸에 배기까지 시간이 필요하다. 다시 말해서 조건반사 원리를 활용해 아이디어가 떠오를 때마다 한곳에 기록하는 연습을 해야 한다.

이 습관을 지키는 데에는 때 한 가지 어려움이 있다. 우리는 메모하거나 아이디어를 저장할 수 있는 선택지가 많은 세상에서 살고 있다. 오히려 선택지가 너무 많아서 문제다. 원하는 메모를 찾기 위해서 평소에 사용하던 프로그램을 모두 살펴봐야 하기 때문이다. 그래서 나는 에버노트처럼 간단하고, 모든 콘텐츠를 한 곳에 저장할 수 있으며, 세계 어디에서나 접속할 수 있는 도구를 추천한다.

- 몰스킨 저널Moleskine Journal
- 마이크로소프트 원 노트Microsoft One Note
- 구글 문서
- 노즈비

모두에게 가끔 '백만 달러짜리 아이디어'가 떠오른다. 안타깝게도 그 생각을 저장하고 정리하는 체계가 갖춰져 있지 않아서 실행에 옮기는 데 실패하는 경우가 많다. 모든 아이디어를 한곳에 모으는 습관을 만들어두면 떠올랐던 좋은 생각을 모두 계속해서 쌓아나가는 기록보관소가 만들어진다.

89 아침에 가지고 나갈 물건을 미리 한곳에 모아둔다

유형	보조 습관	실행 시간	저녁	실행 빈도	매일

유익한 점 ▶ 하루를 바쁘고 정신없이 시작하는 것만큼 (심리학 측면에서) 나쁜 일은 없다. 아침에 목이 잘려나간 닭처럼 뛰어다니고 나면 불필요한 스트레스가 생겨 온종일 업무에 부정적인 영향을 미친다. 다행히도 간단한 해결책이 있다. 저녁에 미리 다음날 필요한 물건을 잘 보이는 곳에 모아두는 것이다. 이렇게 하면 아침에 나갈 때 필요한 물건이 지정해둔 장소에서 당신을 기다리고 있을 것이다.

실행 방법 ▶ 잠들기 한 시간 전에 다음 날 필요할 물건을 떠올리고 5분 정도 시간을 들여 한곳에 모아둔다.

- 서류
- 서류가방이나 배낭
- 교과서
- 노트북이나 태블릿

- 지갑이나 열쇠, 핸드백, 휴대폰 등 개인 소지품
- 점심 도시락, 간식, 물병, 텀블러
- 운동복
- 아이들 물건 (장난감, 옷, 분유나 착유해둔 모유)

먼저 다음 날 일정을 살펴본 후, 필요한 것들을 떠올린다. 그리고 이때 필요한 물건을 지갑이나 핸드백, 차 열쇠 등과 함께 둔다. 이 습관을 저녁에 실행하면 출근 전에 받는 스트레스를 해소할 수 있다.

90 "아니요"라고 거절한다

유형 보조 습관	실행 시간 저녁	실행 빈도 매일

유익한 점 ▶ '아니요'라고 말하는 것은 나를 포함해서 많은 사람에게 어려운 일이다. 사람들은 보통 친절하고, 도움을 주는 사람이 되고 싶어 하므로 거절하는 일이 어렵게 느껴진다. 그러나 이루고 싶은 중요한 목표가 있는 사람은 자신이 바라는 결과와 방향이 맞지 않는 제안을 거절해야 할 때가 온다. 이때가 바로 '아니요'라고 말해야 하는 시점이다. 데릭 시버스Derek Sivers는 이러한 시점을 판단하는 법을 완벽하게 알려주었다.

> "생각할 필요도 없이 '예'라고 답할 것이 아니라면
> '아니요'라고 말해라."

실행 방법 ▶ 이 습관은 '필요할 때'만, 즉 당신이 인생에서 목표로 하는 것과 상충하는 제안이나 권유를 받았을 때만 실행한다. 요령껏 제안을 거절하는 4단계 과정을 소개한다.

먼저 사람들에게 '아니요'라고 말해도 괜찮다는 사실을 받아들이자. 나는 사람들은 대개 다른 사람이 거절당할 때 동정심을 느낀다는 사실을 깨달았다. 자신의 제안에 관심을 두지 않는다는 이유로 화를 내는 사람이라면 함께할 필요가 없다.

두 번째로 모든 제안의 기회비용을 따져봐야 한다. 나는 한 가지 일에 '예'라고 말하면, 다른 일에 '아니요'라고 말해야 한다는 사실을 힘들게 깨달았다. 어떤 일이나 프로젝트를 하기로 결정했다면 가족이나 목표, 건강, 다른 업무 프로젝트에 들이는 시간이 줄어드는 것을 의미한다. 그리고 또 스트레스와 걱정을 불러일으키게 된다.

세 번째, 어떤 종류의 기회를 받아들일지 (혹은 받아들이지 않을지) 판단할 수 있는 척도를 만들자. 예를 들어, 몇 개월 전에 나는 책을 쓰고 홍보하는 데 도움이 되는 프로젝트에만 관심을 두자는 원칙을 만들었다. 이 요건에 부합하지 않으면 바로 '아니요'라고 답하는 것이다.

마지막으로 거절하면서 무례한 태도를 보이지 않는다. 사람들에게 답을 줄 때 다음의 몇 가지 간단한 규칙을 따르자.

- **완충 장치를 마련한다**
  권유나 제안을 아주 많이 받는 사람이라면 '연락하기' 페이지를 만들고 관심이 있는 것과 관심이 없는 것을 분류한다.

- **이유를 들어 설명한다**

  변명한다는 의미는 아니다. 어떤 제안을 수락할 수 없는 정당한 이유를 설명하는 것이다. 보통 다음 문장과 같이 설명하면 충분하다. "현재 저는 _____ 프로젝트를 진행하고 있어서 당신과 함께 _____ 프로젝트를 할 시간이 없는 상황입니다."

- **결정을 빨리 내린다**

  기회를 분석하는 데 시간을 허비하지 마라. 앞에서 언급했던 것처럼 바로 생각할 필요도 없이 '예'라는 말이 나오지 않으면 기본 대답은 '아니요'이다.

- **다음을 기약한다**

  (필요한 경우) 지금 당장 제안 받은 프로젝트를 맡을 수는 없지만, 나중에라도 하고 싶은 생각이 든다면 다음에 다시 제안해달라고 답한다. 보통은 자신이 참여할 수 있는 기간의 범위를 알려주고 그 사람에게 다시 연락을 취할 수 있는 결정권을 준다.

거절은 길러야 할 필수 습관이다. 여러 번 거절하고 나면 인생에 진정한 가치를 깨닫고 중요한 사람들을 만날 수 있는 다양한 프로젝트와 기회의 문이 더욱 크게 열릴 것이다.

10장

인간관계를 위한
습관 근육

#91~108

인간관계는 우리 삶에서 큰 의미를 지닌다. 가장 이상적인 모습은 소중한 사람이나 친구들과 가능한 한 오랜 시간을 함께 보내는 것이다. 그러나 안타깝게도 '삶이 분주해지면' 많은 이들이 인간관계를 뒷전으로 제쳐놓고 소홀히 한다.

사실 인간관계는 길러지는 것이다. 매일 인간관계에 힘쓰면 가족과 친구 등 소중한 사람들과 지속적인 유대관계를 형성할 수 있다. 그러니 이 장에서 소개하는 작은 습관 몇 개만이라도 (가능하면 전부 다) 시도해 보기를 바란다.

91 자신을 행복하게 만드는 행동을 한다

유형	핵심 습관	실행 시간	항상	실행 빈도	하루에 여러 번

유익한 점 ▶ 자신이 행복하지 않으면 인간관계에서도 행복을 느끼기 어렵다. 어떻게 하면 주변 사람들에게 사랑받는, 즉 유쾌하고 호감 가며 재미있는 사람이 될 수 있을지 고민하기에 앞서 자신의 마음가짐을 다지는 시간부터 확보하자.

'자신만의' 시간은 늘 중요하지만, 부정적인 생각에 휩싸여 있을 때는 특히 더욱 중요하다. 짧게 휴식을 취하고 나면, 세상을 바라보는 시각이 넓어지고 주변 사람들에게 한결 가벼운 기분으로 대할 수 있다.

실행 방법 ▶ 이 습관을 여러 종류의 습관 목록에 각각 넣어두자. 아침에 업무를 시작하기 전이라면 마음을 깨끗하게 비울 수 있고 점심시간 동안에는 오후에 대비해 소모된 에너지를 재충전해주는 역할을 한다. 저녁에는 '근무 모드'에서 벗어나 휴식을 취할 수 있도록 기운을 북돋우는 습관이다. 이를 위한 여러 가지 5분 습관 중 참고할 수 있는 아이디어를 몇 가지 공유한다.

- 일기를 쓴다.
- 차나 커피를 한 잔 마시며 아무 생각도 하지 않는다.
- 야외에 앉아 얼굴에 떨어지는 햇볕을 즐긴다.
- 애완동물을 안아주며 논다.
- 웃긴 이야기를 읽고 웃는다.

- 좋아하는 노래를 듣는다.
- 5분 동안 명상한다.
- 길에 멈춰 서서 꽃향기를 맡는다.
- 초콜릿을 한 입 먹는다.
- 잠깐 복도 주변이라도 산책한다.
- 짧게 마사지를 받는다.
- 아무도 보지 않을 때 방 안에서 마음껏 춤춘다.
- 신선한 과일을 먹는다.
- 소설 몇 페이지를 읽는다.

소개한 습관 중 우스워 보이는 것도 있는데, 그게 바로 핵심이다. 해야 할 일에서 잠시 벗어나 긴장을 풀고 나면, 삶에 행복을 더하고 스트레스를 줄일 수 있다.

92 새로운 사람에게 말을 건넨다

유형 보조 습관	실행 시간 항상	실행 빈도 매일

유익한 점 ▶ 산책이나 외출을 할 때, 또는 장 보러 나가는 길에 누군가를 만나면 대화가 길어질까 봐 "아는 사람을 만나지 않았으면 좋겠다."라고 혼잣말한 적이 있는가?

누구나 그런 생각을 한다. 쉴 틈 없이 계속 대화를 나누기는 어렵기 때문이다. 어색한 침묵이 찾아들지 않게 계속 말할 거리를 탐색해야 하고, 서로 관심이 있는 주제를 찾아야 하며, 상대방에게 질문했을 때 돌아오는 대답이 '예'나 '아니오'처럼 단답형일 경우에 이어서 할 말을 생각해내야 하기 때문이다. 그래서 때로는 그리 친하지 않은 사람과 대화를 나누고 나면 몸과 마음이 지치기도 한다.

그런데 왜 나는 여기서 당신에게 완전히 낯선 사람에게 말을 건네라고 하는 것일까? 몇 가지 이유가 있다.

- 가벼운 대화의 기술을 익히면 대화 능력이 향상된다.
- 말을 먼저 건네는 일이 어렵지 않다는 사실을 알게 되면 자신감이 생긴다.
- 세상을 다른 관점에서 바라보는 사람에게 색다른 경험에 관한 이야기를 들을 수 있다.
- 인맥을 만들어나갈 수 있다.
- 미래의 연인을 만날 수도 있다.

대화가 늘 즐겁지만은 않을 것이다. 때로는 어색한 분위기가 감돌기도 하고, 말을 섞고 싶지 않다는 의미로 휴대폰만 바라보는 사람을 만나기도 할 것이다. 그러나 모르는 사람에게 말을 건네려는 시도 중 99%는 실패하더라도 1%만 성공하면, 1년 동안 인생에 거대한 영향을 줄 멋진 사람을 적어도 세 명은 만나는 셈이다. 아주 의미 있는 일이다.

실행 방법 ▶ 새로운 사람을 찾는 것은 어렵지 않다. 먼저 하루를 돌이켜보며 언제 새로운 얼굴을 마주치는지 생각해보자. 커피숍이나 서점, 동네 공원, 체육관, 또는 어딘가 줄을 서서 기다릴 때 등 여러 상황이 떠오를 것이다. 이때 자신을 소개하며 말을 건네면 가장 좋다.

말을 건넬 때 염두에 두어야 할 '기본 규칙'이 몇 가지 있다. 먼저 대화가 5분을 넘겨서는 안 된다. 그보다 대화가 길어지면 상대방은 반가운 마음이 사라질 것이다. 대화는 잠시만 나누도록 하자. 상대방이 이 대화에서 빠져나가려는 기미를 보일 때까지 끊임없이 말하지 않도록 주의한다.

대화는 자연스럽게 시작하는 것이 가장 좋다. 지금 주변에서 일어나고 있는 일이나 상대방에게서 발견한 재미있는 요소 등을 소재로 삼는다. '무슨 이야기를 해야 할지' 스트레스 받을 필요가 없다. 주변 요소를 활용해 말을 건네면 된다. 대화가 시작된 후에는 상대방의 몸짓 언어를 살피며 대화를 계속 이어갈지 결정한다. 상대방이 단답형으로 대답하거나 휴대폰만 빤히 바라보고 있다면, 대화에 관심이 없다는 뜻이다. 그 사람이 대화에 관심을 보이지 않으면 거기서 그만두면 된다. 누구나 대화를 나누고 싶지 않은 때가 있다는 점도 잊지 말자.

만약 상대방이 긍정적으로 대답을 하면, '무슨 일을 하시나요?', '무슨 일로 여기에 오셨나요?', '취미가 무엇인가요?' 같은 질문을 더하며 대화를 이어갈 수 있다. 단, 꼬치꼬치 캐물어서는 안 된다. 그보다는 상대방에 대해 조금씩 알아가는 과정으로 여긴다. 호감 가는 사람이 되기 위해서는 몸짓 언어의 중요성을 잊지 말자.

- 미소를 짓는다.
- 눈을 바라본다.
- 편안한 자세를 유지한다.

- 팔은 옆구리에 자연스럽게 둔다. (팔짱은 끼지 않는다.)
- (대화가 끝난 뒤) 악수한다.
- 느긋하고 신중하게 대답한다.

새로운 사람과 대화를 나누는 일은 어렵지 않다. 일반적인 기술처럼 매일 반복할수록 점점 더 익숙해질 것이다. 이 사실만 기억하자. 새로운 친구나 특별한 사람을 만나고 싶다면, 자신만의 안전지대에서 벗어나 새로운 관계에 가능성을 열어두는 것이 가장 좋은 방법이다. 대화의 기술에 관해 좀 더 알아보고 싶다면, 사람들과 대화를 나눌 때 닥치는 여러 상황별 시나리오를 다루는 패트릭 킹Patrick King 의 『결정적 순간 적을 내 편으로 만드는 대화법Conversation Tactics 』(밀라그로, 2017)을 읽어봐도 좋다.

93 데이팅 앱에서 하루에 한 명에게만 연락한다

유형	보조 습관	실행 시간	항상	실행 빈도	매일

유익한 점 ▶ 데이팅 앱에 있는 수많은 선택지가 우리를 혼란에 빠트리기도 한다. 눈앞에 데이트하고 싶은 후보가 너무 많으면 도리어 집중하기가 어려워진다. 절제력을 발휘해 하루에 한 사람에게만 연락하자. 이렇게 하면 한 번에 여러 사람에게 데이트 신청을 했을 때에 비해 좌절감이 줄어든다.

실행 방법 ▶ 내 설명이 시대에 뒤처지는 것처럼 들릴 수도 있다. 화면을 좌우로 넘기며 즉각적으로 원하는 상대를 찾을 수 있는 틴더^{Tinder} 같은 앱이 있는 시대이니 그럴 만도 하다. 그러나 다른 각도에서 생각해보자. 당신은 인근 지역의 수십 명 혹은 수백 명이 되는 사람들과 경쟁하고 있다. 그러니 한 단계 나아가 자신만의 특별한 비법을 활용하지 않으면, 수많은 경쟁자 사이에서 눈에 띄기 어려울 것이다. 원하는 결과를 얻기 위해 매일 데이트 상대 한 사람을 정하고 연락하는 5단계 전략을 소개한다.

1. **상대방의 특징 중 내가 기피하는 요소를 목록으로 정리한다**
   프로필을 살피다가 흡연이나 과음 등 기피 요소가 있으면 후보에서 제외한다. 당신과 '완벽하게' 잘 맞는 사람을 찾고 있다는 사실을 기억하고, 기준을 철저하게 지키자. 자신의 핵심 가치에 맞지 않는 사람과 데이트하는 것만큼 어리석은 일은 없다.

2. **상대방이 중요하게 생각하는 가치를 확인한다**
   상대방은 가톨릭 신앙을 중요하게 생각하는데 당신은 무신론자라면 이 사람에게는 메시지를 보내지 않는다. 이 전략은 앞의 전략을 상대방의 관점에서 적용한 것이다. 상대방이 당신과 데이트하기 위해 자신의 중요한 신념을 바꾸는 경우는 없다.

3. **외모만으로 판단하고 연락하는 일이 없도록 한다**
   연인 관계에서는 외적인 매력도 중요하지만, 서로 성향도 잘 맞아야 한다. 상대방이 프로필에 쓴 내용을 읽어보고 생활 패턴이나 추구하는 방향이 잘 맞는지 생각해본다.

4. **처음 보내는 메시지는 짧고, 재미있고, 흥미를 유발할 수 있게 쓴다**
   단순히 "안녕하세요?"라는 메시지를 보냈다가는 무시당하기 마련이다. 상대방의 프로필에서 눈에 띄는 내용을 찾아 그 부분에 관해 묻는다. 또는 짧지만 재치 있는 내용을 적어 보낸다. 첫 메시지가 두껍고 진지한 책처럼 읽혀서는 안 되며, 한두 문장 정도면 충분하다.

5. **나중에 연락할 사람들의 정보를 메모해둔다**
   메시지를 보내고 싶은 사람이 아주 많을 때 가장 편리한 방법이다. 하루에 한 사람이라는 규칙을 지키면서, 나머지 연락하고 싶은 사람들에 관한 정보를 메모해두었다가 나중에 다시 메모를 찾아보자.

이 습관을 매일 지키다 보면 그 효과에 깜짝 놀라게 될 것이다. 대부분이 같은 메시지를 여러 사람에게 동시다발적으로 연락하는 곳에서, 호감을 불러일으키는 자기소개와 함께 상대방을 향한 구체적인 관심을 보이면 단연 돋보일 것이다. 물론 이 방법이 늘 성공한다는 보장은 없지만 꾸준히 이 전략을 따르다 보면 데이팅 앱의 다른 흔한 메시지 속에서 당신의 메시지가 빛나는 날이 올 것이다.

94 작은 일이라도 진심으로 칭찬한다

유형 핵심 습관	실행 시간 항상	실행 빈도 매일

유익한 점 ▶ 진심 어린 칭찬은 상대방을 기분 좋게 만들어줄 뿐만 아니라 동시에 당신의 자존감까지 높여주는 훌륭한 수단이다. 칭찬의 장점을 살펴보자.

- 어려움을 겪고 있는 사람에게 용기를 북돋워준다.

- 인간관계를 탄탄하게 만든다.
- 새로운 사람을 만날 때 어색한 분위기를 깨는 역할을 한다.
- 다른 사람의 장점을 알아볼 수 있다.

매일 사람들을 칭찬하는 일은 핵심 습관으로, 마주치는 사람에게서 긍정적인 측면을 찾아볼 기회를 만들어준다. 천성적으로 낯을 가리거나 내향적인 사람은 다른 사람을 칭찬하면서 소통할 기회가 생기고 이로 인해 자신감이 향상된다.

실행 방법 ▶ 상대방의 옷차림이나 말, 최근에 이룬 성과 등 어느 것이든 당신 마음에 들거나 훌륭하다고 생각되는 것이 있는지 생각한다. 칭찬할만한 요소를 발견하면 (될 수 있는 대로) 다른 사람들 앞에서 칭찬한다. '어떻게' 하면 칭찬을 받는 사람과 칭찬하는 사람 모두에게 도움이 될지 자세히 살펴보자.

1. 단순히 '칭찬해야 한다는 이유로' 칭찬하지 않는다. 진심이 없는 아부는 당신을 아첨꾼으로 만들 뿐이다. 친구를 얻기 위해 거짓으로 칭찬하는 사람은 눈에 띄기 마련이다.

2. 칭찬할 때는 진심으로 칭찬할만한 요소를 찾는다. 이때 휴대폰을 보거나 다른 일에 시선을 두지 않고, 오로지 상대방에게만 주의를 집중해서 칭찬하는 것이 중요하다.

3. 칭찬의 내용은 구체적이어야 한다. "오늘 얼굴이 좋아 보이네요."라고만 해도 기분 좋게 들리겠지만, 새로운 헤어스타일이나 옷 등 변화가 나타난 부분을 구체적으로 얘기하면 더욱 좋다.

4. 자칫 모욕적으로 들릴 수도 있는 칭찬은 절대 하지 않는다. 나는 "나이 든 사람치고는 잘 달리시네요."라는 이야기를 여러 번 들었다. 이는 용기를 북돋워주기보다 오히려 기분을 상하게 한다.

5. 칭찬은 칭찬받는 사람은 물론 주변 다른 사람에게도 전한다. "칭찬은 공개적으로 하고, 비판은 개인적으로 하라."는 오래된 격언을 떠올리자.

6. 생각하는 대로 말하고, 말하는 대로 행동하라. 외설적이거나 상처를 줄 만한 내용이 아니라면 상대방에게 꼭 칭찬을 전하자. 사람들은 상대방이 칭찬받을 일을 이미 알고 있거나, 여러 사람에게 칭찬을 받았으리라 생각해서 그냥 넘어가기도 한다. 칭찬받을 일을 이미 알고 있건 이전에 500번 칭찬을 받았건 상관없이, 501번째 칭찬도 역시 기분 좋은 일이다.

친구들이나 가족, 연인에게 칭찬하는 일은 나에게도 힘이 된다는 사실을 가볍게 여기지 말자. 책의 서두에서 언급했지만, 삶의 작은 요소가 인간관계를 단단하고 비옥하게 만든다. 매일 만나는 사람들을 꾸준히 칭찬하다 보면 다른 사람들에게 비치는 당신의 모습도 놀라우리만큼 달라질 것이다.

95 하루에 한 사람을 안아준다

유형 보조 습관	실행 시간 항상	실행 빈도 매일

유익한 점 ▶ 포옹에는 마법 같은 힘이 있다. 누군가를 안아주거나 혹은 물건을 감싸 안으면 기분이 좋아진다. 단순히 기분에서만 그치지 않고, 여러 연구에서 밝힌 것처럼 포옹은 스트레스를 줄이고, 혈압을 낮추며, 행복감을 느끼게 해준다.

실행 방법 ▶ 포옹을 하려면 두 사람 간에 합의가 필요하다. 전혀 생각지도 못했던 사람에게 갑자기 달려들어 놀라게 하지는 말자. 대신 하루에 한 사람을 안아주는 습관을 지키는 방법 몇 가지를 소개한다.

- **사랑하는 사람을 매일 안아준다**
  배우자나 소중한 사람과 함께 살고 있다면 자주 안아준다. 아침에도 좋고, 집에 돌아와서도 좋다. 상대방을 자주 포옹하며 그들이 당신에게 얼마나 소중한 존재인지 깨닫게 한다.

- **사람들을 많이 만난다**
  모임에 자주 나가면 아는 사람을 만날 기회가 많아져 포옹할 일도 많이 늘어난다. 그들 역시 따뜻하게 맞아준 당신을 고맙게 여길 것이다. 새로운 사람을 소개받으면 두려워하지 말고 가볍게 안아주자.

- **깜짝 방문한다**
  나이가 많은 친척이 요양원에서 지낸다면 갑자기 찾아가 기쁨을 줄 수 있다. 이때 따뜻하게 안아드리면 그들은 고마운 마음을 깊이 간직할 것이다.

- **포옹하기를 연습한다**

  주위에 안아줄 사람이 아무도 없을 수도 있다. 이럴 때는 베개나 푹신한 인형을 찾아서 온 힘을 다해 안아본다. 사물을 껴안으면 가장 좋은 점은 아무리 세게 안아도 걱정할 필요가 없다는 것이다.

  포옹은 다른 사람에게 느끼는 좋은 감정을 표현하는 간단한 방법이다. 인생에서 소중한 사람들 안아주기를 습관으로 만들면 긍정적인 기분으로 하루를 더욱 힘차게 살아갈 수 있을 것이다.

96 힘을 북돋워주는 메시지를 보낸다

유형	코끼리 습관	실행 시간	항상	실행 빈도	매일

유익한 점 ▶ 사람들에게 용기를 주는 메시지는 보내는 사람의 기분도 좋아지기 때문에 격려 이상의 효과가 나타난다. 세상을 놀라게 할 내용이나 중요한 내용을 담을 필요는 없다. 문자 메시지는 그처럼 중요한 내용을 담기에 적절한 수단은 아니다. 그보다는 상대방의 기분을 좋아지게 할 따뜻한 메시지면 충분하다.

실행 방법 ▶ 진심 어린 문자 메시지를 보내기 위해 매일 2분 정도 시간을 낸다. 배우자나 자녀, 형제자매, 부모님, 친구, 직장동료 중에서 용기를 북돋워줘야 할 사람을 찾아본다. 중요한 프로젝트나, 스포츠 경기, 시험, 개인적인 목표 등 도전을 앞둔 사람에게 메시지를 보내면 된다. 행운을 빈다는 내용을 담아 짧은 메시지를 쓰고, 당신이 그들을 늘 생각하고 있다는 사실을 알리자. 한참 동안 연락하지 못했던 사람에게 메시지를 보내는 것도 좋다. 이들에게는 요즘 생각이 나서 연락한다고 전하면서 잘 지내기를 바란다는 메시지를 보낸다.

이 습관은 관계의 범위 안에 있는 사람들에게 긍정적인 에너지를 담은 메시지를 빠르면서도 쉽고 편리하게 보내는 방법이다. 이를 통해 상대방의 기분이 한결 좋아지는 것은 물론 당신에게도 긍정적인 기운이 샘솟을 것이다.

97 애정이 담긴 메모를 남긴다

유형 보조 습관	실행 시간 오전	실행 빈도 매일

유익한 점 ▶ 1부에서 설명했듯이, 친구나 가족, 사랑하는 사람에게 메모를 남기는 일은 사소한 일이지만 그 효과가 오래 지속된다. 이는 상대방의 하루를 밝게 비추며, 당신이 미소를 전하기 위해 애쓰고 있다는 사실을 보여준다. 짧은 메모 하나가 인간관계를 탄탄하게 다지는 데 큰 힘이 된다.

실행 방법 ▶ 이 습관을 지키는 방법은 간단하다. 포스트잇이나 종이에 기분 좋은 메시지를 짧게 쓴다. 누군가에게 희망의 메시지를 보내는 것과 비슷하다. '좋은 하루 보내', '사랑해', '프로젝트 잘되길/시험 잘 봐/발표 잘해' 등의 짧은 메시지로도 충분하다. 핵심은 당신이 늘 상대방을 생각한다는 사실을 알리는 것이다. 이 메시지를 어디에 두느냐는 상대방과의 관계에 따라 달라진다. 베개나 책상 위에 메모를 남길 수도 있고, 아이의 점심 도시락, 배낭이나 서류 가방 안에 넣어둘 수도 있다. 메모의 내용을 너무 심각하게 생각할 필요는 없다. 간단하게 당신이 그들을 늘 아끼고 사랑한다는, 진심 어린 메시지를 전하면 된다.

98 부재중 전화나 메시지는 24시간 안에 답한다

유형	보조 습관	실행 시간	항상	실행 빈도	매일

유익한 점 ▶ 소통은 건강한 인간관계를 만드는 양방향 도로와 같다. 누군가가 당신에게 연락을 했다면, 당신도 가능한 한 빨리 답하여 대화를 이어나가야 한다. 부재중 전화나 문자 메시지를 받았을 때 신속하게 답을 줘야 인간관계에 신뢰가 쌓인다.

이 습관이 간단해 보일 수도 있다. '부재중 전화나 문자 메시지에 답하는 건 너무 당연하고 쉬운 일 아니야?'라고 말할지도 모르겠다. 그러나 사실 시간에 쫓기며 바쁘게 사는 사람에게는 쉬운 일이 아니며 내향적인 성향인 나는 잘 모르는 사람에게 전화하기가 두렵다. 그래서 이 일을 '나중에' 하자며 계속 미루다가 결국 메시지를 받은 지 일주일이 지나도록 연락을 못 하는 것이다. 부재중 전화나 메시지에 답하는 일을 자주 잊어버리는 사람이라면 24시간 이내에 답하는 습관을 들일 필요가 있다.

실행 방법 ▶ 먼저 부재중 전화를 확인한다. 전화가 왔던 순서대로 다시 전화한다. 전화를 받지 못해서 죄송하다고 사과하며 상대방에게 용건을 묻는다. 그다음에는 답하지 못한 문자 메시지에 차례대로 답한다. 마지막으로 아직 열지 않은 이메일을 확인하고 답한다.

내가 주로 활용하는 방법은 일정 중간에 30~60분 정도의 '유연 근무 시간'을 두는 것이다. 이 시간 동안 긴 전화 통화가 필요하거나 바로 답을 줘야 하는 문자 메시지를 처리한다. 부재중 연락이 없는 날에는 자신에게 보상하는 시간으로 활용한다. (습관 11 참조)

99 친목 모임 일정을 확인한다

유형 보조 습관	실행 시간 항상	실행 빈도 매주

유익한 점 ▶ 다른 사람과의 약속을 막판에 취소하는 일은 예의가 없는 행동이다. 더 최악의 경우는 아예 약속 장소에 나타나지 않는 것이다. 물론 때로는 스스로 통제할 수 없는 긴박한 상황이 생기기도 한다. 그러나 늘 급하게 약속을 취소한다면, 가족이나 친구들은 그를 배려심이 없는 사람으로 여길 것이다.

이 문제를 고치려면 일정이 겹치지 않도록 매주 일정표를 점검하자. 혹시 중복으로 잡힌 약속이 있는지, 어떤 일정에 시간을 너무 많이 배정해둔 것은 아닌지, 반대로 특정 일정에 시간을 '너무 조금' 배분하지 않았는지, 계획보다 더 늦게 끝날 가능성은 없는지 등을 확인하자. 친목 모임 일정을 계획할 때는 건마다 적절한 시간을 배분하는 것이 중요하다. 이렇게 하면 꼭 해야 할 일과 사람을 만나는 일 사이에서 적절한 균형점을 찾을 수 있다.

실행 방법 ▶ 첫째, 모든 계획은 하나의 일정표에 기록해야 한다. 자리에 앉아 모임 일정을 적어놓은 기록을 전부 살펴보자. 수첩, 이메일, 포스트잇, 책상 위 달력, 휴대폰에 있는 일정표 등 모든 자료를 살핀다. 일정표를 여러 곳에 분산해놓으면 정리하기가 쉽지 않다. 늘 어디서든 확인할 수 있는 하나의 장소에 모든 일정을 적어두는 것이 좋다. 구글 캘린더나 이와 비슷한 앱을 추천한다.

둘째, 주기적인 모임을 일정표에 기록한다. 저녁 식사나, 점심 약속, 친구들과의 야구 시합이나 티타임, 배우자나 연인과의 데이트를 예로 들 수 있다. 이는 인간관계를 유지하는 데 도움을 줄 뿐만 아니라 바쁜 일상에 균형감을 주는 역할을 한다.

셋째, 병원 진료나 운동, 장보기, 머리 자르기, 아이와 함께할 활동 등을 위한 시간도 확보해두어야 한다. 이러한 활동을 일정표에 기록해서 다른 일정과 겹치지 않도록 한다.

마지막으로 중복으로 계획된 약속이나 모임이 있다면 일정을 조정할 수 있는지 연락한다. 실수로 일정에 차질이 생긴 것에 대해 사과하는 일도 잊지 말자.

직장에서 상사가 갑자기 4시간 더 일하라고 하는 경우에는 별다른 도리가 없는 것이 사실이다. 그러나 일정을 잘 정리하고 관리하면 약속을 지키지 못하는 경우를 예방하고, 바쁜 일정 속에서도 인간관계를 쌓을 기회를 찾을 수 있다.

100 마음을 움직이는 콘텐츠를 공유한다

유형 보조 습관	실행 시간 항상	실행 빈도 매일

유익한 점 ▶ 소셜 미디어에서 좋은 문장이나 흥미로운 이야기, 기사 등을 공유하면 가족과 친구들에게 소소한 즐거움을 줄 수 있다. 나를 포함해 많은 이들이 소셜 미디어에 온갖 부정적인 내용을 올리지만, 세상의 어두운 면을 널리 알리는 사람보다는 흥미로운 콘텐츠를 공유해 세상에 긍정적인 기운을 더하는 사람이 되자.

실행 방법 ▶ 나는 이제 하루에 여러 번 페이스북이나 인스타그램, 트위터 등에 콘텐츠를 올리는 일이 '필수'라고 생각하지는 않는다. 하지만 소셜 미디어에 긍정적인 콘텐츠를 공유하는 것은 주변 사람들에게 웃음과 미소를 전하고 그들의 삶에 영향력을 주는 습관이다.

이 습관은 간단하다. 매일 5분 동안 소셜 미디어에 올릴 좋은 문장이나 기사, 블로그 글 등을 찾는다. 나를 미소 짓게 하는 콘텐츠가 있으면 다른 사람들에게 공유한다. 정해진 시간 동안 좋은 콘텐츠를 발견하지 못한 날은 그냥 넘어가도 상관없다.

101 새로운 유머를 배운다

유형 보조 습관	실행 시간 항상	실행 빈도 매일

유익한 점 ▶ 유머는 어색함을 깨는 최고의 도구다. 사람을 처음 만날 때나 대화 중에 긴장을 풀고 싶을 때, 썩 괜찮은 농담이 필요하다. 새로운 유머를 배우면 다음과 같은 이유로 유용하다.

- 사람을 처음 만났을 때 상대방을 웃게 하고 긴장을 완화시킨다.
- 대화를 시작할 때 유용하다.
- 신뢰를 쌓고 호감을 높인다.
- 모임에서 긴장을 없애고 걱정을 줄여준다.
- 창의적으로 생각하도록 돕는다.
- 더욱 건강한 삶을 살게 해준다.

일상에 유머러스한 요소를 조금만 더하면 삶의 질이 크게 향상된다. 새로운 농담을 배우는 습관은 어떻게 형성하는지 살펴보자.

실행 방법 ▶ 먼저 주의사항부터 전하자면, 유머는 대화 방법으로 유용하지만 '대상을 잘 파악해야 한다.' 다시 말하면 특정 유형의 유머는 특정 상황에만 적절하다. 가까운 친구들과 미식축구 경기를 보면서 던졌던 유머가 기업 행사나 공식 친목 모임 장소에서는 통하지 않는다. 그래서 여기서는 주로 일상 유머를 배우는 방법을 살펴보려고 한다.

유머를 배우는 과정은 간단하다. 인터넷에서 당신을 웃게 만드는 농담을 찾는다. 당신을 웃게 한 농담이라면 다른 사람들에게도 유효할 가능성이 높다. 농담을 여러 번 읽어서 외우거나, 나중에 다시 살펴볼 수 있도록 따로 적어둔다. 주의할 것은 대화 중에 억지로 농담을 끼워 맞추지 않는다. 침묵이 도는 순간이나 농담을 던질 만한 적절한 때를 기다린다. 매일 농담을 할 필요는 없지만, 매일 유머를 하나씩 외우는 습관을 들이면 레퍼토리가 쌓여 적절한 때에 활용할 수 있다.

다른 사람들을 웃게 하면 대화를 시작하는 데 큰 도움이 된다. 다른 사람에게 웃음을 주는 일은 인간관계를 발전시키는 첫 단계이므로, 함께 나눌 유머를 여러 가지 알고 있다는 건 훌륭한 일이다.

102 즐길만한 문화 활동을 조사한다

유형 보조 습관	실행 시간 항상	실행 빈도 매주

유익한 점 ▶ 앞에서 살펴본 것처럼 외부 활동을 미리 계획하면 비용을 줄일 수 있을 뿐만 아니라 인간관계를 풍요롭게 할 수 있다. 틀에 박힌 일을 반복하면 인간관계가 지루해지고, 예측이 가능해지면서 침체된다. 이를 대비해 다른 사람들과 함께할 만한 활동을 미리 계획하자.

실행 방법 ▶ 인근 지역에서 열리는 문화 활동을 찾는 데 도움이 되는 9가지 참고 자료를 소개한다.

1. 지역 신문, 잡지, 웹사이트

인근 지역 중심으로 조사 범위를 좁힌다. 지역 신문이나 잡지, 웹사이트를 찾아본다. 중대형 규모의 지역이라면 행사를 소개하는 지면을 담은 지역 신문이 있을 것이다. 여기서 콘서트나 바에서 하는 밴드 공연이나 바자회, 댄스 강의 등 다양한 행사 정보를 찾을 수 있다.

2. 구글

새로운 것을 시도해보려는 생각은 있으나 어디서부터 시작해야 할지 난감할 때는 구글 검색이 큰 도움이 된다. Google.com에 들어가서 도시나 지역 이름에 다음 용어를 붙여 검색한다.

- 행사 목록
- 축제
- 요리 강습
- 소프트볼 협회
- 달리기 동호회
- 자원봉사 활동
- 콘서트
- 미니 골프

검색어는 어느 것이든 활용할 수 있다. 도시가 클수록 독특하고 즐거운 행사가 많겠지만 작은 도시에도 아는 사람들만 아는 다채롭고 즐거운 활동이 열리고 있다.

3. 걷기 여행 계획

의외로 거주 지역 150km 반경 안에 있는 관광지 정보를 찾아본 적이 없는 사람들이 매우 많다. 문화 활동을 조사하는 이 시간을 활용해 주민이 아닌 여행자의 시선으로 주변 지역 걷기 여행을 계획해보자.

4. 온리 인 유어 스테이트 Only In Your State [42]

이 웹사이트에는 미국 특정 주에만 있는 흥미로운 명소를 소개하는 기사가 풍부하다. 시선을 끄는 제목으로 명소를 소개하는 버즈피드 BuzzFeed[43] 와 비슷하다. 내가 '온리 인 유어 스테이트'를 즐겨 찾는 이유는 지역별로 여러 가지 문화 행사나 활동 정보를 제공하기 때문이다. 예를 들어 뉴저지 New Jersey 주州로 찾아보자. 흥미로워 보이는 행사나 명소, 지역 등의 정보가 다양하게 나와 있다.

- 뉴저지 해변이 단순히 여름에만 찾는 여행지가 아닌 12가지 이유
- 보물찾기 하듯 발견하는 뉴저지의 숨겨진 공원
- 2017년 뉴저지에서 꼭 방문해야 할 명소 14곳
- 죽기 전에 꼭 가봐야 할 뉴저지 자동차 여행길 8가지
- 뉴저지 겨울의 매력을 느낄 수 있는 1km 간단 도보 여행

뻔한 제목처럼 보이기는 하지만 이곳을 확인하면 사람들과 함께 즐

---

42 www.onlyinyourstate.com
43 www.buzzfeed.com

길 수 있는 여러 가지 활동과 행사 정보를 찾을 수 있다.

5. GPS 보물찾기 Geocaching

내가 좋아하는 영화 〈쇼생크 탈출〉에서 주인공 앤디 듀프레인 Andy Dufresne 은 친구 레드 Red 에게 교도소에서 나가면 보물찾기를 하러 가라고 말한다. 앤디는 레드에게 좌표 정보를 알려주고 다음과 같이 말한다. "그곳에 있는 벽 아래쪽에 메인 Maine 주 목초지에서는 찾아보기 힘든 돌 하나가 보일 거야." 이 말 한마디가 GPS 보물찾기의 핵심을 잘 요약하고 있다. GPS 좌표를 받은 후, 숨겨진 보물을 찾기 위한 실마리를 발견한다. 이 방법을 활용하면 단순히 걷는 일도 친구나 가족과 함께 즐기는 재미있는 경험으로 바뀐다.

6. 게시판 광고물

어떤 행사는 매우 작은 규모라서 지역 신문에도 나오지 않을 수가 있다. 대신 게시판 광고물을 주의 깊게 살펴보면 규모는 작지만 참여해 볼 만한 지역 행사를 다양하게 찾을 수 있다.

7. 크레이그스리스트 craigslist [44]

크레이그스리스트는 문화 활동이나 취미 모임, 자원봉사 활동, 지역

---

44 seoul.craigslist.co.kr

행사, 강습 등의 정보를 찾아보기에 유용한 곳이다. 유용한 정보의 질과 양은 지역에 따라 다르긴 하지만 한 달에 한두 번은 주기적으로 확인해보자.

8. 미트업[45]

미트업은 관심사를 기반으로 적절한 모임이나 취미 활동을 함께할 새로운 친구들을 사귀기에 적합하다. 집을 중심으로 3~80km 반경 안에서 검색하면 다양한 모임을 찾을 수 있다. 그러나 크레이그스리스트와 마찬가지로 모임의 질과 규모는 지역 주민들이 이곳을 얼마나 많이 활용하는가에 달려 있다. 소규모의 동떨어진 지역에 살고 있다면 개인 관심사와 맞는 모임에 참석하기 위해 멀리까지 운전해 나가야 할 수도 있다. (습관 19 참조)

지금까지 소개한 8가지 방법은 지역의 행사 정보를 찾고 새로운 사람을 만날 수 있는 수많은 방법 중 일부일 뿐이다. 이러한 행사를 찾아볼 수 있는 곳은 각종 앱과 웹사이트, 신문 등 수천 종류나 된다. 오히려 선택지가 너무 많아서 부담된다면, 이 목록 중에서 몇 가지만 골라 5~10분 정도를 들여 흥미로운 활동을 찾아보자.

---

45 www.meetup.com/ko-KR

유형	보조 습관	실행 시간	항상	실행 빈도	매일 혹은 매주

유익한 점 ▶ 배우자나 연인이 원하는 것, 그들의 목표를 이해하는 일은 건강한 인간관계를 유지하는 토대가 된다. 앞에서 여러 번 얘기한 것처럼 인간관계는 종종 작은 일로 탄탄해지기 때문에 늘 배우자나 연인을 먼저 생각하려고 애쓰면, 시간이 주는 시련을 견뎌내는 관계를 형성할 수 있다.

실행 방법 ▶ 소중한 사람이 좋아하는 것을 메모해두는 습관을 들인다. 예를 들어, 쇼핑하러 나가서 남편이 드왈트Dewalt 연귀톱에 관심이 있다는 사실을 알게 되거나, 아내가 어떤 브랜드의 스카프를 좋아하는 모습을 발견하면, 이러한 것들을 메모해두었다가 기념일이나 생일 선물로 혹은 별다른 이유 없이 깜짝 선물로 구매한다. 물론 '비싼 선물'에만 국한되는 것은 아니며, 소소한 물건으로도 충분히 활용할 수 있다. 예를 들어 아내가 개봉을 기다리는 영화를 기억해두었다가 깜짝 데이트를 계획하는 것이다.

소중한 사람에 관한 메모는 어디에 하든 상관없지만, 나는 에버노트만한 게 없다고 생각한다. 소중한 사람을 위한 '노트북[46]'을 만든다. (부모님이나 자녀, 형제자매, 친한 친구 등 소중한 사람을 위해 노트북을 각각 만

---

46 에버노트 앱에서 폴더 역할을 하는 분류 단위.

들 수 있다.) 그리고 아래 예시를 참고해 노트북에 재미있는 아이디어나 행사를 주기적으로 추가하는 습관을 들인다.

- 보고 싶다던 영화
- 좋아하는 TV 프로그램
- 가보고 싶다고 지나가며 얘기한 적 있는 식당
- 좋아할 만한 행사나 활동
- 사고 싶다고 했던 물건
- 생일, 기념일 등 중요한 날

이 습관의 핵심은 정보가 생길 때마다 잊어버리지 않도록 바로 기록하는 것이다. 생각이 날 때마다 에버노트를 열어 적어두자. 특별한 사람에게 기대하지 않았던 깜짝 선물을 전하면 관계를 단단하게 다질 수 있을 뿐만 아니라 당신이 그들의 말에 귀 기울여 작은 것도 놓치지 않고 기억한다는 사실까지 알려줄 수 있다.

104 민감한 주제에 관한 토론을 하기 전에 생각을 가다듬는다

유형 보조 습관	실행 시간 항상	실행 빈도 매일

유익한 점 ▶ 말다툼이나 논쟁을 아주 적절하게 기술한 문장이 있다.

"논쟁의 10%는 의견 차이에서 비롯되며
90%는 잘못된 목소리 톤 때문에 발생한다."

물론 이 숫자가 과학적으로 정확한 것은 아니지만, 이 메시지에는
많은 진실이 담겨 있다. 논쟁은 대부분 말하는 '내용'보다 말하는 '방
식' 때문에 일어난다는 것이다.

민감한 대화를 시작하기 전에 (적어도 몇 초 만이라도) 잠시 생각을 가
다듬는 습관을 들이자. 이런 습관으로 자신이 하고 싶은 말을 어떻게
전하는 게 좋을지 생각해볼 여유가 생기는 동시에 제대로만 지킨다면
의견 차이가 있을 때 논쟁이 일어날 가능성이 줄어들 것이다.

실행 방법 ▶ 생각을 어떻게 전하느냐에 따라 상대방의 반응은 달라
진다. 생각을 가다듬으며 원래 의도한 내용을 어떻게 재치 있게 표현할
지 고민하는 시간을 가지면, 갈등을 평화롭게 해결할 수 있다. 구체적
인 방법은 아래를 참고하자.

1. 신중하게 답변을 골라야 하는 '중요한 대화'를 정한다.
2. 대화가 시작되면 상대방의 말에 귀를 기울인다.
3. 당신이 답할 차례에 어떤 대답을 할지 잠시 생각을 가다듬을 시간을
   가진다.
4. 심호흡을 한다.
5. 상대방의 말에 타당한 부분이 있으면 그 내용을 당신의 답변에 반영
   한다.

6. 성급하게 대답하기보다는 목소리를 신중하게 가다듬은 후 답한다.
7. 대화를 진행하는 동안, 감정이 앞서 나가려는 것을 막으며 느긋한 속도를 유지한다.

위의 7단계를 따르면 대화가 갈등이나 극심한 대립에까지 이르는 경우를 크게 줄일 수 있다. 민감한 주제에 관해 대답할 때 감정을 통제하고 생각을 정리하는 습관 하나면 이 모든 일이 가능하다.

105 어려운 대화를 시작하기 전에 생각을 먼저 정리한다

| 유형 | 보조 습관 | 실행 시간 | 항상 | 실행 빈도 | 매주 |

유익한 점 ▶ 스트레스를 심하게 받는 상황에서는 통제할 새도 없이 감정이 앞서게 된다. 특히 다음과 같이 어려운 대화일 경우에는 더욱 그렇다.

- 상사에게 진급이나 연봉 인상을 요청할 때
- 직원을 해고할 때
- 친구나 가족과 말다툼 후 말을 건넬 때
- 배우자의 특정 행동에 관해 이야기할 때
- 자신의 잘못을 시인할 때

이러한 대화는 두려움을 안겨주며 무시무시하게 느껴지기까지 하지만, 미리 생각을 정리해두면 무슨 말을 어떤 문장으로 표현하면 좋을지 떠오를 것이다.

실행 방법 ▶ 생각을 미리 정리해봄으로써 섣불리 행동하거나 감정에 이끌려 결정하는 것을 피하고 자기 생각을 적절하게 표현할 시간을 벌 수 있다. 무슨 말을 할지 생각을 정리하는 간단한 과정을 살펴보자.

1. **생각과 감정을 적는다**
   먼저 어떤 감정(두려움, 분노, 걱정 등)이 들었는지 살펴보고 그다음에 어떤 생각이나 경험이 이러한 감정을 일으켰는지 적는다.

2. **이러한 생각이 사실을 바탕으로 한 것인지 자문한다**
   예를 들어 자신이 해고될 거라는 생각에 곧 있을 상사와의 회의가 걱정된다면 확실히 그럴 가능성이 있는 것인지, 이 생각을 뒷받침하는 근거는 무엇인지 생각해본다. 대부분 머릿속에 있는 두려움은 그저 자신이 만들어낸 두려움일 뿐인 경우가 많다.

3. **과거에 겪은 위협적인 상황에 대해 생각해본다**
   '어떤 점을 잘 다뤘는가?', '어떤 점을 잘못했는가?', '이번에는 어떻게 해결할 것인가?' 과거에 일어난 비슷한 대화를 떠올리며 어떻게 풀어나갔는지 살펴보면 이번 어려움에는 어떤 방법을 취해야 할지 알게 된다.

이제 당신은 어떤 대화라도 두렵지 않을 것이다. 이 연습을 지속해 나가면 머릿속에 있는 두려움을 꺼내 종이 위에 올려둘 수 있게 된다. 또한 다른 사람의 대답에 따라 무슨 말을 하면 좋을지 머릿속에서 미리 연습해볼 기회도 된다. 마음속으로 이 대화를 여러 번 연습할수록 어려운 대화를 잘 풀어나갈 수 있을 것이다.

106 분노를 조절할 수 있게 잠시 휴식한다

유형	보조 습관	실행 시간	항상	실행 빈도	매일 혹은 매주

유익한 점 ▶ 가끔 분노를 조절하지 못해 이러한 감정 상태가 우리를 지배하게 될 때가 있다. 보통 이런 경우 삶에 심각하게 부정적인 영향을 미치는 잘못된 선택을 하게 되는 경우가 많기 때문에 감정 조절 능력을 다시 회복하는 것이 중요하다. 분노에 굴복하면 잘못된 결정을 하고, 소통이 원활하지 못하며, 상처 주는 말을 하고, 논리를 잃을 뿐 아니라 상황을 확대해석하게 된다. 화를 낼 정당한 이유가 있더라도 이성을 잃으면 결국 나중에 후회할 일을 만들고 만다.

이 문제를 해결하는 가장 간단한 방법은 몇 초간 (혹은 몇 분이 될 수도 있다) 멈춰서 감정을 조절한 후, 어떻게 대답할지 신중하게 생각하는 것이다.

실행 방법 ▶ 화가 날 때마다 가장 먼저 해야 할 일은 당장 그 상황에서 벗어나는 것이다. 즉 상대방에게서 거리를 둔다. 화장실에 가야 한다고 둘러댈 수도 있다. 상황이 여의치 않다면, 현재 위치에서 벗어나 다른 쪽으로 이동한 후, 창밖을 보는 등의 행동을 하면서 주의를 다른 곳으로 돌리고 생각을 정리할 시간을 확보한다. 그다음에는 머릿속에 이미지를 떠올리며 긴장을 완화한다. 기억이나 상상 속에서 해변에 앉아 생과일주스를 마시는 일처럼 즐겁고 편안한 순간을 그린다.

그리고 가로막에서부터 호흡을 깊게 끌어올린다. 가슴으로 얕게 내쉬는 호흡은 긴장을 풀어주지 못하므로 '뱃속 깊은 곳'에서부터 호흡을 끌어낸다고 상상한다. 천천히 길게 1초 정도 들이마신다. 1초 정도 호흡을 멈췄다가 천천히 길게 1초 동안 내쉰다. 숨을 들이마실 때는 깨끗하고 순수한 생각이나 행복감이 몸을 가득 채운다고 생각한다. 숨을 내쉴 때는 분노나 긴장, 스트레스가 몸 밖으로 빠져나간다고 상상한다. '진정해', '별일 아냐' 등 마음을 진정시키는 말을 천천히 반복한다. 단순히 깊은 호흡을 열 번 정도 한다고 문제가 사라지지는 않는다. 그러나 감정에 휘둘리지 않고 논리적이고 이성적인 방법으로 대화를 이끌도록 마음 상태를 다잡을 수 있다.

마지막으로, 가끔 화가 나는 건 자연스러운 일이지만 계속해서 화가 난다면 분노 조절에 문제가 있을 수 있다. 이러한 경우에는 전문가에게 도움을 구해 감정을 조절하는 방법에 관한 조언을 받도록 하자.

107 적극적으로 듣는 연습을 한다

유형 보조 습관	실행 시간 항상	실행 빈도 매일

유익한 점 ▶ 대화를 나누는 상대방에게 관심을 기울이지 않은 채 말하는 경우가 많다. 보통 이런 경우는 업무나 게임 중, 혹은 페이스북을 하거나 텔레비전을 보면서 동시에 대화를 나눌 때 일어난다. 이는

상대방을 존중하지 않는 태도이며, 상대방의 말을 제대로 이해하지 못했다는 의미이기도 하다.

인간관계를 개선하고 싶다면 앞에서 예로 들었던 방해 요소를 없애고 온전히 대화에만 집중하는 것이 가장 좋다. 다시 말하면, 누군가에게 말을 할 때 휴대폰이나 텔레비전, 다른 사람을 쳐다보지 않는다. 대화를 할 때는 상대방이 보이는 미묘한 변화 하나하나에 반응하면서 말을 주고받는다. 이 습관으로 상대방에게 주의를 집중하고 있는 당신의 모습을 보여줄 수 있다. 사실 이러한 태도는 대화를 나누는 상대방에게 당연히 지켜야 하는 예의다.

실행 방법 ▶ 다른 사람의 말을 경청하는 방법은 다음의 5단계를 따른다.

1. 하던 일을 멈춘다. 방해 요소가 있으면 적극적으로 들을 수 없다. 대화를 나누는 상대방에게 온전히 집중하고 주의를 기울인다.

2. 눈을 응시한다. 이는 상대방에게 관심이 있고, 그들이 하는 말에 주의를 기울이고 있다는 것을 나타내는 몸짓 언어의 핵심이다.

3. 일단 듣는다. 중간에 끼어들지도, 의견을 제시하지도, 문제를 해결해주려고도 하지 말자. 우선 상대방이 하는 말을 듣는다.

4. 내용 확인을 위한 질문을 하려면 잠시 멈추는 순간이 올 때까지 기다린다. 상대방이 한 말 중에서 이해되지 않는 부분이 있다면 이때를 활용한다. "저는 방금 하신 이야기를 이렇게 이해했어요."라고 시작하며 상대방이 한 말의 요점을 짚어도 좋다.

5. 공감한다. 상대방의 감정을 느끼려고 노력한다. 이야기가 슬프면 함께 슬퍼하고 화가 나는 이야기라면 분노를 함께 나눈다.

이 방법은 제대로 경청하는 사람이 되기 위한 방법의 일부일 뿐이다. 여기서 핵심은 누군가가 당신에게 이야기하고 있을 때는 온전히 상대방에게만 주의를 집중해야 한다는 것이다. 현대 사회에서 사람들은 철저히 한곳에 주의를 완벽히 집중하지 않은 채 산만하게 살아가고 있다. 이들과 다르게 행동한다면, 대화에 진심을 다해 집중하는 특별한 사람으로 알려질 것이다.

108 소중한 사람과 함께 중요한 행사의 사진을 찍는다

유형 보조 습관	실행 시간 항상	실행 빈도 매일

유익한 점 ▶ 사진은 우리를 우리보다 먼저 있었던 사람과 연결하고 또 나중에 태어날 사람과 연결한다. 사진은 지금 이 세상을 만든 이들과 그 가족의 이야기를 그린다. 교육 심리학에 따르면 자아 정체감은 자신감을 형성하는 데 큰 역할을 한다. 그러므로 당신과 함께 살아가는 사람들을 기록하면 행복이 한결 더해질 것이다. 이를 위해 자신에게 소중한 사람들과 장소, 물건을 사진으로 담아보자.

실행 방법 ▶ 중요한 행사를 치르는 동안에는 보통 정신이 없어서 특별한 순간을 카메라에 담을 기회를 놓치는 경우가 많지만, 삶을 주기적으로 기록하는 습관을 들이자. 이 습관으로 매년 특별하고 소중한 순간이 담긴 나만의 연대기가 생길 것이다. 삶을 기록하는 방법은 아래를 따른다.

- **고화질 카메라를 구매한다**
  조리개와 셔터스피드, ISO를 조정할 수 있는 고급 카메라가 필요하다. 혹은 높은 사양의 스마트폰 카메라를 사용할 수도 있다.

- **카메라를 항상 들고 다닌다**
  친구들과의 늘 똑같은 평범한 저녁이라도 카메라를 챙겨 가서 특별한 순간을 담아보자. 지금 당장은 똑같은 일상처럼 보일지 몰라도 미래에는 값진 기억이 될 것이다.

- **모두 사진 찍을 준비가 될 때까지 기다리지 않는다**
  가끔은 누군가 찍고 있는 줄 몰랐던 순간에 가장 멋진 사진이 탄생한다. 즐거운 시간을 보내는 사람들을 꾸밈없이 그대로 담아 소중한 사람의 진정한 모습을 모임별로 나눈다.

- **사진을 별도 저장 공간에 보관한다**
  드롭박스나 마이크로소프트 원 드라이브같이 믿을만한 저장 공간에 사진을 보관한다. 자료를 이중으로 보관할 수 있게 이동식 하드 드라이브를 구매하는 것도 좋다.

불멸의 인물 페리스 부엘러Ferris Bueller는 이렇게 말했다. "인생은 아주 빠른 속도로 움직인다. 잠시 멈춰 서서 주변을 둘러보지 않으면, 놓치고 말 것이다." 시간이 흐르는 것을 막을 방법은 없다. 그러나 사진을 찍어 삶을 계속 기록해나가면 자신의 경험과 그 경험을 함께 즐겼던 사람들을 디지털 보관소에 저장할 수 있을 것이다.

11장

영성을 위한
습관 근육

#109~127

11장을 시작하기 전에 먼저 질문이 하나 있다. "영성이란 무엇일
까?"

사람마다 대답은 제각기 다를 것이다. 많은 이들이 영성은 자신이
믿는 종교의 신과 맺은 깊은 관계를 의미한다고 생각한다. 또 다른 이
들은 지혜와 연민이 이끄는 '깨달음의 삶'을 따르는 것이라고 말한다.
조용히 '자신만의 시간'을 갖고 자신에게 의미가 있는 것들을 되새기는
일이 영성이라고 생각하거나 마지막으로 다른 사람을 도우며 정신적
인 유대관계를 형성하는 것을 영성이라고 여기는 사람들도 있다.

나는 영성의 유형에는 정답도 오답도 없다고 생각한다. 오로지 중요

한 것은 자신에게 의미가 있는 습관에 전념하는 모습이다. 이는 마치 (이글스Eagles가 노래했던) '평온하고 편안한 느낌a peaceful, easy feeling'으로 가득 채우려는 신념과도 같다. 따라서 이 장에서 제시하는 영성을 위한 습관은 매우 다양한 성격을 지닐 것이다.

종교와 관련한 습관도 여기에 포함된다. 기독교 신자인 나는 '하나님'이나 '성경'이라는 단어를 사용할 것이다. 그러나 토라Torah, 코란Quran, 주역周易, 모르몬 경전Book of Mormon 등 각자 자신의 종교와 관련한 책으로 이해하면 된다. 종교와 관련한 단어가 나올 때는 내가 믿는 신은 물론 각자가 선택한 신에 관해 이야기한다고 생각하자. 무엇보다 영성을 위한 습관은 우리 모두에게 해당하는 것이므로, '누구라도' 해당되지 않는 경우는 없다는 점을 기억해야 한다. 이 장에서는 여러 다양한 영성 습관을 배우게 될 것이다.

- 선종 불교의 가르침에서 파생된 마음 챙김 습관에는 긍정 확언이나 명상, 호흡 수련 등이 해당된다.
- 자기 주도형 정신 건강을 위한 습관은 '영혼'에 기운을 불어넣고 정신적 평화와 행복을 찾는 데 집중한다.
- 다른 사람과 이웃, 온 세상을 돕는 공동체를 위한 습관에는 가치 있는 목적을 위해 기부하거나 여유 시간에 자원봉사하는 일, 다른 사람들을 멘토링하는 일 등이 있다.

다룰 내용이 많으니, 바로 영성을 위한 습관을 하나씩 살펴보자.

유형 보조 습관	실행 시간 항상	실행 빈도 매일

유익한 점 ▶ 긍정 확언의 효과에 의구심이 생기는 사람들을 위해 긍정 확언이 어떻게 사고방식을 바꾸는지 목록으로 정리했다.

- **부정적인 생각을 줄여준다**
  자신의 인생(과 주변)에서 좋은 측면만을 바라보게 해 앞으로 나아갈 수 있는 가능성을 제한하는 부정적인 믿음을 줄인다.

- **자신이 가진 것에 감사하는 마음을 갖게 한다**
  사람이라면 때로는 실패할 수 있다. 그럼에도 매일 "나는 건강하다", "내게는 사랑하는 가족이 있다", "내가 하는 일은 즐겁다" 등의 긍정 확언을 반복하면 자신에게 소중한 것이 무엇인지를 다시 한번 깨달을 수 있다.

- **눈앞에 있는 목표에 집중하게 만든다**
  이루고 싶은 구체적인 목표와 밀접하게 관련이 있는 긍정 확언이라면, 매일 온 힘을 다해 목표에 집중하게 만들어줄 것이다.

부처는 "우리는 생각하는 대로 된다."고 말했다. 긍정 확언은 목표를 정하고 생각을 정리하며 이루고 싶은 것을 분명하게 그려내는 데 유용하다.

주의할 점은, 긍정 확언은 목표를 이루기 위한 훌륭한 수단이지만 분명히 한계가 있다. 침대 위에 앉아서 "나는 내가 원하는 모든 것을 살 수 있을 정도로 은행에 돈이 아주 많다."는 긍정 확언을 읊은 후, 평면 TV를 사러 가는 경우는 없어야 한다. 긍정 확언은 마법이 아니며 세상은 당신이 긍정적이라는 이유만으로 기적처럼 선물을 내리지 않는다. 원하는 것을 얻으려면 일하고, 또 열심히 일해야만 한다. 긍정 확언은 망치같이 삶에서 성공하기 위해 활용하는 '도구 중 하나'일 뿐이다.

실행 방법 ▶ 아침에 일어나자마자 거울 앞에 서서 눈을 바라본다. 목소리를 내어 자신에게 의미 있는 긍정적인 문장을 하나당 4~5회 반복해서 말한다. 긍정적인 문장의 예시는 아래를 참고하자.

- "나는 내 삶을 잘 관리하고 있다."
- "나는 사랑 받고, 즐거움을 누릴 자격이 있다."
- "나는 이 세상에 변화를 만들어낼 수 있다."
- "나는 내 몸과 마음을 아름답게 만드는 나만의 개성을 포용한다."
- "나는 오늘 목표를 이룰 것이다."
- "나는 에너지가 넘쳐흐른다. 나는 활동적이고 생기가 넘친다."
- "나는 성공에 필요한 자질을 갖췄다."
- "내 안에 축복과 풍요로움이 자유롭게 흐른다."
- "내가 내리는 결정은 모두 나를 위한 것이다."
- "나는 혼자 있는 시간을 즐기고 만족을 느낀다."
- "나는 숨을 들이쉬며 안정감을 느끼고 내쉬며 불안감을 떨쳐낸다."
- "나는 현실을 직시할 수 있도록 분노를 가라앉힌다. 어떤 감정을 느끼는가는 나에게 달려 있다."

따라 할 수 있는 긍정 확언은 수백 개, 아니 수천 개까지도 있다. 이 중에서 자신에게 필요한 문장을 찾는 데에는 세 가지 방법이 있다.

첫째, 구글 같은 검색 엔진에서 '[목표]를 위한 긍정 확언'을 검색한다. [목표] 부분은 당신의 인생에서 힘을 더하고 싶은 영역으로 바꾼다. 예를 들어 체중을 줄이고 싶다면 '체중 감량을 위한 긍정 확언'으로 검색한다.

둘째, 배리 데이븐포트Barrie Davenport (내 다른 책의 공저자이기도 하다.) 가 선뜻 제공해준 '101가지 매일 긍정 확언101 daily affirmations'을 습관 쌓기 웹사이트[47]에서 찾아본다. 이 자료는 101가지의 긍정 확언을 행복, 사랑, 인간관계, 성공, 자신감, 자존감, 건강, 평화, 마음 챙김, 내면의 평화 등의 주제별로 분류했다.[48]

셋째, 자신에게 특화된 긍정 확언을 직접 만든다. 이는 다음의 4단계 과정을 참고하자.

1. **'나는'으로 시작하는 문장을 만든다**
   "나는 건강하다.", "나는 부유하다." 등을 예로 들 수 있다. 자신의 장점이나 자신이 되고 싶은 모습을 설명하는 간단한 긍정 확언을 만든다.

2. **긍정적인 자세를 유지한다**
   긍정 확언은 부정적인 생각을 없애고 목표에 집중할 때 가장 효과가

---

47 www.developgoodhabits.com/habitstackingnotes 에서 Part XI: SPIRITUALITY HABITS 항목의 첫 번째 자료 '101 daily affirmations' 참고.

48 liveboldandbloom.com/09/quotes/positive-affirmations

좋다. 그러므로 처음에는 완전히 신뢰가 가지 않더라도, 자신감에 가득 찬 긍정적인 문장으로 만드는 것이 중요하다.

3. **긍정 확언은 현재 시점의 문장으로 만든다**
목표를 이미 실현된 것처럼 말하면 거짓말처럼 느껴질 수 있다. 그래서 나는 목표를 이미 이뤘다고 말하는 것보다는 '이룰 수 있다'고 말하는 것을 선호한다. 예를 들어 몸무게를 5kg 정도 줄이고 싶다면 "내 몸무게는 이상적이다."라고 말하기보다는 "나는 원하는 만큼 몸무게를 줄일 수 있다."고 말하는 것이 더 좋다.

4. **어떻게 목표가 이루어질지 걱정하지 않는다**
긍정 확언은 긍정적인 관점을 유지하기 위한 것이다. 그러므로 어떻게 목표를 이루어야 할지 걱정하는 시간이 아니라는 점을 유념하자.

자, 여기까지 자신의 목표와 직접 연관된 긍정 확언을 만드는 4가지 방법을 살펴봤다. 이 중에서 한 가지 방법만 따라 해도 좋고, 모두 해봐도 좋다. 7~10개 문장을 목록으로 만들고 습관을 실행할 때 소리 내어 말하자. 매일 이 습관을 지키면 머지 않은 미래에 이루고 싶은 구체적인 목표에 점점 더 가까이 다가가게 될 것이다.

110 기도한다

유형 핵심 습관	실행 시간 항상	실행 빈도 매일

유익한 점 ▶ 기도는 여러 면에서 긍정 확언과 비슷하다. 둘 다 자신이나 소중한 사람에게 닥친 문제를 극복하기 위해 도움을 요청하는 것

이다. 다른 점이 있다면 기도는 각자가 따르는 종교에 대한 믿음을 근간으로 한다. 종교가 있는 사람이라면 기도하는 습관을 세워 일과의 밑바탕이 되도록 하자.

실행 방법 ▶ 기도하는 방식은 종교에 따라 다르므로, 자신이 다니는 교회나 성당, 절, 이슬람 사원 등에서 정보를 찾는 것이 가장 좋다. 이곳에 가면 기도할 때 무슨 말을 하고 어떤 생각을 하면 좋은지 배울 수 있다. 기도문의 예시가 필요한 사람을 위해 내 비서인 글로리Glori에게 기도 습관으로 지키고 있는 가톨릭의 기도 방식을 설명해달라고 부탁했다. 아래는 그녀가 적어준 내용이다.

예전에는 규칙적으로 기도하지는 않았어요. 하지만 언젠가부터 필요할 때나 어려움이 닥칠 때만 기도하던 것을 반성하며 매일 기도하기 시작했죠. 이제 저는 하나님과 소통하기 위해 매일 기도합니다.

규칙적으로 하는 기도에는 두 가지 종류가 있어요. 하나는 가족과 함께 하는 기도로 성당에서 배운 기도문을 외워서 하는 가톨릭 정통 기도예요.(염주를 굴리며 하는 기도, 삼종기도 등) 다른 하나는 개인 기도입니다. 제가 하는 기도를 예로 들어볼게요.

아침 기도: 기도하기를 잊지 않기 위해서, 매일 아침 일을 시작하기 전에 기도합니다. 프로젝트 관리 소프트웨어인 트렐로Trello[49]

---

49 trello.com

를 활용하면 유용해요. 가족, 건강, 재산 등 현재 우선순위와 가장 관련이 있는 기도문을 고르세요. 이 방식을 따르면 인생 목표와 그 목표를 이루려는 '이유'를 상기할 수 있어 도움이 됩니다. 기도문은 온라인에서 쉽게 찾아볼 수 있어요. 구글 같은 검색 엔진에서 '[목적]을 위한 기도'로 검색하고, 자신에게 맞게 수정하면 됩니다.

저녁 기도: 매일 양심 성찰 기도를 해요. 그날 하루에 관해 하나님과 대화를 나누는 기도예요. 주로 하나님이 보내주신 축복에 감사하며, 용서를 구하고, 조금 더 도와주시기를 요청합니다.

마지막으로 기도할 내용을 쉽게 떠올릴 수 있도록 A.C.T.S.를[50] 따르기도 해요.

지금 살펴본 사례는 믿음에 기초한 기도의 한 가지 예시일 뿐이다. 이와는 다른 방법으로 기도하고 싶다면 각 종교 모임에 참석해서 가장 도움이 될 만한 방법을 안내받도록 하자.

111 감사하는 마음을 가진다

유형	핵심 습관	실행 시간	항상	실행 빈도	매일

유익한 점 ▶ 살아가며 얻은 것들에 대해 감사한 마음을 가지라고 하

---

50 A.C.T.S.는 각 단어의 첫 글자를 딴 약자로, A는 찬미Adoration, C는 고백Confession, T는 감사 Thanksgiving, S는 간구Supplication를 의미한다.

면 보통 다른 이들에게 감사의 표시를 하라는 것으로 여기는 경우가 많다. 그러나 감사한 마음을 품는 것만으로도 자신에게 큰 도움이 된다. 덕분에 기분이 한결 좋아지고, 자신의 현재 상황에 감사하는 태도로 한층 성숙한 사람이 되기 때문이다. 감사하는 마음을 품는 습관을 들이면 여러 가지로 도움이 된다. 몇 가지만 살펴보자.

- **우리를 더욱 행복하게 한다**
  연구 결과에 따르면 매일 감사 목록을 만들 때 행복 지수가 10%만큼 올라간다. 이는 매달 들어오던 월급이 두 배가 됐을 때 느끼는 행복과 같은 수준이다.

- **목표를 달성하게 돕는다**
  또 다른 연구에서는 감사 목록을 꾸준히 쓰는 사람들이 목표를 달성할 확률이 높다고 밝혔다. 그래서 나는 감사 표현을 삶의 여러 영역에 원하는 결과를 가져다주는 핵심 습관으로 여긴다.

- **당신을 더욱 호감 가는 사람으로 만들어준다**
  감사 목록은 긍정적인 생각과 자존감을 키우고 영성을 높이며 동시에 물질주의나 이기주의 같은 부정적인 성향을 낮춘다.

- **직장에서 성공하도록 돕는다**
  감사 목록을 꾸준히 쓰면 다른 사람이 바라보는 자신의 모습에도 큰 영향을 미친다. 호감도가 높아져 직장 생활에도 좋은 영향을 주는 것이다. 함께 일하는 사람들이 당신을 더욱 신뢰하게 될 것이며, 그 결과 훌륭한 멘토나 자신이 속한 업계의 실력자와 교류할 가능성이 더욱 커진다.

지금까지 살펴본 것처럼 감사를 표현하면 삶에 많은 도움이 된다. 이제 이 습관을 어떻게 적용하면 될지 간단히 살펴보자.

실행 방법 ▶ 감사 목록을 쓰는 데 특정한 형식이 필요하지는 않다. 온라인 일기장에 쓸 수도 있고, 작은 메모지 위에 써도 된다. 중요한 것은 누구에게 무엇이 감사한지 생각해보고 '어딘가에' 적어두는 것이다. 이 습관을 실행에 옮길 때는 다음의 4가지 사항을 유념하자.

- **일관성을 유지한다**
  매일 기록할 감사 목록의 숫자를 정하고 이 숫자를 꾸준히 지킨다. 1개든 5개든 10개든, 시작하기 전에 숫자를 정하는 것이 핵심이다. 이렇게 미리 정해두면 하루를 보내면서 무의식적으로 감사한 사람들이 눈에 띄고, 감사한 이유를 깨닫게 되기 때문이다.

- **구체적으로 쓴다**
  어떤 사람이나 사건, 물건 등이 왜 감사한지를 명확하게 적는다. 단순히 "내 아내에게 고맙다."라고 쓰는 건 별로 도움이 되지 않는다. "어젯밤에 나 대신 아기를 돌보며 내가 푹 잘 수 있도록 해준 아내에게 고맙다."처럼 지난 며칠 동안 있었던 일 중에서 감사한 마음이 드는 새로운 이유를 밝혀야 한다. 명확하고 구체적으로 쓰면 다른 이들이 당신에게 베푼 작은 친절까지 놓치지 않을 수 있다.

- **감사의 마음을 전한다**
  감사한 마음을 품고 있는 것은 이 습관을 절반만 지킨 셈이다. 이 습관의 장점을 최대한 끌어내고 싶다면 감사한 마음을 품게 해준 사람, 즉 배우자나 직장 상사, 친구, 회사 동료, 가족 등에게 표현하라. 아내에게 "지난밤에 아기를 돌봐줘서 고마워. 덕분에 피곤했는데 푹

잘 수 있었어."라고 얘기하면 관계를 탄탄하게 만드는 데 큰 도움이
될 것이다.

- **좋지 않은 상황에서도 좋은 점을 찾아낸다**
  세상의 모든 일이 늘 아름답기만 한 것은 아니다. 그래서 더욱 감사하
  는 마음이 중요하다. 어떤 상황에서도 부정적인 측면보다는 긍정적
  인 측면이나 의미 있는 교훈을 찾으려는 자세를 갖는다.

감사의 힘을 과소평가하지 말자. 감사함을 느끼다 보면 자신에게
부족한 부분을 염려하기보다 이미 자신이 가진 것을 바라보며 긍정적
으로 생각하게 된다.

112 심호흡한다

유형 보조 습관	실행 시간 항상	실행 빈도 매일

유익한 점 ▶ 심호흡은 긴장을 완화시키고 평안한 마음을 만들어준
다는 점에서 명상과 비슷하다. 심호흡을 제대로 하면 온종일 바쁘게
일하며 쌓였던 스트레스를 줄일 수 있다. 그 외에도 좋은 점이 몇 가지
있다. 먼저 스트레스나 불안감을 줄이고, 그동안 쌓인 긴장을 풀어주
는 등 부정적인 감정을 해소한다. 그리고 폐를 강화하고 몸속에 있는
독소를 배출시켜 건강에 도움이 된다. 마지막으로 기분이 좋아지며 에
너지가 생긴다. 심호흡 습관은 하루의 시작과 함께해도 좋고, 오후에
방전된 신체 배터리를 재충전할 때에도 도움이 된다.

실행 방법 ▶ 심호흡은 5분도 걸리지 않는 간단한 습관이다. 매일 지키는 습관 목록에 포함하거나, 스트레스를 받을 때마다 실행할 수 있다. 심호흡하는 습관을 만들고 싶다면 아래 9단계 순서를 따라보자.

1. 휴대폰이나 다른 통신 수단을 차단해, 방해받지 않는 시간에 일정을 정해둔다.

2. 하루 중 (혹은 습관 목록 중) 심호흡할 시간을 정한다.

3. 3~5분 정도 소요 시간을 정하고 알람을 설정한다.

4. 바닥 위에 방석을 깔고 앉거나 편안한 의자나 소파에 앉는다. 발을 바닥에 두고, 등을 바로 편 상태로, 손을 양옆에 자연스럽게 내려놓으며 편안한 자세를 찾는다.

5. 폐활량이 끝에 이를 때까지 코로 천천히 숨을 들이쉰다.

6. 숨을 들이쉴 수 있는 만큼 최대한 들이쉰 후 2초간 숨을 멈춘다.

7. 천천히 숨을 내쉴 때는 조금씩 숨을 뱉으며 고른 속도로 내쉰다. 가능하면 부정적인 감정을 모두 호흡으로 내뱉는 상상을 한다.

8. 2초간 휴식을 취한다.

9. 지정한 시간이 끝나 알람이 울릴 때까지, 5단계로 돌아가 심호흡을 반복한다.

명상할 시간조차 없는 사람이 많다. 당신도 마찬가지 상황이라면 명상 대신 심호흡으로 거의 똑같은 효과를 누릴 수 있다. 이처럼 9단계 과정을 따르다 보면 시간은 그다지 오래 걸리지 않지만, 마음을 깨끗이 비우고 불안한 생각을 줄이는 데 효과적인 습관을 형성할 수 있다.

113 점진적 근이완법을 실행한다

| 유형 | 보조 습관 | 실행 시간 | 오후나 저녁마다 | 실행 빈도 | 매일 |

유익한 점 ▶ 많은 이들에게 휴식이란 소파에 앉아 텔레비전을 보는 것을 의미한다. 그러나 안타깝게도 이는 몸과 마음에 나쁜 영향을 미치는 스트레스를 줄이는 데 그다지 도움이 되지 않는다. 스트레스를 이겨내려면 '점진적 근이완법Progressive Relaxation'을 활용해 몸이 자연스럽게 휴식을 취하도록 풀어줘야 한다.

실행 방법 ▶ 스트레스에서 완전히 벗어나기는 어렵겠지만, 몸이 편안하게 쉴 수 있도록 스트레스의 반대 반응을 유도하면 이를 줄이는 데 도움이 된다. 점진적 근이완법에는 다음과 같은 장점이 있다.

- 심박 수가 낮아진다.
- 호흡이 깊어진다.
- 혈압이 안정된다.
- 근육의 긴장이 완화된다.
- 혈액순환이 좋아진다.

스트레스를 받았을 때나 빨리 긴장을 완화하고 싶을 때는, 다음 6단계 과정을 따른다.

1. 옷을 느슨하게 풀어 편안하게 만든다.

2. 1분 동안 천천히 심호흡한다.

3. 왼발에 정신을 집중한다. 발의 감각을 느낀다.

4. 왼발 근육에 천천히 힘을 주어 최대한으로 긴장한 상태를 만들고, 10 초 동안 그대로 있다가 서서히 이완한다.

5. 긴장이 풀리는 순간에 집중하면서 이완할 때 발의 감각이 어떻게 변화하는지 느낀다. 이때 숨을 들이쉰다.

6. 이 방법이 익숙해지면, 근육을 긴장했다가 이완하는 과정을 몸 전체의 근육에 부위별로 적용해본다. 어느 한 곳의 근육에 힘을 줄 때는 다른 부위에 긴장감을 주지 않도록 한다.

점진적 근이완법은 긴 하루 동안 쌓인 스트레스가 절정에 이른 오후나 저녁 시간을 추천하고 또는 업무 중 휴식 시간이나 힘든 일을 끝낸 후 재충전하는 5분 동안 실행해도 좋다.

114 스트레스 공을 손에 쥔다

| 유형 | 보조 습관 | 실행 시간 | 오후나 저녁마다 | 실행 빈도 | 매일 |

유익한 점 ▶ 〈위험 환경 이슈 저널The Journal of At-Risk Issues〉에 발표된한 연구에 따르면 하루 동안 스트레스 공을 손에 쥐고 있었던 학생들에게서 주의가 산만해지는 빈도가 줄고, 집중 시간이 늘어나며 학업 성취도와 개인 만족도가 높아지는 현상이 나타났다.

스트레스 공을 꽉 쥐면 손과 손목의 근육이 활성화되고, 주먹을 풀면 근육이 이완된다. 이 행동을 반복하면 긴장이 완화되고, 혈액순환이 빨라져, 하루 동안 쌓인 피로를 풀어준다.

실행 방법 ▶ 스트레스 공은 작기 때문에 책상 안에 넣어두거나 가방에 갖고 다닐 수 있다. 스트레스 공을 제대로 활용하려면 다음 내용을 참고하자.

- 손에 스트레스 공을 꽉 쥐고 셋을 센 다음 주먹을 편다. 20회 반복한다. 근육을 이완할 때마다 손 근육이 풀리면서 긴장이 완화된다.

- 엄지손가락과 집게손가락으로 힘을 주어 공을 누른다. 집게손가락을 다음 손가락으로 바꾸고 같은 동작을 반복한다. 네 손가락을 각각 사용해 공에 힘을 준 후에는 반대편 손으로 공을 옮겨 똑같이 반복한다.

- 스트레스 공을 한 손에 쥐고 찌그러뜨린다. 다음에는 반대 방향으로 쥐고 찌그러뜨린다. 양방향으로 번갈아 쥐면서 스트레스를 해소한다.

스트레스 공을 손에 쥐고 근육을 쓰다 보면 손에 있는 신경 중 감정을 주관하는 뇌의 영역과 연결된 부위에 자극이 된다. 이처럼 손의 신경을 활성화하는 운동은 신체의 한 부분에 자극을 주었을 때 다른 부분에 영향을 미치는 지압과 비슷한 작용을 한다.

115 창조적 시각화를 연습한다

유형 보조 습관	실행 시간 항상	실행 빈도 매일

유익한 점 ▶ 학술지 〈신경심리학Neuropsychologia〉에 실린 연구 논문은 창조적 시각화Creative Visualization의 여러 가지 장점을 밝히고 있다. 이 연구에 따르면, 머릿속으로 수십 킬로그램의 무게를 들어 올린다는 상상을 하면 뇌가 실제로 같은 무게의 물건을 들어 올릴 때와 매우 유사한 형태로 활성화된다고 한다. 또한 이 연구는 창조적 시각화가 실제 행동과 비슷한 효과가 있으며, 실제 행동과 창조적 시각화, 두 가지를 모두 이행하면 한 가지만 했을 때보다 더욱 효과가 좋다는 사실을 증명했다.

실행 방법 ▶ 삶의 어느 영역이든 자신감을 기르고 싶다면, 목표를 시각화하는 5가지 단계를 따라보자.

1. **분위기를 조성한다**

   긴장을 풀고 긍정적인 생각을 할 수 있는 공간을 찾는다. 평화로운 풍경이 보이는 곳에서 조용히 산책하거나 욕조에 몸을 푹 담그는 등 마음의 안정을 찾을 수 있다면 어디든 좋다. 마음이 평온해지면 편안한 자세를 유지하고 방해 요소가 이 공간을 방해하지 않도록 한다. 시간을 충분히 두고 상상할수록 효과는 더욱 좋다. 시작하기 전에 마음을 깨끗이 비우고 천천히 심호흡하면서 명상하는 상태를 만든다.

2. **목표를 시각화한다**

   마음이 잔잔해지면, 자신이 원하는 것을 최대한 상세하게, 작은 요소까지 빠뜨리지 않고 머릿속에 그려낸다. 예를 들어 대학원 합격 통지서를 기다리고 있다면, 집에서 합격 통지서를 열어보는 자신의 모습과 합격 소식을 듣고 기뻐하는 주변 사람들의 반응까지 모두 시각화하는 것이다. 이는 정신세계 속에서 만드는 영화 같은 것이니 최대한 사실적으로 표현해보자.

3. **긍정적인 감정 상태를 계속 유지한다**
   목표를 시각화한 경험이 일상으로 이어지도록 하면 그 목표를 이룰 가능성이 더욱 커진다. 목표를 그리면서 느꼈던 행복이나 자부심, 자신감, 평화 등의 긍정적인 감정 상태를 계속 유지한다.

4. **창조적 시각화를 습관으로 만든다**
   창조적 시각화를 위한 시간을 일과에 반영하자. 시간을 지정해서 하던 일을 잠시 멈추고, 긍정적으로 생각하는 힘을 기르면 목표 달성에 도움이 된다.

5. **계속해서 열심히 일한다**
   시각화를 지속적인 동기부여 수단으로 활용해, 자신이 원하는 것을 추구한다. 긍정적인 사고방식에 익숙해질수록 긍정적인 상상이 현실이 될 확률도 자연히 높아진다.

나폴리언 힐Napoleon Hill은 "마음속으로 품고 생각할 수 있는 것이라면 무엇이든 이룰 수 있다."는 문장을 남겼다. 물론 바라기만 한다고 성공에 이를 수는 없겠지만, 매일 목표를 위해 최선을 다하는 태도를 병행하면 창조적 시각화는 아주 강력한 습관이 될 것이다.

116 후회하는 마음을 떠나보낸다

유형 보조 습관	실행 시간 항상	실행 빈도 매일

유익한 점 ▶ 과거에 잘못 내린 결정이나 실패했던 인간관계를 떠올리며 후회와 슬픔에 젖어 방황을 겪는 경우가 상당히 많다. 그러나 과거를 떠나보내는 습관을 들이면, 후회의 감정을 완전히 떨쳐버릴 수 있다.

실행 방법 ▶ 후회하는 마음을 떠나보내기 위해서는 마음이 어떤 원리로 작동하는지, 왜 쉽게 부정적인 생각이 드는지 먼저 이해해야 한다. 이를 위해 가장 간단한 방법은 마음 챙김 명상이다.

마음 챙김 명상은 머릿속에 떠다니는 부정적인 생각을 줄이고 불안감을 떨치는 데 도움이 되는 것으로 알려져 있다. 주기적인 명상도 도움이 되지만, 하루 동안 내내 스스로 마음의 평화를 찾으려고 노력해야 한다. 걸으며 몸의 움직임을 생각하거나, 먹으면서 음식의 맛을 음미하는 시간을 보내는 것도 유용하다.

내가 권하는 방법은 매일 스스로 자신의 감정을 묻는 것이다. 불안하거나 우울한 상태가 아니더라도 자기 생각이 어디서 흘러나오는지 잘 이해하기 위해서는 주기적으로 자기 자신과 대화를 나누어야 한다. 또 다른 방법은 과거의 일에 감사하는 것이다. 상황이 잘 풀리지 않은 경우라도 늘 교훈은 있는 법이다. 우리는 실수를 통해 미래에는 같은 실수를 반복하지 않겠다는 다짐을 하고, 미래 상황에 대응할 지혜를 얻는다.

117 명상 샤워를 한다

유형	보조 습관	실행 시간	오전	실행 빈도	매일

유익한 점 ▶ 많은 이들에게 샤워는 이미 아침 일과의 일부일 것이다. 이 일과에 짧은 명상 시간을 더하면 깊은 통찰과 긍정적인 생각을 끌어낼 수 있다. 물론 명상 샤워라는 말이 조금은 진부하게 들릴 수도 있지만, 한번 생각해보자. 샤워 중에 좋은 생각이 떠오르는 경우가 얼마나 많은가? 같은 원리가 여기에도 적용된다. 따뜻한 물의 진정 효과로 마음이 가벼워지면 영감이 깃든 아이디어가 자유롭게 떠오르게 된다. (샤워나 운전, 집안일 등 아무 생각 없이 일하고 있을 때 가장 좋은 아이디어가 떠오른다는 연구 결과도 있다.)

실행 방법 ▶ 명상 샤워는 '이미 지키고 있는' 일과에 쉽게 덧붙일 수 있다. 즉 이 습관의 효과를 얻기 위해서는 샤워 시간에 몇 분 정도의 시간만 더하면 된다.

먼저 따뜻한 물로 온몸을 적신다. 일상에서 겪는 스트레스와 불안, 걱정거리를 시각화하여 피부 위에 붙여놓는다. 그다음, 물과 비누로 몸에 붙은 스트레스를 떼어내는 모습을 머릿속에 그린다. 세 번째, 몸에 붙은 모든 종류의 '오염 물질', 즉 두려움, 후회, 불안, 분노, 스트레스 등이 깨끗하게 씻겨 내려가 배수구 아래로 빠져나간다고 상상한다. 마무리로, 이제 방해 요소를 다 씻어내고, 깨끗하고 상쾌한 상태로 하루를 시작할 준비가 됐다고 생각한다.

118 마음 챙김 산책을 한다

유형	보조 습관	실행 시간	항상	실행 빈도	매일

유익한 점 ▶ 건강을 챙기기 위해 걷기 운동을 한다면 30분 이상 정규 운동 시간을 따로 정해두는 것이 좋다. 마음 챙김 산책을 운동과 별도로 실행하면 건강에 '약간' 도움이 되면서 마음 챙김의 힘까지 경험할 수 있다. 이 습관은 마음을 재충전하고, 혈액을 순환시키며, 스트레스를 줄여준다. 그래서 업무 중이나 점심시간 습관으로 계획하면 더할 나위 없이 좋다.

실행 방법 ▶ 이 습관은 업무 중 약간 긴 휴식 시간에 실행하면 가장 좋다. 마음 챙김 산책을 하는 법을 살펴보자.

- 편안한 복장을 하고 편안한 신발을 신는다.
- 가만히 선다. 서 있는 자세, 신발을 누르고 있는 발꿈치, 숨이 들고 나는 느낌 등 몸의 감각을 느낀다.
- 무릎을 살짝 접고 엉덩이가 무게 중심이 되도록 자세를 잡는다.
- 천천히 걷기 시작한다. 걸음을 내디딜 때마다, 다리가 앞쪽으로 움직이고 뒤꿈치부터 발가락까지 차례로 땅에 닿는 것을 느낀다.
- 5∼10분 동안 호흡하며 걷는 데 집중한다.
- 마음 챙김 산책을 마무리할 때가 되면, 천천히 속도를 늦추고 멈춰 선다. 그리고 서서히 일상으로 되돌아간다.

늦은 오후에 (혹은 불안할 때마다) 마음 챙김 산책을 하면, 스트레스를 줄이면서 느긋하게 자연을 느낄 수 있다.

119 아로마테라피를 한다

유형	보조 습관	실행 시간	항상	실행 빈도	매일

유익한 점 ▶ 아로마테라피는 몸과 마음, 영혼의 안정을 얻기 위해 식물에서 추출한 에센셜 오일을 사용한다. 유럽에서는 100년이 넘도록 아로마테라피를 대체 요법으로 널리 활용해왔다. 어떤 오일을 사용하느냐에 따라 효과는 다르게 나타난다. 이에 따라 여러 가지 에센셜 오일을 섞으면 각자가 원하는 효과를 기대할 수 있다. 각 에센셜 오일의 효능을 알아보자.

- 라벤더 오일: 스트레스 완화, 살균, 항우울, 소염, 코막힘 완화, 탈취, 이뇨, 진정
- 레몬 오일: 셀룰라이트 완화, 소화 증진, 두통 감소, 해열
- 티트리 오일: 독감·목감기·근육통·호흡기 질환 완화 및 면역력 강화
- 시더우드: 스트레스·불안 감소, 요로 감염증 완화
- 베르가모트: 스트레스·우울·불안·불면증·피부 감염(마른버짐, 습진 등) 완화
- 페퍼민트: 집중력·주의력 향상, 기분 전환, 과민·홍조·코막힘 완화, 소화 촉진
- 캐모마일: 진정, 항생, 살균, 항우울, 기분 전환
- 로즈: 우울·불안·소화 불량·심혈관 질환·천식 완화, 혈액 순환 개선
- 유칼립투스: 살균, 진경제, 코막힘 완화, 이뇨, 각성, 편두통·근육통 등 각종 통증 완화
- 재스민: 우울·스트레스·중독 완화

- 패출리: 불안·우울·피로 감소, 셀룰라이트·붓기 완화

아로마테라피의 힘을 굳게 믿는 사람들에 따르면 에센셜 오일은 후각 기관을 통해 들어가 뇌에 작용한다고 한다. 에센셜 오일이 뇌에 전달되면, 심장 박동이나 혈압, 호흡, 기억력, 스트레스 지수, 호르몬 균형 등에 좋은 영향을 미친다. 물론 이러한 효능이 '비과학적'이라는 생각이 들 수도 있지만 긍정적으로 생각하며 아로마테라피를 활용하면 좋은 결과가 나타날 것이다. 에센셜 오일의 효과가 다소 과장되었더라도, 보통 가정에서 사용하는 일반 향초보다는 훨씬 몸에 유익할 것이다.

실행 방법 ▶ 에센셜 오일 사용법 3가지 중에서, 2가지 방법은 습관 목록에 쉽게 추가할 수 있다.

1. **디퓨저 가습기**
   - 아로마테라피에서 가장 흔하게 쓰이는 방법이다. 물에 섞은 에센셜 오일을 방 안에 분사하여 기분 좋은 향기를 퍼뜨린다.
   - 가격대가 높지 않은 에센셜 오일 디퓨저 가습기를 찾아 구매한다.
   - 이 습관을 목록에 반영하려면 디퓨저 가습기에 한 컵 분량의 물을 넣고, 원하는 에센셜 오일을 3~4방울 정도 떨어뜨린 후, 타이머를 설정하고 전원을 올린다.
   - 에센셜 오일 미스트가 방 안에 퍼지기 시작하면 숨을 깊게 들이쉬고, 1~2분 정도 휴식을 취한 후 다음 습관으로 넘어간다.

2. **직접 흡입**
   매일 에센셜 오일을 사용할 수 있는 '초간단' 방법이다. 에센셜 오일이 담긴 병뚜껑을 열고 코를 대어 숨을 깊게 들이쉰다. 오일의 향이 강하

게 느껴지는데, 코막힘을 완화하고, 호흡기 살균과 거담 작용[51]에 도움이 된다.

3. **국소 도포**

이 방법을 습관 목록에 추가하기는 어렵지만, 아로마테라피 요법을 제대로 설명하기 위해 덧붙인다.

목욕이나 마사지, 찜질, 치료 목적의 피부 관리에서 주로 사용한다. 마사지를 받을 때 여러 가지 증상을 완화하기 위해 에센셜 오일을 섞어서 몸에 발라본 적이 있을 것이다.

국소 도포 방법을 여기서 권하지 않는 이유는 통증을 완화하거나 몸 일부를 마사지할 때 가장 유용한 방법이기 때문이다. 이 방법은 30분 이상 걸리므로 습관 목록에 적용하기에도 적절하지 않다. (에센셜 오일의 정확한 용량과 사용법을 잘 모를 경우, 피부 발진이나 알레르기 반응이 나타날 수도 있다.)

---

120 진정 효과가 있는 음료나 차를 마신다

유형	핵심 습관	실행 시간	항상	실행 빈도	매일

유익한 점 ▶ 따뜻한 차나, 진정 효과가 있는 음료를 마시면 몸과 마음에 도움이 된다. 건강 측면에서 살펴보면, 차(특히 녹차)는 몸에 있는 독소를 해독하는 작용을 한다. 혈압을 낮추는 것은 물론 (카페인이 함유되어 있지만) 수분을 보충해주고 스트레스 호르몬을 낮춘다. 영성 측면

---

51 기관지 점막의 분비를 높여 가래를 묽게 하여 삭이는 작용.

으로는, 매일 차를 마시는 휴식 시간이 '나를 위한 시간'이 된다. 이 시간 동안 하루를 되새기며 남은 시간 동안 해야 할 일을 계획할 수 있다.

실행 방법 ▶ 아침 습관 목록에 일어나자마자 찻물을 올리는 습관을 더한다. 이 습관을 오후나 하루를 마무리하는 시점에 반복해도 좋다. 물이 끓는 동안 습관 목록에서 두세 가지 습관을 끝내고, 찻물이 준비되면 차를 마시면서 잠시 생각하는 시간을 갖는다.

121 자신감이 생기는 옷을 입는다

유형 보조 습관	실행 시간 항상	실행 빈도 매일

유익한 점 ▶ 좋은 옷을 입으면 자신을 바라보는 다른 사람들의 시선뿐 아니라 자신의 시선에도 영향을 미친다. 캐주얼하게 입어도 되는 직장에서 일하더라도, 깔끔하게 자신감이 생기는 옷을 갖춰 입는 것이 좋다. 주로 집에서 일하는 나는 무슨 옷을 입어도 크게 상관없기 때문에 때로는 찢어진 청바지나 모자가 달린 스웨트셔츠를 입기도 하고, 일주일 넘게 면도하지 않은 채 지내기도 한다.

언젠가 일주일 동안만 외출할 일이 있을 때마다 정장을 갖춰 입겠다는 작은 결심을 한 적이 있다. 늘 다니던 곳에 똑같이 가더라도 입사 면접을 보러 가는 사람처럼 정장을 입었다. 이 결심을 지키는 일주일 내내 옷을 갖춰 입고 다니면서, 자신감이 매우 향상됐을 뿐만 아니라 다른 사람들이 나를 대하는 태도도 바뀌었다는 사실을 알게 됐다. 이 경험으로 나는 겉모습을 멋지게 단장하는 것만으로도 기분이 좋아질 수 있다는 교훈을 얻었다.

실행 방법 ▶ 매일 정장용 모자와 턱시도로 치장할 필요는 없다. 그보다는 깔끔하고, 치수가 잘 맞는 옷을 입는 것이 중요하다. (다시 한번 말하지만, 가격이 저렴한 옷을 사면서 돈을 아끼려고 하기보다는 질이 좋은 옷을 고르도록 하자.) 잘 차려입기 위한 몇 가지 조언을 소개한다.

- **자신이 좋아하는 옷을 입는다**
  필요하다면 돈을 조금 더 써서라도 오랫동안 입을 수 있는 좋은 품질의 옷을 구매한다. 별로 마음에 들지 않지만 가격이 저렴한 옷보다 조금 비싸고 품질이 좋은 옷을 선택하는 편이 훨씬 낫다. 저렴한 옷은 금방 낡는다.

- **치수가 잘 맞는 옷을 구매한다**
  색상이 아무리 잘 어울리더라도 옷이 지나치게 크거나 작으면 전혀 갖춰 입은 느낌이 들지 않는다. 옷이 잘 맞지 않으면 수선해 입는다.

- **옷을 다려서 입는다**
  아무리 멋진 셔츠나 바지라도 쭈글쭈글하게 주름이 잡혀 있다면 멋져 보일 리가 없다. 아침에 시간을 내어 옷을 다리자. 정기적으로 드라이클리닝하는 것도 잊지 말자.

멋지게 차려입었을 때 달라지는 사람들의 반응을 보면 당신도 놀랄 것이다. 일주일 정도 이 습관을 꼭 한번 시도해보기 바란다. 이 습관이 즐겁게 여겨진다면, 어디에 가든 늘 옷에 신경 쓰게 될 것이다.

122 낯선 사람에게 친절을 베푼다

유형 보조 습관	실행 시간 항상	실행 빈도 매일

유익한 점 ▶ 친절은 전염된다. 아무 이유 없이 낯선 사람에게 친절을 베풀면, 그 사람들의 기분이 좋아져 또 다른 누군가에게 친절을 전하게 된다. 그러면 모두가 행복해지고 세상은 좀 더 살기 좋은 곳이 될 것이다. 이것이 바로 세상 곳곳에서 낯선 사람에게 친절을 베푸는 이유다. 낯선 사람에게 친절을 베푸는 일은 선량한 마음을 지닌 시민이 되는 것과 같다. 낯선 사람도 가족이나 친구처럼 대한다는 의미다. 이 습관은 큰 노력을 들이지 않아도 다른 사람의 하루를 기쁘게 할 수 있다는 점에서 훌륭하다.

실행 방법 ▶ 이 습관을 지키기 가장 좋은 시간은 주변에 다른 사람이 있을 때다. 사람들은 출퇴근길이나 쇼핑, 외출 등으로 밖에 있을 때 바쁘게 다니느라 스트레스를 받는다. 외출할 때마다 적어도 한 가지 이상 친절을 베풀어 스트레스를 받은 사람들의 하루를 기쁘게 만들어주는 것도 즐거운 일이다. 친절한 행동의 사례를 살펴보자.

- 뒤에 오는 사람을 위해 문을 잡아준다.
- 공공기관에서 근무하는 공무원이나 경찰관, 군인에게 '감사' 편지를 쓴다.
- 낯선 사람에게서 좋은 점을 발견하고 칭찬한다.
- 길거리나 숲에 떨어진 쓰레기나 재활용 쓰레기를 줍는다.

- 인터넷에서 받은 할인쿠폰을 여러 장 더 프린트해 매장의 필요한 사람들에게 나눠준다.
- 사람들이 누군가의 험담을 하고 있을 때, 그 사람의 장점을 이야기하며 대화에 끼어든다.
- 길을 잃은 아이의 가족을 찾아준다.
- 나이 드신 분이 장을 볼 때 도와드린다.
- 뒤에 줄 서 있는 사람의 커피 값까지 계산한다.
- 차가 고장 나 갓길에 세워놓은 사람을 돕는다.
- 길을 헤메는 사람을 발견하면 목적지까지 찾아갈 수 있도록 돕는다.
- 울고 있는 사람이 있으면 도울 일이 있는지 묻는다.
- 어딘가에 긍정적인 메시지를 남겨 누군가가 읽고 기쁜 하루를 맞이할 수 있도록 한다.
- 코인 미터기가 있는 주차장에서 다음 사람이 사용할 수 있도록 잔액을 남겨놓는다.
- 호텔 객실을 깨끗하게 정리해서 청소하는 사람의 일을 덜어준다.
- 식당 종업원에게 팁을 많이 준다.

다른 사람들은 어떻게 친절을 베풀고 사는지 궁금하거나, 자신의 경험을 다른 사람과 나누고 싶다면 서로 돕고 사는 사람들이 모인 소셜 미디어 카인드니스Kindness.org를 확인해보자. 다른 사람을 위한 작은 선행이 세상을 더욱 살기 좋은 곳으로 만들며, 도움이 필요한 곳에 자신이 힘을 보탤 수 있다는 생각에 만족감이 생긴다.

유형 보조 습관	실행 시간 항상	실행 빈도 매일

유익한 점 ▶ 다른 사람들과 함께 살거나 일한다면, 매일 그들을 돕는 것도 좋은 생각이다. 이 습관을 지키면 기분이 좋아질 뿐만 아니라 소중한 사람들에게 감사하는 마음도 생긴다. 주변 사람들의 일을 도우면 풀리지 않는 업무에서 잠깐 벗어날 수 있다. 프로젝트에만 매달리는 대신 남는 시간을 활용해 주변 사람들을 도우면, 사기가 오르고 행복 지수도 높아진다.

실행 방법 ▶ 주변 사람들을 돕는 데 엄청나게 많은 시간과 노력을 들일 필요는 없다. 잠시 다른 사람을 먼저 생각하는 마음만 있으면 된다.

- 가족 중 다른 사람이 하기로 한 빨래, 설거지, 쓰레기 버리기 등의 집안일을 대신 한다.
- 무거운 가방이나 짐을 힘겹게 들고 가는 사람을 돕는다.
- 직장이나 집에 있는 사람들을 위해 커피를 내리거나 사간다.
- 함께 일하는 사람들에게 나눠줄 도넛이나 베이글을 가져간다.
- 친구를 회사까지 차로 태워준다.
- 가족을 위한 아침 식사를 준비한다.
- 문을 열고 나서. 뒤따라 오는 사람들이 모두 들어올 때까지 문을 잡고 기다린다.
- 운전하면서 앞으로 끼어드는 차량에 양보한다.

위의 사례를 살펴보면 다른 사람들을 돕는 일이 어렵지 않다는 사실을 알 수 있다. 물론 이러한 행동은 사소한 일일 수도 있지만 다른 사람을 위한 사소한 일이 먼 길을 돌아와 결국 당신을 기분 좋게 만들어 줄 것이다.

124 자원봉사 활동을 계획한다

유형 보조 습관	실행 시간 항상	실행 빈도 매주 혹은 매달

유익한 점 ▶ 언젠가 달라이 라마Dalai Lama는 이렇게 말했다. "다른 사람이 행복하기를 바란다면 자비를 베풀어라. 그리고 스스로 행복해지고 싶을 때도 자비를 베풀어라." 이 격언은 다른 사람을 도우려고 하거나 세상을 조금 더 좋은 곳으로 만드는 데 보탬이 되면, 스스로 내면의 행복을 찾게 된다는 의미를 담고 있다. 남을 도우려는 생각이 있다면 주간이나 월간 단위로, 혼자서 혹은 가족과 함께 자원봉사 활동을 계획해보자. 다음은 자원봉사의 6가지 장점이다.

- **기술을 적극적으로 활용할 수 있다**
  자원봉사라고 늘 무료 급식소에서 감자와 당근을 식판에 담아주는 일만 하는 것은 아니다. 자신의 재능이나 기술을 활용해서 남을 도울 기회도 찾아볼 수 있다. 예를 들어 컴퓨터를 잘 다루는 사람이라면 노인 대상으로 컴퓨터 사용법을 알려주는 자원봉사에 참여할 수 있다. 이러한 봉사활동은 기술을 더욱 탄탄하게 다지면서 동시에 다른 사람도 도울 수 있는 좋은 기회다.

- **성장하는 기회가 된다**

  기술을 배울 수 있는 프로젝트에 자원봉사로 참여하면 역량을 키울 수 있다. 해비타트 Habitat for Humanity [52] 의 프로젝트에 참여하면 나중에 자신의 집을 지을 때 활용할 수 있는 건축의 기본 기술을 배울 수 있다. 또 길가의 덤불을 제거하는 자원봉사에 참여하면 바쁜 일로 쌓였던 스트레스가 풀리기도 한다.

- **여가를 여유롭게 누릴 수 있다**

  상반되는 이야기처럼 들릴지도 모르겠지만, 자원봉사를 하면 늘 일정에 쫓기지 않게 되어 오히려 시간이 넉넉하게 느껴진다. 《하버드 비즈니스 리뷰 Harvard Business Review》에 실린 한 기사에서 심리학 교수 모길너 Mogilner는 자원봉사를 하는 사람들은 시간이 더 많다고 느낀다고 밝혔다. 이들은 시간에 속박되어 있다고 느끼지 않으며, 서두르지 않고, 스트레스도 적게 받는다. 모길너 교수에 따르면 "실험 결과, 자신의 시간을 다른 사람을 위해 쓰는 사람들은 시간을 낭비하는 사람들이나 자신만을 위해 시간을 쓰는 사람들, 갑자기 휴식 시간이 생긴 사람들보다 오히려 '시간이 풍족하다'고 느끼며, 시간을 여유롭게 활용한다."

- **인맥을 넓힐 수 있다**

  자원봉사는 사람들을 만날 수 있는 좋은 기회. 특히 다른 사람들의 복지를 생각하는 사람들과 관계를 맺을 수 있다. 어쩌면 다른 사람을 돕다가 친구나 연인을 만날지도 모르는 일이다.

- **체력과 건강이 좋아진다**

  자원봉사를 하다 보면 쉬는 날에 몸을 쓰며 일하는 경우도 있다. 하

---

52 열악한 주거환경과 막대한 주거비용으로 어려움을 겪는 무주택 가정의 서민들에게 자원봉사자들이 무보수로 설계와 노동을 제공하여 집을 지어주는 국제적인 민간 기독교 운동단체. (한국해비타트, www.habitat.or.kr)

루 정도 야외에서 작업하면, 실내에서 이메일을 확인하거나 텔레비전을 보면서 시간을 보내는 것보다 훨씬 건강에 도움이 된다.

- **다른 사람을 도울 수 있다**

  자원봉사의 가장 큰 장점은 다른 사람을 도울 수 있다는 점이다. 다른 사람의 삶에 긍정적인 영향을 주는 일은 그 가치를 측정할 수 없다.

자원봉사는 여러 가지로 도움이 되지만, 소요 시간과 일정상 습관 목록에 포함하기는 어렵다. 그래서 내가 제안하는 방법은 매주 5~10분 정도 시간을 할애해 참여할 수 있는 자원봉사 활동을 조사하고 일정을 계획하는 일을 습관으로 만드는 것이다. 이 습관은 자신과 가족을 위한 문화 활동을 계획하는 것과 비슷하다.

실행 방법 ▶ 자원봉사를 가로막는 가장 높은 장벽은 불확실성이다. 도움은 주고 싶으나 시간이 얼마나 걸릴지, 어디서부터 시작해야 할지 정확하게 알지 못하기 때문이다. 그래서 미리 일정을 계획하면 자원봉사를 하지 못하는 핑계거리를 차단할 수 있다. 주변 지역에서 할 수 있는 자원봉사 기회를 찾는 방법은 3가지가 있다.

첫째, 지역 도서관이나 주민센터에 가면 도움이 필요한 기관의 자원봉사 모집 안내문이 붙어 있는 경우가 많다. 만약 찾기가 어려우면 직원에게 관련 정보를 어디서 찾아볼 수 있는지 문의한다.

둘째, 인터넷에서도 자원봉사 기회를 찾아볼 수 있다. 아래 웹사이트를 참고하자.

- www.volunteermatch.org

- www.idealist.org
- www.pointsoflight.org/handsonnetwork

위의 세 웹사이트는 유사하며, 거주 지역 근처의 기관을 유형별로 찾아보거나 자신이 보유한 기술로 검색할 수 있다. 세 번째 웹사이트는 기관의 유형으로만 검색할 수 있다.[53]

셋째, 근처 교회주보에서도 자원봉사 기회를 찾을 수 있다. 신앙을 기반으로 하는 모임은 대부분 자원봉사나 전도 활동을 정기적으로 진행한다.

인근 지역에서 자원봉사 기회를 찾는 일은 어렵지 않다. 일정이 코앞에 닥쳤을 때 바쁘게 찾아보지 말고, 매주 시간을 정해서 미리 조사하고 일정을 계획하자.

125 자선 단체에 기부한다

유형 보조 습관	실행 시간 항상	실행 빈도 매달

유익한 점 ▶ 영성을 위한 다른 습관과 마찬가지로 다른 사람을 도우면 기분이 좋아진다. 매달 자선 단체에 기부하며 다른 사람을 도울 수도 있다. 이는 기쁜 마음을 안겨줄 뿐만 아니라 세금 절감 효과도 있다.

---

53 국내에서는 www.1365.go.kr이나 각 지역의 자원봉사센터를 이용할 수 있다.

실행 방법 ▶ 자선 단체에 기부하는 사람들이 가장 알고 싶어 하는 정보는 수혜자에게 실제로 전달되는 금액이다. (단체를 운영하는 사람들의 주머니만 채우는 것은 아닌지 걱정하는 것이다.) 물론 기부금 중 일부가 해당 단체 직원의 인건비와 행정 업무 비용으로 쓰이는 것은 당연한 일이지만, 이러한 비용이 지나치게 높은 단체는 피하는 것이 좋다. 다행히도 기부금에서 수혜자에게 전달하는 비용의 비중이 높은 자선 단체를 찾아보는 방법이 있다. 자선 단체는 의무적으로 기부받은 내용과 해당 비용을 어디에 지출했는지 신고해야 하기 때문이다. 그러므로 나는 자선 단체를 고를 때 주로 기브웰 웹사이트 GiveWell.org 에서 찾는다. 이곳에서는 4가지 기준을 바탕으로 훌륭한 자선 단체를 평가한다.

- 확실한 효과가 있는 프로그램 운영
- 비용 효율성
- 투명성
- 추가 기금 활용 능력

내가 기브웰을 주로 이용하는 이유는 사용하기 간편하기 때문이다. 다른 서비스의 경우 자선 단체의 순위를 알려주지만, 기브웰은 어떤 단체가 가장 훌륭한지 지정한다. 기부할 자선 단체의 순위를 파악하고 스스로 결정하기를 원하는 사람이라면 채러티 내비게이터 Charity Navigator 를 활용해도 좋다. 이 웹사이트는 지명도가 높은 자선 단체 관련 정보를 아래 항목에 따라 상세하게 전달한다.

- 행정 비용 지출 규모 (적십자나 YMCA같이 직원이 많은 단체를 제외하고, 나머지 단체는 행정 비용의 규모가 작은 것이 좋다.)
- 광고비 지출 규모
- 수혜자에게 직접 전달되는 기부금 규모
- 전반적인 평가 점수

　지속적으로 지원할 자선 단체를 매달 조사해보자. 그리고 자신이 중요하게 생각하는 가치와 신념에 일치하는 단체 몇 가지를 고르고 매달 계좌에서 기부금이 빠져나갈 수 있도록 자동이체를 설정한다. 매달 자동이체 기록을 살펴보며 원래 금액만큼 기부를 계속할지, 금액을 늘리거나 줄일지 결정하면 된다.

126 재활용하는 습관을 지킨다

유형　보조 습관	실행 시간　항상	실행 빈도　매주

　유익한 점 ▶ 자원을 재활용하면 세상에 버려지는 쓰레기가 줄어들어 환경에 큰 도움이 된다. (게다가 아주 쉽다.)

　실행 방법 ▶ 처음에는 재활용하는 방법이 어려워 보일 수도 있지만, 재활용과 일반 쓰레기를 구분하고, 적절한 장소에 버리기만 하면 된다.

- 재활용품을 구별해서 담을 수 있는 용기를 구매한다. 거주 지역 관할 사무소에 연락해서 재활용할 수 있는 물건의 종류를 확인하고 종류의 수만큼 용기를 주문한다. 예를 들어 유리, 플라스틱, 알루미늄, 종

이, 상자를 재활용할 수 있다면 각각에 해당하는 재활용 용기를 구매한다.

- 쓰레기를 버리기 전에 '재활용할 수 있을지' 생각해본다. 확실하지 않은 경우에는 인터넷에서 검색해 답을 찾는다.

- 양념이 들어 있던 유리병처럼 음식물 찌꺼기가 남아 있으면 물로 씻어낸다. 버리기 전에 깨끗이 씻어내면 역겨운 냄새가 나지 않아 재활용 센터에서 일하는 사람들에게 도움이 될 것이다.

- 다른 용도로 활용할 수 있는 물건은 버리지 않는다. 재활용이란 물건을 다시 사용하는 것이므로 집에서부터 실천할 수 있다. 유리병을 깨끗이 씻은 후, 동전을 보관하는 등 다른 용도로 활용하는 것이다. 이를 통해 환경 보호에 동참할 수 있고 새로운 병을 사지 않아도 되니 돈을 절약할 수 있다.

- 매주 재활용하는 물건의 양을 확인한다. 일반 쓰레기의 양이 재활용 쓰레기의 양보다 훨씬 많은 경우, 재활용 쓰레기의 양을 더 늘리기 위한 방법을 고민해본다.

재활용 습관은 우리가 환경에 미치는 나쁜 영향을 줄이기 위한 여러 가지 방법 중 하나다. 시간과 약간의 금전적 투자가 필요한 일이지만, 앞으로 살아갈 세대가 더 좋은 세상을 살 수 있도록 돕는 작은 희생이라고 생각하자.

127 환경을 보호하는 활동에 참여한다

유형 보조 습관	실행 시간 항상	실행 빈도 매일

유익한 점 ▶ 개인의 행동에 변화를 주면, 환경에 긍정적인 영향을 미칠 수 있다. 문명에서 완전히 벗어나 흙집에서 살기는 어렵겠지만, 일상생활에서 낭비하는 습관을 고치고 삶의 터전인 환경과 자원에 감사하는 마음을 갖자.

실행 방법 ▶ 환경을 보호하는 태도를 갖추려면 좋은 습관을 지키는 것도 중요하지만 동시에 나쁜 습관을 없애야 한다. 하루를 시작하면서 당신이 내리는 결정이 환경에 어떠한 영향을 미치는지, 부정적인 영향을 줄일 방법이 있는지 생각해보자.

- **샤워를 빨리 끝낸다**
  사람들은 하루에 평균 300~380리터 정도의 물을 사용하며, 이 중 대부분이 샤워하는 데 쓰인다. 샤워할 때 타이머를 설정해서 5분 이내로 끝내자.

- **사용하지 않는 전자 제품의 코드를 빼둔다**
  텔레비전의 전원을 꺼도 코드가 콘센트에 꽂혀 있으면 전기를 소모한다. 텔레비전을 끈 후, 일어나서 코드까지 뽑는 습관을 들이자.

- **장바구니를 사용한다**
  천으로 된 장바구니를 사용하면, 비닐봉지나 종이 쇼핑백을 쓰는 것보다 환경에 훨씬 큰 도움이 된다. 그리고 장바구니는 비닐봉지나 종이 쇼핑백보다 튼튼해서 물건을 더욱 많이 담을 수 있다.

- **육류를 적게 섭취한다**

  가축을 도살하는 것은 환경에 몹시 나쁜 영향을 끼친다. 하루에 한 끼 정도 고기가 없는 식사를 하면 탄소 배출을 조금 줄일 수 있다.

- **차량 운전을 줄인다**

  외출할 때마다 차를 타고 나가면 환경에 나쁜 영향을 미치는데, 사실 차로 이동하지 않아도 되는 경우가 많다. 가까운 곳에 갈 경우 걸어가거나 자전거를 타자.

이와 같은 습관 몇 가지만으로도 지구에 장기적으로 긍정적인 영향을 미치게 된다. 매일 자신의 행동을 곰곰이 생각해보고, 탄소 배출을 조금씩 줄여가는 방법을 실천하자.

3부

성공한 사람의
하루는
습관 쌓기로
이루어져 있다

12장

습관 쌓기를 시작했다면
어제와는 다를 것이다

습관 쌓기가 아직 어려운 사람에게

지금까지 습관 목록을 만드는 법과 일과에 적용할 수 있는 127가지 습관을 알아보았다. 이제 남은 것은 습관을 체계적으로 일과에 반영하는 방법이다. 이 장에서는 실제로 도움이 된다고 증명된 9가지 예시 습관 목록을 살펴볼 것이다. 시작하기 전에 여기서 소개하는 목록은 단지 예시에 불과하다는 사실을 분명히 해둔다. 예시로 제안한 습관 중 일부 혹은 전체를 '반드시' 따라야 하는 것은 아니다. 그보다는 자신의 습관 목록을 만들기 위해 참고하는 출발점으로 활용하자.

❶ 아침 습관 목록
전체 소요 시간: 40~50분

아침 습관 목록은 잠에서 깨어나 힘차게 하루를 시작하려 할 때, 혼미한 정신을 깨는 데 도움이 된다. 이 시간대에는 건강이나 마음 챙김, 일정 계획을 중심으로 습관을 구성하면 좋다.

- 1리터 물병을 채운다 (습관 45)
- 건강 스무디를 만든다 (습관 44)
- 매일 비타민을 챙겨 먹는다 (습관 43)
- 7분 운동을 한다 (습관 48)
- 목표를 확인한다 (습관 3)
- 가장 중요한 업무 3가지를 정한다 (습관 2)
- 책 한 장 분량을 읽는다 (습관 63)
- 명상을 하거나 (습관 53) 또는 명상 샤워를 한다 (습관 117)
- 점심 도시락과 간식, 커피를 집에서 챙겨 간다 (습관 28)
- 애정이 담긴 메모를 남긴다 (습관 97)

❷ 점심시간 습관 목록
전체 소요 시간: 45분

한참 동안 일을 하고 난 후에는 몸과 마음에 휴식이 필요하다. 다른 사람들과 마찬가지로 점심시간에 늘 하던 대로 밥을 먹고, 친구들과 이야기를 나누거나 인터넷 서핑을 할 수도 있다. 그러나 이 시간을 효과적으로 활용하고 싶다면, 점심을 간단히 먹은 후, 에너지를 충전하는 습관 몇 가지를 지키면 오후 업무를 힘차게 이어갈 수 있다.

- 야외로 나간다 (습관 69)
- 마음 챙김 산책을 한다 (습관 118)
- 점진적 근이완법을 실행한다 (습관 113)
- 사무실에서 맨손 체조를 한다 (습관 50)
- 사무실 책상을 청소한다 (습관 82)
- 진정 효과가 있는 음료나 차를 마신다 (습관 120)
- 책 한 장 분량을 읽는다 (습관 63)

❸ 저녁 습관 목록 | 전체 소요 시간: 20분(사무실에서) + 25분(집에서)

하루를 어떻게 마감하느냐에 따라 다음 날 아침의 마음가짐과 업무 효율에 차이가 생긴다. 이 목록에서 소개하는 습관은 하루를 완벽하게 마무리할 수 있게 돕는다. (사무실뿐 아니라 집에 돌아온 이후에도 다음 날을 준비하기 위한 습관을 지킨다.)

사무실에서
- 업무 시간의 활동을 기록한다 (습관 12)
- '완료 업무 목록'을 쓴다 (습관 14)
- 사무실 책상을 청소한다 (습관 82)
- 새로운 것을 배운다 (습관 61)

집에서
- 물건 세 가지를 치운다 (습관 80)
- 아침에 가지고 나갈 물건을 미리 한곳에 모아둔다 (습관 89)
- 식단 일기를 쓴다 (습관 41)
- 기분 전환을 한다 (습관 74)

- 저녁 휴식 시간을 지킨다 (습관 54)
- 수면 주기 앱을 이용한다 (습관 55)

❹ 업무 생산성을 위한 습관 목록 | 전체 소요 시간: 26분

생산성은 근무 시간이 아니라 완료한 업무의 질로 평가하는 것이다. 성공하려면 활력이 넘치고 의지가 충만한 시간대에 중요한 업무를 할 수 있도록 일정을 계획해야 한다. 이 목록에서 소개하는 습관이 이를 도와줄 것이다.

- 업무가 중단되지 않는 환경을 만든다 (습관 7)
- 가장 중요한 업무 3가지를 정한다 (습관 2)
- 가장 어려운 일을 먼저 한다 (습관 4)
- 음악으로 집중력을 향상시킨다 (습관 9)
- 업무 시간의 활동을 기록한다 (습관 12)
- 뽀모도로 시간 단위로 일한다 (습관 13)
- 업무를 완료할 때마다 자신에게 보상을 준다 (습관 11)
- '완료 업무 목록'을 쓴다 (습관 14)

❺ 운동 습관 목록 | 전체 소요 시간: 19분

때로는 아주 사소한 일이 습관을 지키려는 의지를 단단하게 하거나 반대로 꺾어버린다. 이는 특히 운동을 할 때 자주 일어난다. 날씨가 별로 좋지 않거나, 운동 도구나 운동복을 챙기지 못했을 때 운동 습관을 지키지 않고 건너뛰는 경우가 생긴다. 운동 습관 목록을 따르면 운동하러 가지 않을 핑계거리를 미리 차단할 수 있다.

- 아침에 가지고 나갈 물건을 미리 한곳에 모아둔다 (습관 89)
- 습관을 지키는 장소와 비마인더를 연결한다 (습관 56)
- 운동을 한다
- 유연성을 늘린다 (습관 51)
- 몸무게를 측정한다 (습관 40)
- 일일 운동 일지를 적는다

❻ 체중 감량을 위한 습관 목록 | 전체 소요 시간: 35~40분(매주) + 5~15분(매일)

유행하는 다이어트 방법만으로는 평생 원하는 몸무게를 유지하기 어렵다. 체중 감량에 도움이 되는 작은 습관을 쌓아가야 한다. 아래의 습관 목록을 적용하면, 자신도 모르게 서서히 꾸준하게 몸무게가 줄어들 것이다.

매주
- 식단 계획을 세운다 (습관 32)
- 장보기 목록을 만든다 (습관 33)

매일
- 식단 일기를 쓴다 (습관 41)
- 식단에서 한 가지 재료를 바꾼다 (습관 42)
- 1리터 물병을 채운다 (습관 45)
- 만보기를 착용한다 (습관 46)

- 업무 중 휴식 시간에 걷는다 (습관 47)
- 습관을 지키는 장소와 비마인더를 연결한다 (습관 56)
- 몸무게를 측정한다 (습관 40)

❼ 데이트를 위한 습관 목록 | 전체 소요 시간 : 5~10분(매주) + 22분(매일)

좋은 연인을 찾고 싶다면 데이트 앱의 화면을 좌우로 넘기며 이상형을 찾는 것에서 벗어나 다양한 활동을 할 필요가 있다. 완벽한 이상형을 찾고 싶다면 휴대폰 속의 세계가 아닌 진짜 세상으로 나가자. 데이트에 성공하려면 자신이 좋아하는 활동 위주로 인맥을 넓히고 '자연히' 주변 사람들의 호감을 사는 다재다능한 사람이 되는 것이 좋다. 이어서 소개하는 습관을 지키면 인맥을 넓히는 것은 물론 친구들이나 데이트 상대와 즐겁게 지내는 데 도움이 될 것이다.

매주
- 즐길 만한 문화 활동을 조사한다 (습관 102)

매일
- 자신감이 생기는 옷을 입는다 (습관 121)
- 자신을 행복하게 만드는 행동을 한다 (습관 91)
- 새로운 사람에게 말을 건넨다 (습관 92)
- 데이팅 앱에서 하루에 한 명에게만 연락한다 (습관 93)
- 작은 일이라도 진심으로 칭찬한다 (습관 94)

❽ 주간 습관 목록

| 전체 소요 시간 : 81분

균형 잡힌 삶을 사는 데 필요한 주간 습관이 몇 가지 있다. 일요일에 적어도 한 시간 정도를 할애해서 다가오는 일주일을 계획해보자. 이 시간 동안에는 한 주 동안 해야 할 중요한 일이 무엇인지 살펴보고, 친구들이나 가족과 함께 즐길 거리를 계획하며, 업무 프로젝트의 계획을 세운다. 다음 예시를 살펴보며 자신만의 목록을 만들어보자.

- 안전 점검을 한다 (습관 60)
- 과제나 업무를 실행하기 쉬운 세부 단계로 나눈다 (습관 5)
- 다른 사람에게 위임하거나 맡길 업무를 하나 정한다 (습관 15)
- 흩어져 있는 서류를 철한다 (습관 83)
- 청구서를 확인한다 (습관 24)
- 식단 계획을 세운다 (습관 32)
- 장보기 목록을 만든다 (습관 33)
- '버킷 리스트'를 추가한다 (습관 71)
- '근미래 버킷 리스트'를 추가한다 (습관 72)
- 자원봉사 활동을 계획한다 (습관 124)

❾ 파워 습관 목록

| 전체 소요 시간 : 60분

파워 습관 목록은 삶에 가장 큰 영향을 끼치는 최고의 습관을 모아놓은 것이다. 이 목록에서 성공한 사람들이 꾸준히 지키는 습관이 무엇인지 살펴보고, 매일 아침 파워 습관을 따라 해보자. 어떤 습관을 선택할지는 당신의 결정에 달렸지만, 파워 습관 목록을 잘 활용

하기 위해서 할 엘로드$^{Hal Elrod}$의 『미라클 모닝$^{The Miracle Morning}$』(한빛 비즈, 2016)에서 사례를 직접 찾아보면 유용할 것이다. 할이 제안하는 'S.A.V.E.R.S.' 공식에서 S는 침묵^{Silence}, A는 확언^{Affirmations}, V는 시각 화^{Visualization}, E는 운동^{Exercise}, R은 독서^{Reading}, 마지막 S는 일기 쓰기 ^{Scribing}를 뜻한다. 이 습관을 실행하는 데 각각 10분이 걸리고, 6가지를 모두 끝내면 1시간이 걸린다. 할의 습관 목록을 실행에 옮기고 싶다면, 간단히 정리해둔 아래 내용을 참고하기 바란다.

- 침묵^{Silence}: '일상의 소음'을 차단하고 마음을 가다듬기 위한 명상이나 기도, 호흡
- 확언^{Affirmations}: 목표를 향해 나아가기 위해 습관을 지키도록 격려하는 말
- 시각화^{Visualization}: 목표를 달성한 모습을 시각화하며 이상향의 모습을 나타낸 마음속 영상
- 운동^{Exercise}: 혈액 순환과 기분 전환에 도움이 되는 짧고 간단한 운동
- 독서^{Reading}: 삶을 풍요롭게 하는 주제나 자신의 목표와 관련한 내용을 담은 양질의 비소설 책 읽기
- 일기 쓰기^{Scribing}: 생각을 글로 표현하고 현재 겪고 있는 어려움을 되새겨보는 일기 쓰기

지금까지 살펴본 목록은 수많은 습관 목록 중 9가지만 예시로 골라놓은 것이다. 각자가 만들 수 있는 습관 목록의 가짓수는 실로 무한하다. 지금까지 살펴본 습관 중에서 관심이 가는 몇 가지만 고르고 나머지는 머릿속에서 지워버려도 된다. 먼저 성취하고 싶은 목표와 이를

달성하기 위해 매일 실행할 수 있는 습관을 생각해보자. 마음속에 떠오르는 것이 있다면, 바로 그것이 당신의 목록에 포함될 습관이다.

이제 와서 고백하지만, 지금까지는 습관 쌓기의 이상적인 모습만 이야기했다. 물론 당신에게는 완벽한 시나리오만 있길 바라지만, 현실주의자로서 나는 삶에 어려움이 닥치거나 심지어 일상이 무너져 내리는 순간이 '분명히' 온다고 생각한다. 그러므로 그런 상황에 대비하여 대처 방법을 잘 알아둘 필요가 있다. 다음 장에서 계속해서 살펴보겠다.

당신을 방해하는 6가지 문제

누구나 습관을 형성하려고 할 때 어려움을 겪는다. 삶을 개선하는 새로운 방법을 알게 된 후 설레는 마음으로 시작해보지만, 며칠이 지나면 생각했던 것보다 훨씬 지키기가 어렵다는 사실을 깨닫게 된다. 그러면 대개는 새로운 습관을 지속할 수 없어 결국 좌절감을 느끼며 '모두' 그만둬버린다. 사람들이 습관 들이기를 그만두는 이유는 '게을러서'가 아니다. 어려움이나 문제가 생겼을 때 극복하는 방법을 모르기 때문이다. 습관을 방해하는 사건이 생겨 '달리던 말에서 떨어졌을 때 다시 올라타는' 방법을 모르기 때문이다.

어떤 유형의 습관이든 지속성을 유지하는 비결은 계획된 일상을 방해할만한 문제를 미리 파악하고 이에 대비한 계획까지 세워두는 것이다. 이 장에서는 성공을 방해하는 6가지 문제를 하나하나 살펴보자.

"동기부여가 되지 않아 시작할 마음이 들지 않아요."
"습관 쌓기를 실천할 시간이 없어요."
"머릿속에 생각이 많다 보니 습관 쌓기를 잊어버려요."
"그 시간에 해야 할 더욱 중요한 일이 있어요."
"자꾸 습관을 지키지 않게 돼요."
"갑자기 일이 생겨 계획이 틀어져요."

습관 쌓기를 삶에 적용하다 보면 어려움을 겪는 경우가 생긴다. 그러므로 이 장을 '적어도' 한 번은 꼭 읽어보고, 어려움이 닥쳤을 때 다시 찾아볼 수 있도록 책갈피를 꽂아두자.

문제 1. "동기부여가 되지 않아 시작할 마음이 들지 않아요."

습관 목록을 계획하고 체크리스트까지 모두 준비했지만, 시작할 마음이 들지 않을 수 있다. 습관 목록을 지키는 것보다 더 중요해 보이는 다른 수많은 일이 떠오르기도 한다. 확신하건대, 당신만 그런 생각이 드는 것은 아니다. 실제로 많은 이들이 습관을 지키는 데 어려움을 겪는다. 이미 천 번 이상 지키며 영구적인 습관으로 자리 잡은 경우에도 그럴 때가 있다.

앞에서 얘기했지만, 나는 일 년에 두 번은 마라톤에 참가하려고 한다. 이를 위해서는 매주 그다지 유쾌하지 않은 환경에서 엄청난 양의 달리기를 해야 한다. 어떤 날은 너무 덥고, 어떤 날은 너무 춥다. 비가 오기도 하고, 어두컴컴하기도 하며, 체육관의 트레드밀에서 뛸 때는 지루하기까지 하다. 솔직히 말하면, 뛰기로 한 시간마다 50%의 확률로 '하고 싶지 않다'는 생각이 든다. 그럼에도 나는 자신에게 '창의적인 거짓말'을 하면서 일단 시작하도록 밀어붙인다. 의욕이 들지 않을 때마다 스스로에게 "2~3킬로미터만 뛰고 나서 더 뛸지 말지 결정하자."고 말하는 것이다. 그러면 보통 3킬로미터 정도 뛰었을 때쯤 더 멀리까지 달릴 힘이 생겨 운동 습관을 온전히 지킬 수 있게 된다.

마찬가지로 당신도 습관 목록을 실행에 옮길 의욕이 생기지 않을 때 창의적인 거짓말을 사용해보자. 시작하기가 어려운 습관이라면 무엇이든 이 방법을 활용할 수 있다. 이것이 바로 앞에서 언급했던 미니 습관이다.

미니 습관: 습관을 쉽게 시작하는 방법

'미니 습관'은 내 친구인 스티븐 기즈가 같은 제목의 책에서 처음 사용한 용어다. (이와 유사하게 심리학자인 BJ 포그^{BJ Fogg}가 제안한 '깨알 습관 Tiny Habits'이라는 개념도 있다.)

미니 습관의 목적은 어렵거나 시간이 오래 걸리는 일을 시작할 때 생기는 저항감을 줄이는 것이다. 한 시간 동안 달리겠다는 습관을 계획하기는 쉽지만, 의욕이 없을 때 이 습관을 지키기는 어렵다. 미니 습관은 동기가 부족해도 습관을 지킬 수 있게 해준다. 도전적인 목표를 세우기보다는 아주 쉽게 시작할 수 있도록 일부러 '낮은' 목표를 세우는 것이다. 핵심을 짚어보기 위해 간단한 시나리오를 한번 가정해보겠다.

당신이 매일 30분씩 운동하기로 목표를 세웠다. 첫 주에는 이 습관을 완벽하게 지킬 것이다. 체육관에 회원으로 등록하고, 그룹 수업에 참여하며, 운동으로 분비되는 엔도르핀에 즐거움을 느낀다. 어느 날 회사에서 야근 때문에 어쩔 수 없이 그룹 수업에 빠지게 된다. '괜찮아. 내일 하면 되지 뭐'라며 자신을 안심시키지만, 마음 한구석에 슬그머니 '새로운 운동 습관을 계속 지킬 수 있을까' 하는 의구심이 들기 시작한다.

이러한 패턴이 그다음 몇 주간 계속 반복된다. '아이가 독감에 걸렸다', '운동복을 챙겨 오지 않았다', '눈이 많이 와서 길이 미끄럽다', '고양이 목욕을 시켜야 한다' 등 수업을 빠질 만한 이유는 수십 가지다. 갑자기 '30분 운동 시간'이 앞으로도 계속 지킬 수 없는 일이 되고 만다. 어디서 많이 들어본 얘기 같지 않은가? 미니 습관은 습관을 '도저히 지키기 힘들다'는 부담감을 없애며 이러한 시나리오를 미리 방지한다. 스티븐의 이야기를 들어보자.

"사람들이 변화를 시도할 때는 변화하고자 하는 열망으로 가득하다. 그러나 아무리 간절하게 변화를 원해도 아직 변화한 것은 아니다. 의욕이 사라지면 변화로 향하는 길도 마찬가지로 사라진다. 이럴 때는 동기가 더 필요한 것이 아니라 '현재의 나'가 갖고 있는 능력을 활용해 '더욱 훌륭한 나'로 끌어줄 적절한 전략이 필요하다."

이를 다시 정리하면, 변화를 지속하기 위해서는 실행에 옮기기 쉽고, 계속해서 반복하기에도 용이한 목표를 정하는 것이 가장 간단하고 효과적이다.

스티븐의 '팔굽혀펴기 1회'

스티븐은 '팔굽혀펴기 1회' 경험을 통해 미니 습관의 개념을 발견했다. 그는 운동 목표를 달성하기 위해 오랜 기간 의지력과 동기에 상당히 매달렸다. 그러던 어느 날 스티븐은 '팔굽혀펴기 1회'라는 아주 쉬운 목표 하나를 세우기로 했다. 팔굽혀펴기를 한 번 하고 나서 조금 더 하고 싶으면 더 하는 방식이었다. 이 목표의 핵심은 터무니없이 쉬운 목표를 설정하는 것이었다.

팔굽혀펴기를 몇 번 했느냐는 사실 큰 의미가 없다. 여기서 중요한 사실은 그가 결국 운동 습관을 형성했다는 것이다. 스티븐은 무슨 일이 생겨도 매일 팔굽혀펴기 목표를 지킬 수 있었다. 이에 대해 스티븐은 다음과 같이 설명한다.

매일 조금씩 하는 운동이 하루만 집중적으로 운동하는 것보다 훨씬 더 효과가 있다. 매일 조금씩 하면 습관으로 자리를 잡으며 점점 시간이 흐를수록 운동에 대한 저항감을 줄여주는 반면, 어느 날 갑자기 지나치게 운동하면 며칠간 통증을 느끼고 거기서 그만두게 된다. 나는 운동에 대한 저항감이 줄어들었을 때 일주일에 3~6회 체육관에 가는 습관을 덧붙였다. 그런 이후로는 예전 상태로 되돌아간 적이 없다.

미니 습관은 다음의 5가지 이유로 습관 목록을 지킬 수 있게 도와준다.

- **작은 성공이 그다음 성공을 부른다**
  실패를 반복하면 시작할 용기를 잃는다. 이와 반대로 미니 습관은 매일 중요한 목표를 '일단' 성취하게 함으로써 흥미를 북돋운다. 나를 믿고 따라 해보자. 30일 연속으로 습관을 지킨 후에는 매일 습관을 지킬 의욕이 생길 것이다.

- **실패를 반복하면 시작할 용기를 잃는다**
  이와 반대로 미니 습관은 매일 중요한 목표를 성취하게 함으로써 흥미를 북돋운다. 역시 나를 믿고 따라 해보자. 30일 연속으로 습관을 지킨 후에는 매일 습관을 지킬 의욕이 생길 것이다.

- **죄책감을 없앤다**
  새로운 목표를 며칠 연속으로 달성하면 즐거워진다. 이는 하루나 이틀 목표를 달성하지 못할 때 생기는 감정과 정반대의 느낌이다. 지나치게 의욕적인 목표를 세워봐야 얻을 것이 없다. 즐거움을 느껴야 할 습관에 부정적인 태도만 취하게 할 뿐이다.

- **습관을 지킬 의욕이 생긴다**

매일 '오랜 시간'을 쏟아부어야 하는 일은 자꾸 미루게 된다. 이내 이 습관만 생각하면 두려움이 엄습한다. 달성할 수 있는 목표를 세우면, 도전할 만하다는 생각이 들어 무력감을 떨쳐내고 쉽게 시작할 수 있다.

- **계획한 것보다 더 많이 하게 된다**
  무력감을 떨쳐내고 일단 시작하면 놀라운 일이 생긴다. 하던 것을 마저 더 하자는 다짐을 스스로 하면서 원래 계획했던 것보다 훨씬 더 많이 하게 된다. 자기 자신을 속여서 일단 시작하게 만드는 자기기만의 힘을 활용하는 것이다. 이 힘은 결국 추진력을 만들어 일일 목표를 달성한 이후에도 멈추지 않고 하던 일을 계속하게 만든다.

- **결국 습관을 형성한다**
  습관을 형성할 때는 정해둔 목표량을 달성하는 것보다 지속성을 유지하는 것이 더욱 중요하다. 초기에는 휴대폰 알람 같은 외부 요인이 있어야 습관을 실행에 옮길 수 있었겠지만 지속성을 유지하다 보면 나중에는 매일 정해진 시간에 스스로 습관 목록을 떠올리게 된다. 이것이 바로 좋은 습관을 형성하면 나타나는 현상이다.

미니 습관을 습관 쌓기에 적용하는 법

무슨 일이 생겨도 습관 목록을 실행에 옮길 수 있는 미니 습관을 만들어보자. 대체로 습관을 지키는 데 필요한 노력이 클수록 중도에 포기하는 경우가 많아지므로, 미니 습관은 갓난아기도 지킬 수 있을 정도로 쉽고 간단하게 만들어야 한다. 미니 습관의 목표로 활용할 수 있는 사례를 한번 살펴보자.

- 습관 목록 중 첫 번째 습관'만' 지킨다.
- 습관 목록의 절반만 지키기로 스스로 약속한다.
- 시간이 오래 걸리는 습관은 소요 시간을 줄인다.
- 정말 하기 싫은 습관이 있으면 건너뛴다.
- 일단 시작하고 재미없으면 그만두기로 한다.

사실 여기서 얘기하는 조언은 4부에서 설명한 습관 쌓기의 법칙과 상충하는 것처럼 보일 수 있다. 그러나 의욕이 떨어져 동기가 부족할 때는 계획한 습관을 실행에 옮기도록 뒤에서 밀어주는 더 큰 힘이 필요하다. 미니 습관의 목표를 세우는 일이 바로 그 힘이 될 수 있다. 미니 습관이 있으면 너무 힘들고 지쳐서 습관 목록을 지키지 않고 건너뛰려는 상황이 일어나지 않도록 해줄 것이다.

습관 목록 전체를 다 지킬 수 없는 날이 분명히 올 것이다. 앞에서 여러 번 말했지만 매일 빠짐없이 습관을 지키며 지속성을 유지하는 것이 가장 중요하다.

문제 2. "습관 쌓기를 실천할 시간이 없어요."

가끔은 새로운 습관을 하루 중에 끼워 넣기가 힘들 정도로 바쁘다고 느껴질 때가 있다. 바쁜 하루를 보내고 스트레스를 잔뜩 받은 저녁 시간대에 습관 목록을 계획했을 때 특히 그렇다. 하루 중에 30분만 할

애하면 되는 간단한 일이라며 넘어가지는 않겠다. 이런 경우 숨어 있는 시간을 '찾아내는' 두 가지 전략이 있다.

1. 거절하는 법을 배운다

지금 당장 당신의 일정표에서 줄이거나 아예 없앨 수 있는 일정이 분명 몇 가지 있을 것이다. 늘 30분 정도 시청하던 텔레비전을 보지 않을 수도 있고, 업무에 그다지 도움이 되지 않는 시시콜콜한 회의에 참석하지 않을 이유를 찾을 수도 있다. 사무실에 도시락을 챙겨 가서 자리에서 간단하게 식사한 후 점심시간을 활용해 습관 목록을 지킬 수도 있다.

핵심은 당신은 생각하는 것보다 더 많은 시간을 낭비하고 있다는 사실이다. 시간 낭비의 주범은 미디어를 사용하며 보내는 시간이다. 미국인은 매일 평균 8시간 정도를 텔레비전이나 인터넷 등의 미디어를 사용하며 보낸다는 조사 자료가 있다. 텔레비전과 인터넷을 모두 사용하는 사람은 하루의 3분의 1을 아무것도 하지 않으면서 보내는 셈이다. 이 중에서 단 한 시간만이라도 줄이면 목표를 위해 한 시간을 더쓸 수 있게 된다.

2. 조금 더 일찍 일어난다

삶에 긍정적인 효과를 불러일으키는 습관 목록을 일과에 반영하고 싶다면 방해 요소가 적은 아침에 조금 더 일찍 일어나는 일이 도움이 된다. 잠을 줄이라는 의미는 아니다. 밤에 텔레비전을 보지 않고 30분 일찍 잠자리에 들면 아침에 조금 일찍 일어나도 평소처럼 충분히 휴식을 취할 수 있다. 간단한 계산을 한번 해보자. 매일 30분이면 일주일 동안 210분(3시간 30분)이 된다. 1년 동안 꾸준히 지키면 182.5시간을 소중한 일에 활용할 수 있다. 이 작은 변화가 놀라운 성과를 이루는 데 충분한 시간이 될 것이라고 확신한다.

이제는 삶에 도움이 되는 좋은 습관을 지킬 시간이 없다고 핑계 대지 말자. 빈둥거리며 텔레비전이나 인터넷에 많은 시간을 보내고 있다면, 자기 계발에 투자할 수 있는 시간이 이미 충분하다.

문제 3. "머릿속에 생각이 많다 보니 습관 쌓기를 잊어버려요."

'인생'은 가끔 자기 계발을 위한 노력을 방해한다. 아니, 가끔이 아니라 거의 '항상'이다. 사실상 방해를 받지 않는 계획을 세우는 일은 거의 불가능하다고 생각할 것이다. 방해 요소는 특히 자신의 역량을 개발하려고 하는 그 순간에 특히 끈질기게 찾아온다. 계획을 방해하는 것들을 살펴보자.

- 다른 일을 하고 싶은 충동
- 휴대폰을 들여다보거나, 인터넷 서핑을 하고, 텔레비전을 보고 싶은

유혹

- 돌봐줘야 하는 아이나 몸이 아픈 가족
- 궂은 날씨
- 업무를 하다 겪는 문제
- 인간관계 문제
- 휴가
- 여러 가지 '일이 생기는' 상황

현실적으로 생각해보자. 어느 누구도 맡은 일과 방해 요소에서 완전히 벗어나 진공 상태에서 습관을 만들어나갈 수는 없다. 자신을 위해 시간을 투자하겠다고 한 순간부터 갑자기 주변에 있는 사람들 모두가 도움을 요청하지 않게 되는 일은 절대 생기지 않는다. 그 대신 일정을 영리하게 계획하고, 주변 사람들에게 자신의 상황을 공유하면 앞으로 생길 방해 요소를 충분히 관리할 수 있을 것이다.

습관 쌓기 일과를 지키지 못하도록 방해하는 요소를 방지하기 위한 아이디어 7가지를 살펴보자.

1. 다른 사람들보다 일찍 일어나서 아침 습관 목록을 가장 먼저 지킨다. 대부분 자고 있을 시간이므로 사실상 주변 사람이 방해할 가능성을 모두 없앨 수 있다.

2. 습관을 미루게 하거나 의욕을 잃게 만드는 부정적인 행동 유발 요소를 찾는다. 나쁜 습관을 주의 깊게 관찰하면 습관을 지키지 못하게 하는 원인을 찾을 수 있을 것이다.

3. 가장 크게 방해하는 요소를 찾아 '조건반사 계획'을 만든다. 예를 들

어 남편이 늘 습관 지키기를 방해한다면 이러한 상황이 아예 일어나지 않게 할 방법을 찾거나, 방해를 받으면 어떤 행동을 취하면 좋을지 생각해본다.

4. 습관을 실행할 때는 가족들이 잘 사용하지 않는 공간을 활용한다. (지하실 등)

5. 습관 목록을 시작하기 15분 전에 모든 종류의 전자기기(휴대폰, 노트북, 텔레비전 등)를 치운다. 이렇게 하면 빈둥거리고 싶은 유혹을 차단하고 업무에만 집중할 수 있다.

6. 습관 목록을 완료하면 자신에게 보상을 주며 '휴식 시간을 보내겠다'고 약속한다.

7. 습관을 약속처럼 일정에 반영한다. 친구와 가족, 직장동료에게 이 시간 동안에는 긴급한 상황이 아니면 방해하지 않도록 중요한 일정이 있다고 알린다.

지금까지 설명한 방법 모두가 늘 의도한 효과를 내지는 못한다. 그러나 계속해서 적극적인 자세로 방해 요소를 없애려는 노력을 기울이면 일상의 방해 요소가 서서히 사라질 것이다.

문제 4. "그 시간에 해야 할 더욱 중요한 일이 있어요."

솔직히 말하면, 습관 쌓기가 가끔은 따분하게 느껴지기도 한다. 아침에 일어났는데 지켜야 할 습관 수십 가지가 기다리고 있으면, 당장 긍정적인 결과가 나타나지도 않는 이 일에 시간을 '낭비'하고 싶지 않다는 생각이 드는 것이다. 그러므로 이 습관이 계속 두렵게 느껴지거나, 시간 낭비처럼 생각되면 그 습관을 지켜야 한다고 생각하는 '이유'를 점검해볼 필요가 있다. 부정적인 감정이 생기는 이유는 습관과 목표가 일치하지 않기 때문일 가능성이 매우 높다.

우선순위 업무 5가지에 집중한다

우선순위를 파악하고 이에 집중하는 일이 얼마나 중요한지를 잘 나타내는 짧은 이야기가 하나 있다. 이 이야기는 스콧 딘스모어Scott Dinsmore가 자신의 웹사이트 리브 유어 레전드Live Your Legend[1]에 공유하며 널리 알려졌다. 스콧은 워런 버핏Warren Buffett의 개인 조종사인 친구 스티브Steve에게서 들은 일화를 이야기했다.

버핏은 스티브에게 앞으로 몇 년간 하고 싶은 일 25가지를 적어보라고 했다. 스티브가 목록을 작성하자, 버핏은 스티브에게 목록을 살펴보며 우선순위 5가지를 골라서 동그라미를 쳐보라고 말했다. 여기서 고른 5가지는 스티브의 인생에서 무엇보다 중요한 것이었다.

그다음으로 버핏은 스티브에게 우선순위 5가지를 위한 실행 계획을 세우게 했다. 그리고 계획은 당장 실행에 옮길 수 있는 목표로 만들어 적고, 바로 시작하라는 말을 덧붙였다. 대화가 거의 끝나갈 때쯤 버핏이 간단한 질문 하나를 던졌다. "그런데 이 목록에서 동그라미를 치

---

1 liveyourlegend.net

지 않은 나머지 20개는 어떻게 할 텐가? 이것들을 위한 계획은 무엇인가?"

스티브의 대답은 우리가 할 법한 대답과 크게 다르지 않았다. "글쎄요, 우선순위 5가지가 가장 중요한 일이긴 하지만, 나머지 20가지도 그 다음으로 중요한 일이기는 해요. 우선순위 5가지를 진행하면서 틈틈이 나머지를 해보려고요. 긴급한 일은 아니지만, 나머지 일에도 노력을 기울일 겁니다."

놀라운 버핏의 대답, "아니. 잘못 생각했네, 스티브. 동그라미 치지 않은 것들은 이제 모두 '어떻게 해서든지 피해야 할 일' 목록이 된 거라네. 무슨 일이 있어도 우선순위 5가지를 성공적으로 끝내기 전까지 나머지 일에는 절대 신경 써서는 안 돼."

훌륭한 조언이지 않은가. 세상에서 가장 부유한 사람이 해준 조언이라는 점에서 특히 더 눈여겨볼 필요가 있다.

중요한 목표를 중심으로 습관 목록을 만든다

여기서 우리는, 수많은 기회가 기다리는 이 경이로운 세상에서 모든 일을 다 하려는 것은 위험한 생각이라는 교훈을 얻을 수 있다. 수많은 프로젝트와 해야 할 일 사이에서 균형을 찾으려고 하다가는 그중 어느 하나라도 발전시키지 못할 것이다. 내가 여기서 하고 싶은 말은 간단하며 워런 버핏이 했던 조언과도 일맥상통한다.

- 향후 몇 년간 이루고 싶은 일 25가지를 적는다.
- 이 목록에서 지금 당장 중요한 우선순위 5가지를 정한다.
- 우선순위 5가지를 방해할 수도 있는 20가지 일을 살펴본다. 무슨 일이 있어도 나머지 20가지는 피해야겠다는 다짐을 한다.
- 습관 쌓기에 흥미를 잃었다면 습관 각각을 면밀히 검토한다. 지켜야 하는 명확한 이유가 보이지 않는 습관이 있다면 목록에서 빼자.

누구나 때로는 의욕이 떨어지곤 한다. 습관을 지키는 시간을 활용해 더 중요한 일을 할 수 있겠다는 생각이 들 수도 있다. 그러나 각각의 습관이 주요 목표와 직접 관련이 있다면 그 습관을 지키기로 한 이유를 스스로 떠올리며 마음을 다잡는 것이 현명한 선택이다.

문제 5. "자꾸 습관을 지키지 않게 돼요."

습관을 지키지 않았을 때 즉각적으로 나쁜 결과가 따라오지 않는 경우 습관 지키기를 미루거나 회피하게 된다. 물론 건강과 자산, 인간관계를 개선하는 것이 중요하다고는 알고 있지만 당장 눈앞에 있는 프로젝트만큼 시간에 쫓기지는 않기 때문이다. 이러한 문제는 당신이 습관을 잘 지키는지 점검하는 사람이 없기 때문에 나타나는 결과다. 다행히 이 문제는 극복하기가 어렵지 않다. 습관 점검 파트너를 두기만 하면 해결되는 일이기 때문이다.

습관 점검 파트너는 두 사람 이상이 모여 각자가 정한 목표를 달성하도록 서로 도와주는 관계다. 두 사람은 매일 혹은 매주 각자의 성취를 공유하고 현재 겪고 있는 어려움을 이야기하며 의견을 나눈다. 당신의 습관 점검 파트너는 당신이 습관 일과를 빠짐없이 잘 지키도록 진행 상황을 확인한다. 만약 당신이 습관을 지키지 않았다면 파트너는 다시 한번 같은 일이 발생하지 않도록 당신을 돕는다. 이때 친절한 태도로 피드백을 줘도 되지만, 점검의 목적이 두 사람 모두 계획을 잘 따르도록 돕는 것이라는 사실을 잊지 말자. 점검 파트너가 있으면 현재 진행 상황을 잘 알고 있는 사람과 자신의 문제를 나눌 수 있으므로 큰 도움이 된다. 점검 파트너 관계는 다음 목표와 관련한 일에서도 활용할 수 있다.

- 운동
- 사업
- 다이어트 및 균형 잡힌 식단 구성
- 긍정 확언과 마음의 성장
- 효과적인 의사소통
- 인간관계
- 육아
- 금연
- 예산 관리 (낭비 줄이고 절약하기)
- 정리정돈 및 청소
- 글쓰기

습관 점검 파트너를 만들고 싶다면, 이 관계의 장단점을 모두 알아두자.

장점

- 다른 사람을 코치하면서 동시에 그 대가로 코치받을 기회가 생긴다.

- 직접적인 책임감이 생긴다. 습관을 형성하는 앱은 사람을 상대로 하지는 않지만, 누군가와 파트너 관계를 맺으면 자신의 희망과 꿈, 목표, 어려움 등을 서로 나누며 탄탄한 우애가 생긴다.

- 서로 편리한 시간에 연락한다. 전문 코치를 만날 때처럼 예약하지 않아도 된다.

- 파트너 관계를 유지하는 데 대체로 비용이 들지 않는다.

단점

- 파트너가 된 사람과 늘 잘 맞을 수는 없다. 점검 파트너와 충돌한다면 논쟁을 하거나 서로의 의견에 동의하지 않는 경우일 것이다. 이러한 경험은 의욕을 저하시키고 목표를 달성하는 데 큰 걸림돌이 될 수도 있다.

- 서로 바빠서 동시에 시간을 낼 수 있는 일정을 찾지 못하는 경우 관계를 유지하기 어렵다.

- 둘 중에 한 사람이 경험과 연륜이 조금 더 많은 경우에는 코치가 한 방향으로만 진행될 가능성이 있다.

- 다른 유형의 파트너 관계처럼 공식적인 것이 아니므로 성과를 얻는 데 집중하는 성격이라면 방해 요소로 여겨질 수 있다.

문제 6. "갑자기 일이 생겨 계획이 틀어져요."

＼

습관 열차에서 떨어지는 일은 비일비재하다. 처음 몇 주간은 꾸준히 지키지만, 휴가나 긴급 상황, 명절(추석이나 설날) 등의 이유로 일정이 틀어지고 만다. 그런 이후에는 이 작은 딸꾹질이 며칠간 연이어 습관을 지키지 못하게 만든다. 최악의 경우에는 '비난 모드'로 돌입하여 새로운 습관을 지키지 못했다는 이유로 스스로를 비난하며 자신에게 실망한다. 그래도 좌절하지 말자. 위와 같은 상황은 누구에게나 일어난다. 다행히도 습관 목록을 향한 헌신의 마음에 다시 불을 붙이기 위한 간단한 방법이 2가지 있다.

첫째, 먼저 자기 자신을 용서해야 한다. 누구나 가끔은 실수하며, 100% 완벽하게 습관을 지키는 사람은 아무도 없다는 사실을 인정하자. 며칠간, 혹은 일주일 동안 습관을 지키지 못했다는 이유로 자책해봐야 얻는 것은 없다. 한 가지 조언하자면, 실수한 것에 대한 책임은 지되, 자신을 용서해야 한다. 솔직히 가끔 습관을 지키지 않는다고 세상이 끝나는 것은 아니지 않은가.

둘째, '떨어졌던 말에 다시 올라타고' 습관 목록을 다시 시작한다. 여기서 핵심은 (이제 말하지 않아도 알겠지만) 지속성이다. 하루 동안 수십 가지 습관을 지키고 다음 날 건너뛰는 것보다 매일 연속으로 습관 하나를 지키는 것이 더 중요하다. 처음 며칠간은 1~3가지 작은 습관을 지키는 데에만 집중하고, 습관 일과가 영구적인 행동으로 자리를 잡으면 몇 가지를 더 추가한다.

지금까지 오래가는 습관을 형성하려고 할 때 겪는 6가지 어려움을 살펴봤다. 여기서 말한 조언을 따르면, 가끔 찾아오는 장애물을 극복하기가 어렵지 않다는 사실을 깨닫게 될 것이다.

꾸준한 습관 완성을 위한 13단계

지금까지 이 책에서 상당히 많은 양의 정보를 다뤘다. 이 시점에서 당신은 어디서부터 어떻게 시작해야 할지 막막한 느낌이 들 수도 있다. 그래서 마지막으로 습관 쌓기의 청사진이 될 필수적인 13단계를 간단히 정리해보겠다.

1. 개선하고 싶은 삶의 영역을 찾아서 5분 단위의 습관부터 시작한다. 이 방법은 새로운 일과를 꾸준히 실행하는 지속성을 기르는 데 도움이 될 것이다.

2. 비타민 먹기나 몸무게 측정하기, 목표 검토하기 등 의지력이 많이 필요하지 않은 쉬운 습관부터 시작해서 작은 성과를 내는 데 집중한다.

1∼2주 동안 이러한 습관을 계속 실행해서 자동으로 몸에 붙게 하고, 그 이후에 습관을 더 추가한다. 기억하라. 이 책에서 127가지의 습관을 소개했지만, 삶에 긍정적인 변화를 이끌어내기 위해서는 이 중 몇 가지만 골라서 지키면 된다.

3. 습관을 실행할 시간이나 장소, 혹은 둘 다 지정한다. (그리고 앞에서 설명했던 9가지의 예시 습관 목록을 참고하자.)

4. 습관 목록을 실행할 행동 유발 도구로, '매일' 자연스럽게 실행하는 기존 습관을 연결한다. 행동 유발 도구의 예로는 샤워하기, 이 닦기, 휴대폰 확인하기, 냉장고 앞에 가기, 책상에 앉기 등이 있다. 행동 유발 도구를 잊지 않고 100% 실행할 수 있게 하기 위해서는 이 원칙이 매우 중요하다.

5. 합리적인 체크리스트를 만든다. 체크리스트는 습관을 지키는 순서대로 정리하고, 각 습관의 소요시간과 실행 장소를 함께 적는다.

6. 코치 미 같은 앱을 활용해 습관을 잘 지키고 있는지 점검한다. 이러한 앱을 활용하면 진행 상황을 기록할 수 있으며, 성과와 어려움, 앞으로의 계획에 관해 점검 파트너와 자주 대화를 나눌 수 있다.

7. 습관 목록을 꾸준히 지키며 중요한 단계에 이를 수 있도록 도와주는 즐거운 보상을 준비한다. 보상의 예로는 좋아하는 TV 프로그램 시청하기, 건강한 간식 먹기, 잠시 휴식하기 등이 있다.

8. 하루라도 습관을 건너뛰는 날이 없도록 반복하는 데 집중한다. 한두 가지 습관은 하지 않고 넘어가더라도 습관 목록을 꾸준히 지키는 것은 무엇보다 중요하다. 지속성은 다른 어떤 것보다 중요하다.

9. 습관을 지키지 못하는 변명거리를 사전에 차단해서 반복되는 습관의 끈을 놓지 않는다. 무슨 일이 일어나도 달성할 수 있는 작은 목표를 세우고, 어떤 이유로든 자신을 설득하려 하지 말자. 2∼3개의 습관만

지키자는 작은 목표를 세우면 도움이 될 것이다. 핵심은 쉬는 날에도 지킬 수 있는 목표를 세우는 것이다.

10. 가끔 어려운 일이 닥쳐 계획에 차질이 생길 수 있다는 것을 염두에 두어야 한다. 이러한 일이 발생할 상황을 미리 고려해, 이에 대비한 계획을 세우면 도움이 된다. 어려움이 닥쳐 막막한 경우에는, 앞에서 다룬 6가지 문제(301쪽 참조)를 다시 읽어보고 당신이 겪고 있는 장애물에 해당하는 방법을 적용한다.

11. 매일, 매주, 매월 등으로 나누어 각 습관 목록의 실행 빈도를 정한다. 처음에는 일일 습관으로 시작하고 습관을 더하고 싶어지면 그때 주간 목록이나 월간 목록을 만들어나간다.

12. 습관의 개수와 목록 전체의 실행 시간을 조금씩 늘려나가며 습관 목록을 키운다. 그러나 이 단계에서 조심해야 할 것이 있다. 습관을 자꾸 미루게 되면서 습관 목록 지키기가 점점 어려워지면 습관 개수를 줄이거나 '왜' 자꾸 지키지 않는지 생각해본다. 동기가 부족한 이유를 제대로 파악할수록 극복하기가 더욱 쉬워진다.

13. 습관은 한 번에 하나만 만든다. 새로운 습관을 하나 추가할 때마다 기존 습관을 꾸준히 지키기가 어려워지기 때문이다. 습관 목록이 완전히 몸에 익어 영구적인 행동으로 자리 잡았을 때만 새로운 습관을 추가하자.

여기까지 오랜 시간에 걸쳐, 삶에 긍정적인 변화를 가져다줄 습관 목록을 형성하는 13단계 법칙을 살펴봤다. '습관 쌓기는 전혀 어렵지 않다'고 거짓말하지는 않겠다. 그러나 여기서 설명한 단계를 따르면 닥치는 어려움이 무엇이든 당신은 극복해낼 수 있을 것이다.

마치면서

특별할 것 없는 습관의 반복이 주는
특별한 변화들

이제 함께할 시간이 거의 끝나간다. 지금까지 살펴본 습관의 대다
수가 혁신적인 아이디어는 아닐 것이다. 건강한 음식을 먹고, 운동을
열심히 하며, 중요한 업무 중심으로 일하고, 목표를 점검하는 일이 중요
하다는 것쯤은 당신도 알고 있다. 그러나 사실 이러한 이야기를 수백
번도 넘게 한 귀로 듣고 흘리기만 했다.

아마도 습관을 하루 일정에 맞춰 미리 계획하고, 이를 하루도 빠짐
없이 반드시 실행할 수 있게 도와주는 체계적인 방법을 몰랐기 때문일
것이다. 이제 책을 마무리하며 아주 간단한 법칙 하나를 다시 한번 강
조하려고 한다.

삶을 개선하고 싶다면 목표를 꼼꼼히 살펴보고 가장 도움이 필요
한 영역을 찾아라. 바로 그 영역을 첫 번째 습관 쌓기 대상으로 삼으면

된다.

'아침에 일어나면 정신이 혼미하고 의욕이 없는가?'

그렇다면 건강, 영성, 커리어를 위한 습관을 참고해 하루를 힘차게 시작하는 아침 습관 목록을 만들자.

'업무를 완수하는 데 어려움을 겪는가?'

업무를 시작하기 전, 업무 성과에 가장 큰 영향을 미치는 습관을 지키자. 이에 더해 중요한 업무에 집중하지 못하게 만드는 방해 요소를 줄이거나 없애기 위해 업무 시간을 기록하는 습관도 포함한다.

'잠들기 전 밤 시간을 낭비하는가?'

잠자리에 들기 몇 시간 전에 실행할 수 있는 즐거운 활동을 모아 작은 습관 목록을 만들어보자. 그리고 잠들기 직전에는 반드시 수면을 방해하는 전자기기를 끄는 '셧 다운Shut down' 습관을 지키고 수면 주기 앱을 활용해서 수면 패턴을 점검하자.

지금까지 살펴본 것처럼 습관 쌓기의 원리는 융통성이 있기 때문에 바쁜 일정에도 쉽게 적용할 수 있다. 습관 쌓기를 실천하기 위해 가장 먼저 해야 할 일은 개선하고 싶은 삶의 영역을 찾아내고, 계획을 실행하려는 의지를 갖는 것이다.

이제 모든 것은 당신에게 달려 있다.

이 책을 덮는 것으로 끝나지 않기를 바란다. 여기서 얻은 정보를 행동으로 바꿀 수 있도록 13단계 계획을 활용하면 도움이 될 것이다. 하루 중 특정 시간대를 정해서 습관 목록을 일과에 반영해보자. (늘 말하지만, 막히는 부분이 있다면 습관 쌓기 웹사이트를 찾아가 여러 가지 도구를 활용하면 도움이 될 것이다.)

습관 하나가 익숙해지면, 두 번째 습관을 만들고, 그다음에는 세 번째를 더해나간다. '매일' 작은 습관 여러 개를 실행할 수 있게 될 때까지 계속해서 반복하면, 인생을 마음껏 즐길 수 있게 될 것이다.

행운을 빈다.

스티브 스콧

쌓일수록 강해지는 습관 쌓기의 힘

해빗 스태킹

초판 1쇄 인쇄 2017년 11월 3일
초판 1쇄 발행 2017년 11월 10일

지은이 스티브 스콧
옮긴이 강예진
펴낸이 김선식

경영총괄 김은영
책임편집 박인애 디자인 김누 크로스교 이호빈 책임마케터 최혜령, 이승민
콘텐츠개발6팀장 박현미 콘텐츠개발6팀 이여홍, 이호빈, 박인애, 김누
마케팅본부 이주화, 정명찬, 이보민, 최혜령, 김선욱, 이승민, 이수인, 김은지, 유미정
전략기획팀 김상윤
저작권팀 최하나
경영관리팀 허대우, 권송이, 윤이경, 임해랑, 김재경, 한유현

펴낸곳 다산북스 출판등록 2005년 12월 23일 제313-2005-00277호
주소 경기도 파주시 회동길 357 3층
전화 02-702-1724(기획편집) 02-6217-1726(마케팅) 02-704-1724(경영관리)
팩스 02-703-2219 이메일 dasanbooks@dasanbooks.com
홈페이지 www.dasanbooks.com 블로그 blog.naver.com/dasan_books
종이 (주)한솔피앤에스 출력·인쇄 민언프린텍 후가공 평창P&G 제본 정문바인텍

ISBN 979-11-306-1476-2 (03320)